JN411792

날마다 양식으로 읽는 웨스트민스터 표준교리

Ⅲ

김병훈 지음

날마다 양식으로 읽는 웨스트민스터 표준교리Ⅲ

발행일 1쇄 발행 2025년 4월 30일
2쇄 발행 2026년 1월 30일

지은이 김병훈
펴낸이 김기영

펴낸곳 도서출판 영음사
주 소 서울특별시 강남구 광평로 56길 8-13, 1406호
전 화 02-3412-0901
팩 스 02-3412-1409
이메일 biblecomen@daum.net
등 록 2008년 4월 21일 제2021-000311호

ISBN 978-89-7304-196-1(03230)

날마다 양식으로 읽는 웨스트민스터 표준교리

III

김병훈 지음

"전하, 제 말을 믿으시기 바랍니다. 하나님의 교회는 요리문답이 없이는 결코 보존되지 않을 것입니다. 이것은 알곡이 죽지 않도록 보존하고, 그것을 계속해서 번성하게 하는 씨앗과도 같습니다"

- 존 칼빈, 에드워드 6세에게 보낸 서한 중에서

머리말

장로교회 신앙표준문서, 『웨스트민스터 신앙고백서』, 『웨스트민스터 대요리문답』, 『웨스트민스터 소요리문답』이 대한예수교장로회 합신 교단 신학연구위원회의 새로운 번역으로 2024년 11월에 출간되었다. 이것은 대단히 기쁜 일이다. 그동안에도 번역본이 몇 가지 있었으나 신학연구위원회가 신학의 진술 내용을 깊이 살피면서 공동의 작업으로 번역을 한 것은 이것이 처음이다. 과연 문장의 진술이 무엇을 의미하는지를 헤아리기가 쉽게 잘 번역이 되어 있어 교회에서 사용하기가 아주 유용하다는 점에서 크게 칭찬할 만하다.

신앙표준문서의 중요성에 대해서는 달리 말할 필요가 없다. 흔히들 신앙표준문서를 읽고 학습하는 일에 대하여 부담감을 갖는 목회자나 교인들을 만난다. 이것은 번역문서가 잘 읽히도록 번역되지 않은 탓이 제일 크다. 그리고 교리의 중요성을 강조하는 분들 가운데 일부가 먼저 알고 있는 교리 지식을 잣대로 예수님께서 사랑하는 교회와 교인들을 판단하며 비방하거나 심지어 정죄까지 하는 경직된 태도를 보인 탓도 있다. 성경의 가르침에 바르게 기반하는 교리는 예수 그리스도의 복음을 향해 집중된다. 따라서 교리의 지식은 경건의 지식과 동일한 실체이며 동일한 열매를 맺게끔 되어 있다.

과연 지식은 사람을 교만하게 하는 위험성이 크다. 그러나 성경의 올바른 지식이 사람을 교만하게 할 수 없듯이, 교리의 충만한 지식도 사람을 교만하게 할 수는 없다. 오히려 교리를 잘 학습하여 성경의 복음에 대한 체계적인 이해를 갖추어 그리스도의 복음의 풍요로움과 확실성을 더욱 확고히 하여야 한다. 그리하여 교회의 모든 가르침이 성경의 올바른 이해 위에 굳건히 서도록 하여 그리스도의 양무리가 영적 양식으로 배부르게 하며, 온갖 이단과 사이비로부터 양무리를 보호하는 책임을 다하여야 한다.

종교개혁자들의 교회 개혁 운동은 "오직 성경만으로"를 신앙의 표준으로 삼으며, 성경이 가르치는 바에 충실한 신앙표준문서를 작성하고 이를 고백하며 가르치는 노력을 통해 추진되었다. 종교개혁이 추구했던 성경에 일치하는 신앙 운동의 성공은 사실상 신앙표준문서를 읽고 학습하여 교회를 하나님 말씀의 토대 위에 견실하게 세우는 일에 달려 있었다. 칼빈은 영국 국교회를 개신교회로 전환하기 위해 노력하는 영국 왕 에드워드 6세에게 다음과 같이 신앙표준문서를 요리문답으로 가르칠 필요를 역설하였다.

> 그럼에도 참으로, 지나친 방종을 허용하는 열광주의자들의 경박함을 피하고, 또한 엉뚱하며 새로운 교리 일체에 대해 문을 닫는 것은 옳으며 적절합니다. 그러나 하나님께서 우리에게 지시하신 대로의 방법이 좋으며 적절합니다. 첫째로, 주교와 신부들이 따르기로 맹세한, 이들 모두가 설교해야 할 확립된 교리 내용이 있어야 합니다.…다음

으로, 그들 모두(주교와 신부)는 어린아이들과 무지한 사람들의 교육을 위한 공통된 신조를 가지고 있어야 하며, 이들로 하여금 올바른 교리를 잘 알 수 있도록 도와야 합니다.…전하, 제 말을 믿으시기 바랍니다. 하나님의 교회는 요리문답이 없이는 결코 보존되지 않을 것입니다. 이것(요리문답)은 알곡이 죽지 않도록 보존하고, 그것을 계속해서 번성하게 하는 씨앗과도 같습니다.[1]

칼빈이 이렇게 절절한 마음으로 편지를 쓰는 까닭은 교회가 부패하지 않고 그 진리의 토대가 쉽게 무너지지 않게 하는 일에 있어서 신앙의 표준을 가르치는 일이 너무나도 중요하다고 판단하기 때문이다.

과연 그렇다. 요리문답을 포함하는 신앙표준문서를 가르치는 일은 하나님의 교회를 진리 가운데 보존하기 위하여 필수적이다. 우리나라 교회가 처음부터 지금까지 칼빈의 이 권면을 따라 실천해 왔다면 지금 이 나라에 있는 그 많은 이단과 사이비는 훨씬 줄었을 것이다. 2023년 어느 통계자료에 의하면 우리나라 교회 출석자 추정 수는 약 550만 명이다. 개신교인이라 말하지만 교회를 출석하지 않는 소위 '가나안' 교인은 약 200만 명에 이르는 것으로 추정된다. 그리고 이단에 속한 자의 수가 약 50만 명으로 추정된다. 전체 교인의 10%가 이단에 속해 있는 것이다.[2]

1 "Vray est cependant quil est bon et expedient dobvier a la legerete des espritz fantastiques qui se permettent trop de license, de fermer aussi la porte a toutes curiositez et doctrines novelles; mais le moyen y est bon et propre tel que Dieu nous la monstre. Cest premierement quil y ait une somme resoulue de la doctrine que tous doibvent prescher, laquelle tous prelatz et cures iurent de suyvre, … Apres quil y ayt ung formulaire commun dinstruction pour les petis enfans et les rudes du peuple, qui soit pour leur rendre la bonne doctrine familiere, … Croyez, Monseigneur, que iamais lEglise de Dieu ne se conservera sans Cathechisme. Car cest comme la semence, pour garder que le bon grain ne perisse, mais quil se multiplié daage en aage." CO, 13. 71-72. 영역은 다음을 참조. John Calvin, "Letter to the Protector Somerset," (Geneva, 22. Oct, 1548), in Jules Bonnet compiled., *Letters of John Calvin* vol. II (Edingurgh: Thomas Constable and Co., 1857), 177.

2 https://www.christiandaily.co.kr/news/127327 (2024.12.12.에 접속)
https://www.christiandaily.co.kr/news/123033 (2024.12.12.에 접속)

그런데 교회의 장래에 대한 기대는 밝아 보이지 않는다. 이단도 이단이지만, 소위 '가나안' 교인의 수가 점차 늘어날 것을 염려하게 되고, 특별히 세대별 교인 수를 분류해 보면 젊은 세대의 교인 분포도는 현저히 떨어진다. 어떻게 해야 할까? 젊은 세대가 교회를 떠나는 여러 이유 가운데 가장 많이 지적되는 것은 목회자에 대한 존경심의 상실이다. 목회자에게서 권위주의적인 태도, 도덕적 실패, 물질주의적 탐욕의 모습을 보면서 큰 실망감에 교회를 떠난다. 이것에 이어서 제시되는 또 다른 이유는 젊은 세대가 묻는 신앙의 질문에 대해 만족스러운 설명을 듣지 못한 실망감이다. 이 두 이유는 사실 하나로 묶여 있다. 칼빈이 말한 대로 하나님을 아는 지식은 그것이 바로 경건으로 연결되기 때문이다. 성경과 교리를 통해 하나님을 알아가는 참된 지식이 없다면 경건의 실천적 삶도 없는 것이다. 젊은 세대가 교회를 떠나지 않게 하는 길은 성경과 바른 교리의 지식을 가르치어 신앙의 질문들에 답을 주고 신앙체계를 확립하면서, 이 토대 위에서 경건의 삶을 살아가는 일에 성실함을 보이는 것에 있다.

이 책은 이러한 목회와 신앙의 과제를 이행하는 데에 작은 기여를 할 것으로 기대하는 마음으로 만들어졌다. 매일 하루의 분량을 읽어 가면 1년 365일에 웨스트민스터 신앙표준문서인 신앙고백서, 대요리문답, 소요리문답 전 분량을 다 읽게 된다. 이 일을 매년 반복하여 행하면 결코 무시할 수 없는 견고한 교리 이해가 세워지게 된다. 처음에는 낯설겠지만 익숙해지면서 어느새 진리를 분별하는 능력을 갖추게 될 것이다. 그리고 이 진리의 말씀에 따라 살기를 바라며 함부로 흐트러진 삶을 살아가지 않도록 기준을 제시해 주게 될 것이다. 지교회의 온 성도가 각각 이 책을 자신의 교리 양식으로 삼아 날마다 하루 분량을 읽어 가는 영적 문화는 목회자의 큰 자랑이며 큰 상급이 될 것이다. 특별히 목회자는 주님의 양 무리 가운데 젊은 세대의 신앙을 세워야 하는 목양의 책임을 이 행하는 데에 적지 않은 도움을 얻게 될 것이다.

무엇보다도 가족이 함께 읽으면 더없이 좋다. 한자리에 가족이 매일 모여 읽는 것이 가장 좋겠지만, 사정이 어려우면 각각 읽더라도 주일에 한자리에서 일주일의 분량에 대한 나눔을 갖는다면 가정의 신앙은 든든히 세워질 것이다. 부모는 자녀의 신앙을 지도할 책임의 상당 부분을 이 책을 함께 매일의 분량을 읽어 가는 노력으로 이행하는 기쁨과 감사가 있게 될 것이다. 적어도 자녀가 성장하면서 신앙을 떠나는 일을 걱정하는 바가 크게 줄어들 것이다.

우리나라 교회를 사랑하시는 하나님의 은혜에 감사와 찬송을 올리며, 이 책이 각 교회마다 널리 사용되어 기대하는 영적 유익들이 폭넓게 향유되기를 간절히 바라며 기도한다.

끝으로 이 책에서 사용된 모든 웨스트민스터 신앙표준문서는 신학연구위원회(합신)에서 수고한 귀한 번역을 사용하였음을 밝히며 합신 총회에 깊은 감사의 인사를 드린다. 번역을 위하여 오랜 시간을 함께 수고한 신학연구위원 여러분을 향한 특별한 감사의 마음이 더욱 뜨겁다. 그리고 어려운 출판 상황에도 불구하고 우리나라 교회가 건강한 신앙 위에 든든히 서기를 바라는 열정으로 이 책을 출판하는 「도서출판 영음사」에 진심을 담아 감사를 드린다.

더 많은 읽기를 바라는 독자는 이 책을 구성하면서 참고한 책들을 살펴보면 도움을 받을 것이다. 특별히 〈일년 통독 일정표〉 작성은 Morton H. Smith, *Harmony of the Westminster Confession and Catechisms: 350th Anniversary of the Westminster Assembly 1643-1993* (Greenville, SC: Southern Presbyterian Press, 1990. 4th Reprint, 1999)를 토대로 약간의 수정을 하였다. 교리 해설과 적용 질문을 위

해서는 여러 책을 참조하는 가운데 특별히 다음 책들의 도움이 컸다. J. V. Fesko, *The Theology of the Westminster Standards: Historical Context and Theological Insights* (Wheaton, IL: Crossway, 2014); James Fisher, *The Assembly's Shorter Catechism Explained, by way of Question and Answer* (Staffs, U.K.: Berith Publication, 1998; reprinted 2003, 2005, 2006); Archibald Alexander Hodge, *The Westminster Confession: A Commentary* (Edinburgh, Scotland; Calisle, Penn: Banner of Truth Trust, 2002); Joseph A. Pipa, *The Westminster Confession of Faith Study Book: A Study Guide for Churches.* (Fearn, U.K.: Christian Focus, Revised 2012); Clark R. Scott, *Recovering the Reformed Confession: Our Theology, Piety, and Practice* (Phillipsburg, NJ: P&R Pub., 2008); Robert Shaw, *The Reformed Faith: An Exposition of The Westminster Confession of Faith* (Fearn, Ross-shire, Scotland: Christian Heritage; Revised edition, 2008); R. C. Sproul, *Truths We Confess* (hillipsburg, NJ: P&R Publishing Co., 2006); Chad Van Dixhoorn, *Confessing the Faith* (Edinburgh, Scotland: Banner of Truth, 2014); Thomas Vincent, *Explanation of the Assembly's Shorter Catechism*. (Philadelphia, PN: Presbyterian Board of Publication, 1854); J. Geerhardus Vos, *The Westminster Larger Catechism* (Phillipsburg, NJ: P&R Publishing Co., 2002); Thomas Watson, *A Body of Practical Divinity, in a Series of Sermons on the Shorter Catechism*. (422Philadelphia, PN: Thoams Wardle, 1833. First published 1686); Alexander Whyte, *An Exposition on the Shorter Catechism* (Fearn, U.K.: Christian Focus, Revised 2012); G. I. Williamson, *The Westminster Confession of Faith: for Study Classes* (Phillipsburg, NJ: P&R Publishing Co., 1964. 2004 2nd Edition); 정요

석, 『웨스트민스터 신앙고백, 삶을 읽다』 상, 하 (서울: 크리스천 르네상스, 2022); 신호섭, 『웨스트민스터 소요리문답 강해』 (서울: 좋은 씨앗, 2024).

김병훈 목사
합동신학대학원대학교 조직신학 석좌교수
나그네 교회(합신) 담임목사

사용 안내

이 책은 날마다 〈신앙표준문서 하루 양식〉, 〈말씀 요절〉, 〈교리 해설〉, 〈적용 질문〉의 네 부분으로 구성된 분량을 읽도록 되어 있다. 신앙표준문서를 읽고, 관련된 성경 요절이 무엇인지를 살피고, 이제 신앙표준문서의 교리에 대하여 설명을 들으며, 신앙 실천과 연관된 질문에 대해 답하도록 하는 진행이다.

진행을 위하여 제안하는 한 가지 순서는 이러하다.

1. 시작 기도: 신앙의 도리를 깨달아 알고 자신에게 주어지는 실천적 적용을 위하여 성령 하나님의 도우심을 구한다.

2. 표준신앙문서 읽기: 천천히 또박또박 읽는다. 주어와 서술어, 그리고 수식어의 글 형식과 특징을 살펴보는 의식을 가지고 읽는다. 가급적 소리 내어 읽으면 좋다.

3. 말씀 요절: 표준신앙문서에 표시되어 있는 각주에 속한 요절이 신앙 표준문서의 어떤 내용과 연결되는지를 확인하며 성경 말씀을 읽는다.

4. 교리 해설: 오늘 읽은 교리에 대한 이해를 더하기 위하여 교리 해설을 읽는다. 중요하다고 생각되거나 모르는 부분에 줄을 치거나 형광펜 등으로 표시한다. 내년에 다시 읽을 때 그 부분이 올해보다 더 잘 이해되었는지를 비교해 본다. 그렇게 수년을 해마다 반복하여 읽어 가면 어느새 교리와 그 설명이 자신의 언어로 설명할 수 있을 만큼 자신의 것이 되어 있음을 확인하게 될 것이다. 이해가 얼른 오지 않는 부분을 만나면 표시만 해두고 넘어간다. 다음 날에도 같은 주제로 설명이 이어지고 있는 경우가 많으므로 그날에 도움을 받을 수 있다. 그렇지 않더라도 한 해가 지나고 다음 해에는 이해가 되지 않은 부분 가운데 상당한 양이 이해되는 경험을 하게 될 것이다. 교리는 서로 상관적으로 호응하며 연결되어 있기 때문이다. 이것은 또한 하나님의 말씀인 성경의 진리가 그렇게 연결되어 있기 때문이다. 성경은 정당한 문법적 이해를 토대로 한 문해력의 바탕 위에서 신학적으로 해석해야 한다. 이를 토대로 구성된 교리 또한 동일한 이치를 따르기 때문에 이해가 되지 않는 부분 때문에 어려움을 겪지 말고 매일 매일 읽어나가도록 한다.

5. 적용 질문: 교리의 이해를 더하기 위한 질문이나, 또는 단지 지식에 머물지 않도록 하는 신앙 실천과 관련한 질문이 주어진다. 질문의 답을 교리 해설에서 학습한 바를 통해 찾아본다. 그리고 자신과 주변에서 겪는 여러 경험과 관련하여 질문에 대한 답을 정리해 보면서 자신의 신앙의 시각을 새롭게 하는 기회로 삼는다.

6. 마침 기도: 학습을 통해 배운 은혜에 감사하고 찬송하며, 자신에게 적용되는 교훈과 관련한 실천을 위해 기도한다.

교회는 이 책의 순서에 따라 한 달 동안의 읽기 진행표를 만들어 교인으로 하여금 한 달에 한 번씩 실행 여부를 표시한 후에 제출토록 하고 이를 칭찬하고 격려할 수 있다.

날마다
양식으로 읽는
웨스트민스터
표준교리

III

도서출판 **영음사**

목차

14장. 구원하는 믿음 177

15장. 생명에 이르는 회개 207

16장. 선행 243

17장. 성도의 견인(堅忍, perseverance) 283

18장. 은혜와 구원의 확신 311

19장. 하나님의 율법 347

10장.

효과있는 부르심

5월 1일

효과 있는 부르심

소요리문답 31

대요리문답 67

소요리문답 31:

문31. 효과 있는 부르심은 무엇입니까?

답. 효과 있는 부르심은 성령 하나님의 사역입니다.[1] 이것에 의하여 우리의 죄와 비참을 납득시키시고,[2] 그리스도에 대한 지식으로 우리의 지성을 밝히시며,[3] 우리의 의지를 새롭게 하심으로써,[4] 복음이 우리에게 값없이 제안하는 예수 그리스도를 받아들이도록 우리를 설득하시어 받아들이게 하십니다.[5]

1) 딤후 1:9; 살후 2:13~14.

2) 행 2:37.

3) 행 26:18.

4) 겔 36:26~27.

5) 요 6:44~45; 빌 2:13.

대요리문답 67:

문67. 효과 있는 부르심은 무엇입니까?

답. 효과 있는 부르심은 하나님의 전능하신 능력과 은혜의 사역입니다.[1] 이것은 선택받은 자를 향한 값없고 특별한 사랑에서 비롯된 것이며, 하나님께서 그렇게 하셔야 할 어떤 이유가 이들에게 있어서가 아닙니다.[2] 이 효과 있는 부르심으로 하나님께서는 정하신 때 말씀과 성령을 통하여 이들을 예수 그리스도께로 초대하시고 이끄십니다.[3] 이를 위하여 구원에 이르도록 이들의 지성에 빛을 비추시고[4] 의지를 새롭게 하시며 강력하게 결정하십니다.[5] 그 결과 비록 이들 자신이 죄로 죽었음에도, 그분의 부르심에 기꺼이 그리고 자유롭게 응답할 수 있게 하시며, 이 부르심 안에서 제안되고 전달되는 은혜를 받아 누리게 하십니다.[6]

1) 요 5:25; 엡 1:18~20; 딤후 1:8~9.

2) 딛 3:4~5; 엡 3:4~9; 롬 9:11.

3) 고후 5:20; 6:1~2; 요 6:14; 살후 2:13~14.

4) 행 26:18; 고전 2:10, 12.

5) 겔 11:19; 36:26–27; 요 6:45.

6) 엡 2:5; 빌 2:13; 신 30:6.

말씀 요절

딤후 1:9 "하나님이 우리를 구원하사 거룩하신 소명으로 부르심은 우리의 행위대로 하심이 아니요 오직 자기의 뜻과 영원 전부터 그리스도 예수 안에서 우리에게 주신 은혜대로 하심이라"

롬 9:11 "그 자식들이 아직 나지도 아니하고 무슨 선이나 악을 행하지 아니한 때에 택하심을 따라 되는 하나님의 뜻이 행위로 말미암지 않고 오직 부르시는 이로 말미암아 서게 하려 하사"

살후 2:13-14 "주께서 사랑하시는 형제들아 우리가 항상 너희에 관하여 마땅히 하나님께 감사할 것은 하나님이 처음부터 너희를 택하사 성령의 거룩하게 하심과 진리를 믿음으로 구원을 받게 하심이니 이를 위하여 우리의 복음으로 너희를 부르사 우리 주 예수 그리스도의 영광을 얻게 하려 하심이니라"

행 26:18 "그 눈을 뜨게 하여 어둠에서 빛으로, 사탄의 권세에서 하나님께로 돌아오게 하고 죄 사함과 나를 믿어 거룩하게 된 무리 가운데서 기업을 얻게 하리라 하더이다"

겔 36:26-27 "또 새 영을 너희 속에 두고 새 마음을 너희에게 주되 너희 육신에서 굳은 마음을 제거하고 부드러운 마음을 줄 것이며 또 내 영을 너희 속에 두어 너희로 내 율례를 행하게 하리니 너희가 내 규례를 지켜 행할지라"

빌 2:13 "너희 안에서 행하시는 이는 하나님이시니 자기의 기쁘신 뜻을 위하여 너희에게 소원을 두고 행하게 하시나니"

교리 해설

구원에 이르게 하시기 위하여 구원하실 자를 부르시는 성령 하나님의 사역을 가리켜 "효과 있는 부르심"이라 말합니다. "효과 있는"이라는 표현은 효과가 반드시 성취된다는 것을 뜻합니다. "부르심"은 복음이 전하여질 때 일어나는 일입니다. "효과 있는 부르심"은 부르심 가운데 이와 반대되는 "효과 없는 부르심"이 있음을 함의합니다.

간단히 말해서 부르심이란 복음의 제안입니다. 구원을 받는 일이 이 땅에서 일어날 때 그것은 복음을 듣는 일에서 시작합니다. "그런즉 그들이 믿지 아니하는 이를 어찌 부르리요 듣지도 못한 이를 어찌 믿으리요 전파하는 자가 없이 어찌 들으리요"(롬 10:14)라는 말씀은 복음을 전하여 듣는 일의 우선성을 잘 보여줍니다. 이때 복음은 "주 예수를 믿으라 그리하면 너와 네 집이 구원을 받으리라"(행 16:31)라는 말씀에서 보듯이 "믿으라"는 제안의 형식으로 주어집니다. 문법적으로 "믿으라"는 명령형입니다. 그렇기에 제안이 아니라 명령이라고 해석될 수 있습니다. 하지만 명령의 형식은 "너와 네 집이 구원을 받으려면 믿어야 한다"라는 원리에 따라 "믿지 않고는 구원을 받는 일이 없다"라는 영적 관계의 필연성을 반영하는 말입니다. 실제로 복음을 통해 전해지는 원리, 곧 믿음과 구원의 필연적 관계를 제시하면서 이제 복음을 믿을 것을 제안하는 형식을 갖게 됩니다. 복음의 제안은 곧 부르심입니다.

부르심이 "효과 없는" 결과가 될 수 있다는 것은 복음의 제안 자체가 "믿음"이라는 효과를 낳지 않는 것임을 말합니다. 복음의 제안은 그리스도를 믿도록 초청하는 말씀을 통하여 부르는 외적인 것입니다. 이 말씀은 귀에 들립니다. 이렇게 들려진 말씀 자체는 주님에게로 나오도록 설득하고 이끄는 결과를 내기에 충분하지 않습니다. "청함을 받은 자는 많되 택함을 입은 자는 적으니라"(마 22:14)라는 말씀이나 "너희가 성경에서 영생을 얻는 줄 생각하고 성경을 연구하거니와 이 성경이 곧 내게 대하여 증언하는 것이니라 그러나 너희가 영생을 얻기 위하여 내게 오기를 원하지 아니하는도다"(요 5:39-40)라는 말씀은 이 사실을 잘 보여줍니다.

이때 이러한 복음의 제안은 복음을 들은 사람이 그 제안을 받을 것인지를 결정하는 위치에 있는 것을 전제로 하는 듯합니다. 이러한 이해는 절반은 맞고 절반은 틀립니다. 왜냐하면 어떤 이는 제안된 복음에 아무런 반응을 보이지 않고 자기 의지로 거절하기 때문입니다. 이런 경우에는 복음을 들은 사람이 복음의 수용 여부를 결정하는 책임을 스스로 행사합니다. 자연인은 복음을 본성상 싫어하며 거부합니다. 자연인은 "마음에 하나님 두기를 싫어하며"(롬 1:28), "하나님을 알되 하나님을 영화롭게도 아니하며 감사하지도 아니하고 오히려 그 생각이 허망하여지며 미련한 마음이 어두워져"(롬 1:21) 있어서 그리스도의 복음을 납득하지 못합니다. 오히려 "자기를 의롭다고 믿고 다른 사람을 멸시하는"(눅 18:9) 성정을 드러냅니다. 이러한 성정을 따라서 스스로 자신의 의지로 복음을 거절합니다. 이러할 때 말씀을 통한 외적인 부르심은 "효과 없는" 부르심이 됩니다.

그러면 "효과 있는" 부르심은 어떻게 실현될까요? 여러분과 저는 복음을 듣고 이를 기쁨으로 받으며 그리스도를 영접하였습니다. 이 경우에도 외양적으로는 "내가 믿나이다"라고 고백함으로 역시 자신의 의지에 따른 결정인 듯이 보입니다. 그러나 복음의 수용은 자연인이 중립적인 선택의 가능성 아래 자유롭게 스스로 결단하는 의지로 인한 것이 아닙니다. 자연인으로서는 불가능합니다. 자연인의 성정은 복음을 받아들이는 전제 인식인 "하나님이여 불쌍히 여기소서 나는 죄인이로소이다"(눅 18:13)라고 고백하는 겸비한 심령으로 나가지 않기 때문입니다. 이러한 자연인이 복음을 믿는다면 자연인에게 무엇인가 근본적인 변화가 일어났다는 것을 말해줍니다. 그리고 이 변화는 바로 성령 하나님의 사역으로 인하여 나타납니다. 성령 하나님으로 인한 사역은 말씀을 귀에 들려주는 외적 사역과 더불어 내적으로 이루어집니다. 성령 하나님께서는 복음의 말씀과 함께 이를 사용하여 그리스도에게로 초대하는 제안을 주실 뿐만 아니라, 듣는 자의 마음을 변화시켜 복음의 말씀으로 값없이 제안된 그리스도를 믿고 영접하도록 역사하십니다. "선지자의 글에 그들이 다 하나님의 가르치심을 받으리라 기록되었은즉 아버지께 듣고 배운 사람마다 내게로 오느니라"(요 6:45)라는 말씀은 이 사실을 교훈합니다. 이러한 성령 하나님의 사역으로 인하여 복음을 받아들이는 사람은 자신 안에 일어난 변화를 따라 기쁨으로 자원하여 그리스도를 영접합니다. 성령 하나님께서는 이러한 은혜를 베풀어 의도하신 부르심의 목적을 성취하시는 일을 항상 이루시기 때문에 성령 하나님의 내적인 부르심은 "효과 있는 부르심"이라 합니다. 대요리문답 67항이 "효과 있는 부르심은 하나님의 전능하신 능력과 은혜의 사역"이라고 진술하는 것은 바로 이 사실을 나타냅니다.

적용 질문

1. 그리스도를 믿어 영생을 얻으라는 복음을 가족, 친구, 이웃 등에게 전하여 보았습니까? 어떠한 반응을 받으셨습니까? 믿는 사람과 거절하는 사람으로 나뉠 것입니다. 무엇이 이러한 반응의 차이를 나타낸다고

생각하십니까?

2. 복음을 거절하는 사람에게서 어떠한 말을 듣습니까? 이러한 거절의 말과 태도의 이유가 납득할 만하다고 판단하십니까?

3. 복음을 받아들이고 믿는 사람들은 복음을 거절하는 사람들과 어떤 차이를 보입니까? 믿는 사람들은 복음을 수용하면서 무엇을 인정하고 고백합니까?

4. 복음을 받아들이는 것과 거절하는 것의 차이가 무엇으로부터 비롯됩니까? 여러분은 복음을 거절한 경험이 있습니까? 여러분은 복음을 받아들일 때 무엇 때문입니까? 복음의 거절에서 수용으로 변화하게 된 이유를 여러분은 어떻게 설명합니까?

5월 / 2일

효과 있는 부르심의 대상과 부르심의 효과

신앙고백서 10.1

신앙고백서 10.1

하나님께서 생명에 이르도록 예정하신 모든 사람, 오직 이들만을, 자신이 정하고 만족하시는 때, 자신의 말씀과 성령으로,[1] 이들이 본성상 처해 있는 죄와 죽음의 상태로부터 예수 그리스도로 말미암는 은혜와 구원에 이르도록[2] 효과 있게 부르시기를[3] 기뻐하신다. 즉, 하나님의 일들을 영적으로 또 구원과 관련하여 깨닫도록 지성에 빛을 비추시고,[4] 돌 같은 마음을 제거하시며 살처럼 부드러운 마음을 주시고,[5] 의지를 새롭게 하시며, 자신의 전능한 능력으로 이들이 선한 것을 향하도록 정하시고,[6] 이들을 예수 그리스도에게로 효과 있게 이끄신다.[7] 그럼에도 이들은 하나님의 은혜로 말미암아 자원하게 되어 지극히 자유롭게 나

신앙고백서
10.1

아온다.[8]

1) 살후 2:13~14; 고후 3:3, 6.

2) 롬 8:2; 엡 2:1~5; 딤후 1:9~10.

3) 롬 8:30; 11:7; 엡 1:10~11.

4) 행 26:18; 고전 2:10, 12; 엡 1:17~18.

5) 겔 36:26.

6) 겔 11:19; 빌 2:13; 신 30:6; 겔 36:27.

7) 엡 1:19; 요 6:44~45.

8) 아 1:4; 시 110:3; 요 6:37; 롬 6:16~18.

말씀 요절

고후 3:3, 6 "너희는 우리로 말미암아 나타난 그리스도의 편지니 이는 먹으로 쓴 것이 아니요 오직 살아 계신 하나님의 영으로 쓴 것이며 또 돌판에 쓴 것이 아니요 오직 육의 마음판에 쓴 것이라 … 그가 또한 우리를 새 언약의 일꾼 되기에 만족하게 하셨으니 율법 조문으로 하지 아니하고 오직 영으로 함이니 율법 조문은 죽이는 것이요 영은 살리는 것이니라"

롬 8:2 "이는 그리스도 예수 안에 있는 생명의 성령의 법이 죄와 사망의 법에서 너를 해방하였음이라"

엡 1:17-18 "우리 주 예수 그리스도의 하나님, 영광의 아버지께서 지혜와 계시의 영을 너희에게 주사 하나님을 알게 하시고 너희 마음의 눈을 밝히사 그의 부르심의 소망이 무엇이며 성도 안에서 그 기업의 영광의 풍성함이 무엇이며"

겔 36:26 "또 새 영을 너희 속에 두고 새 마음을 너희에게 주되 너희 육신에서 굳은 마음을 제거하고 부드러운 마음을 줄 것이며"

겔 11:19 "내가 그들에게 한 마음을 주고 그 속에 새 영을 주며 그 몸에서 돌 같은 마음을 제거하고 살처럼 부드러운 마음을 주어"

엡 1:19 "그의 힘의 위력으로 역사하심을 따라 믿는 우리에게 베푸신 능력의 지극히 크심이 어떠한 것을 너희로 알게 하시기를 구하노라"

요 6:37 "아버지께서 내게 주시는 자는 다 내게로 올 것이요 내게 오는 자는 내가 결코 내쫓지 아니하리라"

교리 해설

성령 하나님의 내적 부르심은 하나님의 복음으로 부르신 일이 "효과 있게" 나타나도록 하십니다. 곧 외적으로 말씀을 듣는 것만이 아니라 그 말씀을 들은 사람을 내적으로 변화시켜 믿고 나오도록 합니다. 어떤 변화들이 나타나는 것일까요? 크게 세 가지 측면에서 설명됩니다. 그것은 지성, 마음, 그리고 의지입니다. 모든 사람은 죄와 허물로 죽어 있습니다(엡 2:1). 성령 하나님의 부르심은 이것들은 죄와 죽음의 상태에 있는 지성과 마음과 의지를 새롭게 하는 변화를 일으킵니다.

사람은 스스로 죄 인식과 죄책, 죄로 인한 비참한 상태, 죄로 인한 영원한 형벌이 어떠한지를 깨닫지 못하는 영적인 어두움에 갇혀 있습니다. 성령 하나님께서는 죄로 인한 어둠에 둘러싸여 하나님에 대하여 대적하는 미련한 지성을 변화시키어 "죄에 대하여, 의에 대하여, 심판에 대하여 세상을 책망"(요 16:8)하심을 일깨우며 이로 인하여 마음에 찔림이 있도록 하십니다(행 2:37). 그리고 그리스도만이 이러한 정죄의 비참함에서 구원을 주실 유일한 분이시라는 영적 이치를 깨닫도록 하십니다. 그리하여 그리스도께서는 자신에게로 나오는 자를 결코 내쫓지 않으신다(요 6:37)라는 복음의 말씀 앞으로 나오도록 하십니다. 이 모든 일은 성령 하나님께서 "오직 하나님이 성령으로 이것을 우리에게 보이셨으니 성령은 모든 것 곧 하나님의 깊은 것까지도 통달"(고전 2:10)하시는 하나님이시기 때문입니다. 그러하시기에 "하나님께서 예수 그리스도의 얼굴에 있는 하나님의 영광을 아는 빛을 우리 마음에"(고후 4:6) 비추어 주십니다.

또한 하나님 말씀의 진리를 완악하게 부인하였던 돌같이 단단한 마음을 제거하시고 살처럼 부드러운 마음을 주십니다. 이 원리를 잘 교훈하는 구약 예언의 말씀은 "또 새 영을 너희 속에 두고 새 마음을 너희에게 주되 너희 육신에서 굳은 마음을 제거하고 부드러운 마음을 줄 것이며"(겔 36:26)입니다. 이것은 성령 하나님께서 근본적으로 중생의 은혜를 베푸시는 은혜를 설명합니다. 지성과 마음이 새로워지는 은혜를 베풀어 주심으로 성령 하나님께서는 이제 중생한 사람의 의지를 새롭게 하여 주시고 그리스도의 은혜 앞에 나오도록 강력하게 이끄십니다. 빌립보서 2:13, "너희 안에서 행하시는 이는 하나님이시니 자기의 기쁘신 뜻을 위하여 너희에게 소원을 두고 행하게 하시나니"라는 말씀은 중생자의 의지가 선한 것을 소원하고 그것을 행하도록 성령 하나님께서 강력하게 일하신다는 것을 선명하게 가르칩니다. 이러한 은혜가 없이 누구도 자신의 힘으로, 자신의 의지로, 자신의 결단으로 그리스도에게로 나올 수 없습니다.

"효과 있는 부르심"은 개혁신학의 "불가항력적 은혜"와 긴밀히 연결됩니다. 하지만 교리 초점이 다릅니다. "효과 있는" 부르심은 성령 하나님의 부르심과 관련한 사역의 은혜를 입은 자는 반드시 신앙의 반응을 나타내 보인다는 점을 강조합니다. 반면에 "불가항력적" 은혜는 하나님께 대항하는 죄의 속성을 변화시켜서 구원의 은혜가 반드시 나타나도록 하신다는 점을 설명합니다. 그러므로 "효과 있는 부르심"은 하나님께서 말씀과 그분의 성령으로 부르시는 사건이며, "불가항력적 은총"은 "효과 있는 부르심"이 일어나는 이유에 대한 신학적 설명입니다. 곧 하나님께서 말씀의 외적 부름을 받은 자의 마음을 변화시키시어 마침내 신앙을 고백하도록 하시는 성령 하나님의 내적 부르심, 곧 "효과 있는 부르심"은 "불가항력적 은혜"로 인한 결과이며 열매이며 실현입니다.

적용 질문

1. 아담의 타락 이후에 모든 사람은 죄와 허물로 죽은 상태에 있습니다. 이러한 사람이 구원의 복음을 듣고 믿을 수가 있겠습니까? 그럴 수가 없다면 어떠한 문제가 있다고 생각합니까? 여러분이 경험한 사람들 가운데서 이러한 문제가 실제로 어떻게 나타납니까?

2. 그리스도의 복음을 받아들이는 일이 나타나려면, 실제로 타락한 사람의 지성, 마음, 그리고 의지에 어떠한 변화가 있어야 합니까? 이러한 변화가 어떻게 하면 나타날 수 있겠습니까?

3. 여러분의 신앙을 돌아볼 때, 여러분은 어떤 변화를 경험하였으며, 이 변화는 어떻게 하여 여러분에게 나타났습니까?

4. 오늘의 학습 여러분이 믿는 복음의 증언자로서 다른 사람에게 말할 때, 또는 전도할 때 어떠한 교훈을 줍니까? 증언이나 전도에 대한 사람들의 반응이나 그 결과를 어떻게 대하여야 하겠습니까?

5월 / 3일

선택받은 자들만을 위한 효과 있는 부르심

대요리문답 68

대요리문답 68:

문68. 선택받은 자들만이 효과 있는 부르심을 받습니까?

답. 모든 선택받은 자, 오직 이들만이 효과 있는 부르심을 받습니다.[1] 비록 선택받지 못한 사람들이 말씀 사역에 의해[2] 외적으로 부르심을 받을 수도 있고, 가끔 실제로 받기도 하며, 성령 하나님의 일반적인 활동을 어느 정도 누릴 수 있을지라도,[3] 이들은 자신들에게 제안된 은혜를 고의적으로 무시하고 경멸하기 때문에 당연히 불신 가운데 있게 되어 결코 예수 그리스도께로 참되게 나오지 못합니다.[4]

1) 행 13:48. 2) 마 22:14.

대요리문답 68:

3) 마 7:12; 13:20~21; 히 6:4~6.

4) 요 12:38~40; 행 28:25~27; 요 6:64~65; 시 81:11~12.

말씀 요절

행 13:48 "이방인들이 듣고 기뻐하여 하나님의 말씀을 찬송하며 영생을 주시기로 작정된 자는 다 믿더라"

마 22:14 "청함을 받은 자는 많되 택함을 입은 자는 적으니라"

히 6:4-5 "한 번 빛을 받고 하늘의 은사를 맛보고 성령에 참여한 바 되고 하나님의 선한 말씀과 내세의 능력을 맛보고도"

행 28:25-27 "서로 맞지 아니하여 흩어질 때에 바울이 한 말로 이르되 성령이 선지자 이사야를 통하여 너희 조상들에게 말씀하신 것이 옳도다 일렀으되 이 백성에게 가서 말하기를 너희가 듣기는 들어도 도무지 깨닫지 못하며 보기는 보아도 도무지 알지 못하는도다 이 백성들의 마음이 우둔하여져서 그 귀로는 둔하게 듣고 그 눈은 감았으니 이는 눈으로 보고 귀로 듣고 마음으로 깨달아 돌아오면 내가 고쳐 줄까 함이라 하였으니"

복음의 말씀을 들은 모든 사람이 복음을 받아들이지 않습니다. 복음을 수용하는 일은 성령 하나님의 내적 사역으로 인하여 이루어집니다. 이것은 참으로 복된 은혜입니다. 모든 사람이 복음을 믿지 않는다는 것은 성령 하나님의 내적 사역이 모든 사람에게서 행하여지지 않음을 말해줍니다. 효과 있는 부르심의 복된 은혜는 어제 읽은 신앙고백서 10.1에서 진술하듯이 "하나님께서 생명에 이르도록 예정하신 모든 사람, 오직 이들만을" 향하여 베풀어집니다. 대요리문답 68항은 이 같은 진리를 묘사할 때, 효과 있는 부르심을 "모든 선택받은 자, 오직 이들만" 받는다고 진술합니다. 말씀 사역에 의한 외적 부르심은 모든 사람이 받을 수 있으며, 성령 하나님의 일반 활동은 다소 누린다고 할지라도, 선택받은 자 이외에는 예수 그리스도를 믿는 신앙으로는 나오지 못한다고 밝힙니다. 성령 하나님의 일반 활동이란 선택받은 자들이 아닌 사람들에게 주어지는 은혜입니다. 이것은 사람으로 하여금 죄를 깨닫고 가책을 느끼게도 하며, 어느 정도 죄와 악을 억제하기도 하고, 도덕적 선의 영역에서 긍휼과 자비의 행동을 하도록 이끌어 주기도 합니다. 그러나 이러한 성령 하나님의 활동은 구원과는 관련이 없습니다.

구원을 이루는 부르심의 효과는 선택이라는 제한 안에서 이루어집니다. 이것과 관련해 두 측면을 생각해 봅니다. 하나는 대요리문답 67항에서 보듯이 하나님께서 어떤 사람들을 값없이 베푸시는 특별한 사랑으로 선택하셨기 때문입니다. 성령 하나님의 내적 사역은 바로 이처럼 선택받은 자들을 향하여 이루어집니다. 이로 인하여 하나님께서 불의하다 하면 안 됩니다. 하나님의 선택의 특별한 사랑마저 없었다면 단 한 사람도 예외 없이 영원한 정죄의 심판을 받을 것이기 때문입니다. 선택의 특별성은 공의의 문제가 아니라 긍휼의 사랑을 계시합니다. 긍휼은 모든 사람에게 평등하게 균등하게 베풀어져야 할 이유가 없습니다. 하나님께서는 긍휼을 베푸실 의무를 어떤 누구에게도 빚지지 않습니다. 하나님의 긍휼은 평등성이라는 원리에 종속되는 것이 아닙니다. 하나님께서는 긍휼의 사랑을 값없이, 자유롭게 자신의 의지에 따라서 베푸십니다.

부르심의 효과가 선택받은 자들에게서만 나타나는 이유와 관련한 다른 측면은 선택받지 못한 자들이 복음의 말씀에 의한 은혜로운 부르심을 고의로 무시하고 경멸하기 때문입니다. 이것은 5월 1일에 읽은 소요리문답 31항, 대요리문답 67항, 그리고 어제 살핀 신앙고백서 10.1의 설명에서 이미 언급된 내용입니다. 선택받지 못한 자들은 본래 자신에게 있는 죄의 성정을 따라 말씀의 외적 부르심을 멸시합니다. 이것은 선택받은 자에게 주어지는 성령의 외적 사역이 이들에게는 없기 때문입니다. 곧 이들은 변화의 은혜를 받지 못하였기 때문입니다. 그러나 중요한 것은 이러한 변화를 받지 못했다는 것을 이유로 이들이 복음의 외적 부르심을 경멸한 일에 대해 면책을 받을 수 없다는 점입니다. 이들의 거부는 자신의 죄성에 따라서 범한 불순종의 죄일 뿐이며, 스스로 자유의지로 행한 것이므로 죄책을 지어야 합니다.

적용 질문

1. 많은 사람이 복음의 말씀을 듣고 순종하여 그리스도를 영접하지 않을지라도 죄를 인정하고 가책을 느끼며 악을 제어하는 노력을 보이기도 합니다. 이러한 일들에 대해서 여러분은 어떠한 인상이나 경험을 가지고 계십니까?

2. 왜 성령 하나님께서는 부르심의 효과가 모든 사람이 아니라 일부 사람에게서만 나타나도록 하시는 것일까요? 여러분은 이러한 제한성을 받아들이는 데 어려움이 없으십니까?

3. 성령 하나님께서 부르심의 효과가 나타나기 위해 필요한 은혜를 주지 않으신 사람들은 말씀의 외적 부르심에 대하여 어떤 반응을 보입니까? 이들의 반응에 대하여 책임은 누가 지어야 합니까? 하나님이십니까? 아니면 이들 자신입니까?

4. 효과 있는 부르심의 교리는 여러분에게 하나님의 은혜에 대하여 어떠한 깨달음을 줍니까? 하나님의 선택을 받아 성령 하나님의 효과 있는 부르심을 받아 신자가 되다는 것이 얼마나 큰 복을 누리는 것인지를 말씀해 보시기 바랍니다.

5월

4일

사람의 수동성과 성령 하나님의 특별한 은혜

신앙고백서 10.2

신앙고백서 10.2

이러한 효과 있는 부르심은 하나님께서 값없이 주시는 특별한 은혜로만 말미암으며, 결코 사람 안에서 미리 보신 그 어떤 것으로 말미암지 않는다.[1] 이 일에 있어서 사람은 전적으로 수동적이어서, 성령 하나님에 의하여 살아나고 새롭게 된 후에야 비로소 부르심에 응답할 수 있고,[2] 또한 이 부르심 안에서 제안되고 전달되는 은혜를 받아들일 수 있다.[3]

1) 딤후 1:9; 딛 3:4~5; 엡 2:4~5, 8~9; 롬 9:11.

2) 고전 2:14; 롬 8:7; 엡 2:5.

3) 요 6:37; 겔 36:27; 요 5:25.

말씀 요절

딤후 1:9 "하나님이 우리를 구원하사 거룩하신 소명으로 부르심은 우리의 행위대로 하심이 아니요 오직 자기의 뜻과 영원 전부터 그리스도 예수 안에서 우리에게 주신 은혜대로 하심이라"

고전 2:14 "육에 속한 사람은 하나님의 성령의 일들을 받지 아니하나니 이는 그것들이 그에게는 어리석게 보임이요, 또 그는 그것들을 알 수도 없나니 그러한 일은 영적으로 분별되기 때문이라"

겔 36:27 "또 내 영을 너희 속에 두어 너희로 내 율례를 행하게 하리니 너희가 내 규례를 지켜 행할지라"

요 5:25 "진실로 진실로 너희에게 이르노니 죽은 자들이 하나님의 아들의 음성을 들을 때가 오나니 곧 이 때라 듣는 자는 살아나리라"

교리 해설

사람이 말씀의 부름을 받고도 이에 순종하는 일이 성령 하나님의 내적 사역에 의하여 가능하며, 또한 이 내적 사역이 하나님의 특별한 사랑을 입은 선택받은 자들에게 제한되어 나타난다면 결국 사람이 스스로 순종과 불순종을 결정하는 것이 아니라는 판단에 이릅니다. 이 사실에 대해서는 5월 1일에 소요리문답 31항과 대요리문답 67항을 설명하면서 잠깐 언급했습니다. 타락 이후에 사람이 자연인으로서, 곧 중생의 은혜를 입지 않은 사람으로서 자신의 중립적 의지를 따라서 복음에 대한 순종과 불순종을 선택하는 것이 아니라는 점을 말씀드렸습니다. 중생의 은혜를 받은 사람은 그 사람의 마음을 변화시키는 성령의 내적 사역으로 인하여 그 변화된 심령을 따라서 자원하여 복음에 순종합니다. 반면에 이 은혜를 받지 않은 사람은 자신의 죄의 성정을 따라서 스스로 복음을 멸시하며 거부합니다.

오늘 읽는 신앙고백서 10.2는 하나님께서 효과 있는 부르심이 일어나게 하실 때, 그것이 일어나게 하시는 대상이 부름을 받았을 때 어떻게 반응할지를 미리 보시고 이들에게 성령 하나님의 내적 부르심이 있도록 하시는 것이 아님을 명백하게 진술합니다. 하나님의 선택이 먼저입니다. 하나님께서 먼저 그분 자신의 자유로운 의지에 따라서 사람에게서 미리 보는 어떤 조건이 없이 효과 있는 부르심이 이루어질 대상을 결정하십니다. 말하자면 말씀의 부름이 주어졌을 때 순종할 것을 미리 보시고 그런 후에 이렇게 할 사람을 효과 있는 부르심의 대상으로 삼는 것이 아니라는 점을 유념해야 합니다. 만일 사람의 반응을 미리 보시고 부르심의 효과가 나타나도록 하는 대상을 정하신다면, 어떤 일이 벌어지는 것일까요? 하나님께서는 원하시는 사람을 부르실 수가 없게 됩니다. 하나님께서 원하시는 대상이 말씀의 부름에 순종하지 않으면 하나님께서는 이 사람을 부르실 수가 없습니다. 하나님께서 부르시는 대상은 하나님께서 원하시는 의지에 따르지 않고 부름에 반응하는 사람의 의지에 따라 결정됩니다. 이렇게 되면 사람이 스스로 구원을 선택하는 것이 되며, 하나님은 선택의 주권자가 아니라 오히려 사람에 의하여 선택을 받는 대상이 됩니다.

신앙고백서는 이러한 오류를 범하지 않도록, 사람이 복음의 외적 부르심에 반응하여 믿음을 고백하게 되는 효과는 오직 성령 하나님에 의하여 먼저 살아나고 새롭게 된 후에야 가능한 일임을 진술합니다. 이 사실을 신앙고백서는 "전적으로 수동적이어서"라는 구절로 간명하게 표현합니다. 효과 있는 부르심을 이루는 주도권은 하나님에게 있으며, 우리에게 있는 것이 아닙니다. 사람은 단지 수동적으로 받을 뿐인데, 이것은 그 부르심의 효과가 오직 하나님의 특별한 사랑에서 비롯되는 선물이기 때문입니다.

한 가지 오해하지 않아야 할 것은 "수동적"이라는 말이 마치 사람이 인격 주체로서 아무런 반응도 하지 않은 채 단지 물리적 특성에 따라 반응하는 것으로 오해되어서는 안 된다는 점입니다. 또한 자유로운 의지의 행사가 억압된 채 강요에 의하여 반응하게 되는 것이 아니라는 점입니다. 성령 하나님의 부르심은 사람의 인격성을 훼손하지 않습니다. 사람의 지성과 마음과 의지에 변화가 나타나도록 변화를 줄 따름입니다. "너희 안에서 행하시는 이는 하나님이시니 자기의 기쁘신 뜻을 위하여 너희에게 소원을 두고 행하게 하시나니"(빌 2:13)라는 말씀이 이 사실을 교훈합니다. 그러므로 성령 하나님의 부르심의 효과를 받는 사람은 진정 그리스도에게 나와 회개하며 주님의 말씀을 따라 살기를 자신의 원함으로 고백하고 간구하며 결심합니다.

적용 질문

1. 하나님의 말씀으로 인한 부르심의 효과는 말씀을 들은 각 사람이 그것을 받아들이기로 하는 그들 자신의 의지에 달린 것입니까?

2. 자신의 의지가 아니라 자신의 의지를 바꾸어 주시는 성령 하나님의 사역이 우선이라면 우리의 복음 전도는 무슨 의미가 있겠습니까? 어차피 성령 하나님의 내적 사역이 없다면 아무런 소용이 없는 일이 아닐까요?

3. 신앙고백서는 효과 있는 부르심에 있어서 우리는 전적으로 수동적이라고 교훈합니다. 이 말에 대한 올바른 이해를 자신의 말로 표현해 보기 바랍니다. 이것이 여러분에게 주는 거북함은 없습니까?

4. 복음을 전한 후에 스스로 믿음의 결단을 표할 것을 요구하는 일을 종종 봅니다. 여러분은 이것을 오늘의 학습에 비추어 어떻게 평가하시겠습니까?

5월 / 5일

유아들과 외적 부르심을 받을 능력이 없는 자들의 구원 여부

신앙고백서 10.3

신앙고백서 10.3

유아기에 죽은 선택된 유아들은, 그분이 기뻐하시는 때에, 기뻐하시는 곳에서,[1] 기뻐하시는 방식으로 일하시는 성령 하나님으로 말미암아 그리스도에 의해 중생하고 구원받는다.[2] 또한 말씀 사역에 의한 외적 부르심을 받을 능력이 없는 다른 모든 선택된 사람도 마찬가지이다.[3]

1) 요 3:8.

2) 눅 18:15~16; 행 2:38~39; 요 3:3, 5; 요일 5:12; 롬 8:9.

3) 요일 5:12; 행 4:12.

말씀 요절

요 3:8 "바람이 임의로 불매 네가 그 소리는 들어도 어디서 와서 어디로 가는지 알지 못하나니 성령으로 난 사람도 다 그러하니라"

요 3:3, 5 "예수께서 대답하여 이르시되 진실로 진실로 네게 이르노니 사람이 거듭나지 아니하면 하나님의 나라를 볼 수 없느니라 … 예수께서 대답하시되 진실로 진실로 네게 이르노니 사람이 물과 성령으로 나지 아니하면 하나님의 나라에 들어갈 수 없느니라"

요일 5:12 "아들이 있는 자에게는 생명이 있고 하나님의 아들이 없는 자에게는 생명이 없느니라"

행 4:12 "다른 이로써는 구원을 받을 수 없나니 천하 사람 중에 구원을 받을 만한 다른 이름을 우리에게 주신 일이 없음이라 하였더라"

교리 해설

교인들 가운데 많은 사람이 유아기에 죽은 유아들은 구원을 받았을지에 대해 궁금해합니다. 만일 효과 있는 부르심을 받은 자들만이 구원을 받는다면 말씀의 외적 부르심조차 받지 못하고 죽은 유아들에게는 구원이 있을 수 있는지를 묻습니다. 아르미니우스주의자들은 유아들은 실제로 스스로 죄를 범하는 자범죄가 없으며 하나님께서는 자범죄를 심판하실 뿐 원죄의 상태에 있는 것을 심판하시지 않으시므로, 유아들은 구원을 받는다고 주장합니다. 여기에 개혁신학이 말하는 어떤 선택과 같은 분리가 없다고 말합니다.

이러한 주장에 대하여 개혁교회는 하나님의 선택을 받은 유아들은 중생하고 구원을 받는다고 가르칩니다. 하나님께서는 아르미니우스주의자들이 말하듯이 부르심에 대하여 반응할 것을 미리 보시고 그러한 자를 선택하는 것이 아니라, 하나님 그분 자신의 주권으로 특별히 사랑하시는 자를 선택하여 구원을 주신다는 것이 유아기에 자녀를 잃은 교인에게는 오히려 큰 위로가 된다는 사실을 교훈합니다. 비록 유아가 외적으로 복음에 반응할 수 없이 죽었다고 하더라도, 그가 선택받은 자일진대 성령 하나님께서 중생하게 하시고 또한 구원을 베푸시는 은혜 아래 있음이 주는 위로를 전합니다. 다시 말해서 성령 하나님께서는 일하심에 있어서 때와 장소와 방식을 그분이 기뻐하시는 대로 행하시므로, 유아기에 사망한 유아라 할지라도 선택받은 유아에게 성령 하나님께서 중생의 사역을 행하셨음을 의심할 이유가 없음을 확고히 합니다.

여기서 신자의 자녀는 모두 선택을 받은 자인지에 대한 의문이 제기됩니다. 대체로 개혁교회는 이 질문에 대하여 신자의 자녀는 언약 백성에 속한다는 점을 환기합니다. 이를테면 "믿지 아니하는 남편이 아내로 말미암아 거룩하게 되고 믿지 아니하는 아내가 남편으로 말미암아 거룩하게 되나니 그렇지 아니하면 너희 자녀도 깨끗하지 못하니라 그러나 이제 거룩하니라"(고전 7:14)라는 말씀은 신자의 자녀가 거룩한 언약 백성임을 교훈합니다. 물론 이때 신자의 자녀가 속한 언약은 스스로 신앙을 고백할 때까지 하나님의 말씀과 약속, 교훈과 징계 아래 있다는 점에서 외적 언약입니다. 이 자녀가 자라나서 중생의 은혜를 받았음을 회심과 믿음으로 고백할 때 내적 언약에 속하여 구원을 위한 선택을 받은 자임을 확신하게 됩니다. 이러한 맥락에서 유아기에 사망한 신자의 자녀에 대하여 우리가 고백할 것은 유아기에 사망한 유아가 선택된 유아라면 비록 신앙의 증거를 보이기 이전에 죽었더라도 구원에 대하여 어떤 의심도 할 필요가 없다는 점입니다.

이러한 진술을 통해 신앙고백서는 두 가지 주장을 배제합니다. 첫째, 모든 외적 언약에 속한 신자의 자녀인 유아가 다 구원을 받았다는 주장을 배제합니다. 왜냐하면 외적 언약에 속한 유아가 모두 선택된 자녀가 아니기 때문입니다. 둘째, 외적 언약에 있을 뿐인 신자의 유아 자녀가 신앙을 고백하기 전에 죽었다면 구원을 받지 못한 것이라는 주장을 배제합니다. 왜냐하면 외적 언약에 속한 유아 가운데 선택된 자녀가 포함되어 있기 때문입니다. 참고로 개혁교회는 일반적으로 신자의 유아 자녀가 유아기에 죽은 경우 구원에 대해 의심할 필요가 없다고 가르칩니다. 신앙고백서는 이러한 가르침을 배제하지는 않지만, 선택받은 자녀들이라는 표현을 통해서 신중하게 진술합니다. 끝으로 신앙고백서는 말씀 사역에 의한 외적 부르심에 대해 반응을 보일 능력이 없는 사람의 구원에 대해서 신자의 유아 자녀에 대한 원리를 확장하여 적용합니다. 외적 부르심에 대해 반응을 보일 능력이 없는 사람은 장애로 인한 경우를 의미합니다. 이러한 사람은 마치 유아기에 사망한 유아가 그러한 것과 같은 맥락에서 선택된 사람일 경우 중생하고 구원을 받는다고 믿어야 한다고 말합니다. 요컨대 선택받은 사람이라면 그가 유아기에 사망한 자이든지 외적 부르심에 반응할 능력을 결여한 장애인이든지 효과 있는 부르심의 증거가 없어도 중생하고 구원을 받습니다.

적용 질문

1. 주위에서 가까이 지내는 신자들 가운데 자녀를 유아의 상태에서 떠나보낸 사람이 있습니까? 여러분은 유아기에 사망한 유아의 구원에 대

하여 어떻게 들어왔습니까?

2. 신자의 자녀가 외적 언약에 속해 있다는 사실이 유아기에 죽은 유아의 구원에 대해 말해주는 바는 무엇입니까?

3. 외적 언약에 속한 신자의 자녀가 훗날에 신앙을 부인하고 언약에서 이탈한 사례를 성경에서 찾아본다면 어떤 경우를 제시할 수 있습니까?

4. 여러분은 다운증후군, 자폐증, 뇌병변과 같은 장애로 인하여 말씀의 외적 부름을 받을 수 없는 경우에 해당하는 사람의 구원은 어떠하다고 생각합니까?

5월 6일

복음을 듣지 못해서 그리스도를 알지 못하는 사람의 구원의 불가함

대요리문답 60

대요리문답 60:

문60. 복음을 들어본 적이 없어서 예수 그리스도를 알지도 못하고 믿지도 않는 사람들이 본성의 빛에 따라 삶으로 구원을 얻을 수 있습니까?

답. 복음을 들어본 적이 없어서[1] 예수 그리스도를 알지도 못하고[2] 믿지도 않는 사람들은 구원을 얻을 수 없습니다. 설령 이들이 본성의 빛이나[3] 자기들이 고백하는 종교의 법에[4] 맞추어 살기에 더없이 부지런하더라도 그렇습니다.[5] 그리스도가 아닌 다른 어떤 것에도 구원은 없습니다.[6] 그분은 그분 자신의 몸인 교회만을 위한 구원자이십니다.[7]

1) 롬 10:14.

대요리문답 60:

2) 살후 1:8~9; 엡 2:12; 요 1:10~12.

3) 고전 1:20~24.

4) 요 4:22; 롬 9:31~32; 빌 3:4~10.

5) 요 8:24; 막 16:16.

6) 행 4:12.

7) 엡 5:23.

말씀 요절

롬 10:14 "그런즉 그들이 믿지 아니하는 이를 어찌 부르리요 듣지도 못한 이를 어찌 믿으리요 전파하는 자가 없이 어찌 들으리요"

살후 1:8-9 "하나님을 모르는 자들과 우리 주 예수의 복음에 복종하지 않는 자들에게 형벌을 내리시리니 이런 자들은 주의 얼굴과 그의 힘의 영광을 떠나 영원한 멸망의 형벌을 받으리로다"

고전 1:20-24 "지혜 있는 자가 어디 있느냐 선비가 어디 있느냐 이 세대에 변론가가 어디 있느냐 하나님께서 이 세상의 지혜를 미련하게 하신 것이 아니냐 하나님의 지혜에 있어서는 이 세상이 자기 지혜로 하나님을 알지 못하므로 하나님께서 전도의 미련한 것으로 믿는 자들을 구원하시기를 기뻐하셨도다 유대인은 표적을 구하고 헬라인은 지혜를 찾으나 우리는 십자가에 못 박힌 그리스도를 전하니 유대인에게는 거리끼는 것이요 이방인에게는 미련한 것이로되 오직 부르심을 받은 자들에게는 유대인이나 헬라인이나 그리스도는 하나님의 능력이요 하나님의 지혜니라"

요 4:22 “너희는 알지 못하는 것을 예배하고 우리는 아는 것을 예배하노니 이는 구원이 유대인에게서 남이라”

요 8:24 “그러므로 내가 너희에게 말하기를 너희가 너희 죄 가운데서 죽으리라 하였노라 너희가 만일 내가 그인 줄 믿지 아니하면 너희 죄 가운데서 죽으리라”

행 4:12 “다른 이로써는 구원을 받을 수 없나니 천하 사람 중에 구원을 받을 만한 다른 이름을 우리에게 주신 일이 없음이라 하였더라”

엡 5:23 “이는 남편이 아내의 머리 됨이 그리스도께서 교회의 머리 됨과 같음이니 그가 바로 몸의 구주시니라”

교리 해설

유아기에 죽은 선택된 유아들은 그리스도에 의해 중생하고 구원받는다는 사실을 어제 신앙고백서 10.3에서 살펴보았습니다. 동시에 장애로 인하여 말씀 사역에 의한 외적 부르심을 받을 능력이 없는 다른 모든 선택된 사람도 마찬가지임을 살폈습니다. 오늘 살피는 본문은 유아기에 사망한 자나 장애로 인해 외적 부르심을 받을 능력이 없는 자와 같이 개인의 상태와 관련한 경우가 아니라, 복음을 들을 기회를 가질 수가 없었던 환경상의 문제로 인하여 그리스도를 알지 못하고 그래서 믿지 못한 사람들의 구원은 어떻게 되는지를 다룹니다.

이러한 사람들의 구원과 관련한 논의의 요점을 대요리문답 60항은 질문 진술에서 잘 밝히고 있습니다. 그것은 “복음을 들어본 적이 없어서 예수 그리스도를 알지도 못하고 믿지도 않는 사람들이 본성의 빛에 따라 삶으로 구원을 얻을 수 있습니까?"입니다. 이 질문은 복음을 듣지 못하여 예수 그리스도를 알지 못하였고, 따라서 믿지도 않은 사람들이 복음을 듣지 못하였기 때문에 그러한 것이므로 이러한 자들에 대해서는 심판 날에 정죄하는 것이 불의하다는 주장에 대하여 답을 내려주고 있습니다. 왜냐하면 그러한 자라면 스스로 본성의 빛에 따라 삶으로 구원을 얻을 수 있는지를 결정하게 되는 것이라고 전제하고 있기 때문입니다. 여기서 본성의 빛은 양심과 도덕적 이성을 의미합니다. 요컨대 구원과 관련한 길은 두 가지 경우뿐입니다. 하나는 예수 그리스도로 인한 은혜의 길이고, 다른 하나는 본성의 빛을 따라 행하는 의의 공로로 인한 길입니다. 복음을 듣고 예수 그리스도로 인한 은혜의 길로 나갈 기회를 갖지 못한 사람은 자신의 본성의 빛을 따라 의로운 자로 인정을 받아 구원에 이를 수 있습니다.

먼저 알 것은 어떤 이가 심판 날에 구원을 받지 못하게 될 경우 그것은 그의 죄 때문이라는 사실입니다. 그리스도를 믿는 기회란 심판 받을 죄를 면하게 될 은혜입니다. 그러나 심판을 받는 것은 그리스도를 믿지 않는 죄를 범하기 이전에 이미 자신의 죄로 인한 것입니다. 복음을 듣고도 그리스도를 믿지 않는 것은 죄입니다. 죄인이 복음을 거부할 때 그는 이미 범한 죄로 영원한 정죄를 받게 되며 여기서 건짐을 받은 은혜를 거부하는 죄를 더하여 받게 됩니다. 그리스도의 복음을 믿지 않아서 정죄를 받는 것이라고 말할 때는 이러한 점을 구별하는 지혜로움이 필요합니다. 이렇게 이해할 때 복음을 듣지 못해서 믿지 못했을 뿐인데, 정죄를 받는 것은 억울하다는 식으로 말하는 것은 이치에 맞지 않는다는 것을 바로 알 수 있습니다. 또한 이 같은 주장이 잘못된 근본적인 이유는 하나님께서는 구원의 기회를 주셔야 할 어떤 책임이나 의무를 지고 있지 않다는 사실에 있습니다. 복음은 선물입니다. 죽을 자에게 생명의 선물을 주시는 은혜가 자신에게 베풀어지지 않았다고 하여 하나님이 옳지 않다고 할 수 없으며, 자신이 받을 형벌이 억울하다 할 수 없습니다. 사람은 자신의 죗값대로 심판을 받으며, 그 심판은 지극히 공의롭습니다.

하나님께서 어떤 이들에게 그리스도의 복음을 듣고 믿을 수 있도록 기회를 주시지 않는 것은 편파적이라고 말하며 이의를 제기하는 이들이 있습니다. 하지만 사람은 각각 다른 장점과 은사와 약점과 연약함을 가지고 자신의 인생을 살아갑니다. 이러한 차이는 진실로 하나님의 편파성에서 기인합니다. 그러나 그것은 불의가 아닙니다. 하나님께서는 어떤 사람이 원하거나 요구하는 바를 그에게 주어야 할 의무 아래 있지 않으십니다.

결론적으로 그리스도를 믿지 않는 사람은 본성의 빛을 따라 아무리 삶의 수고를 하여도 구원에 이르지 못합니다. 그 삶의 수고가 본성의 부패로 인하여 하나님의 의에 이르지 못하기 때문입니다. 죄를 짓지 않고 온전히 의를 이루는 일은 사람에게는 불가능합니다. 더구나 사람의 본성의 빛은 타락 이후에 이미 흐려져 있고 왜곡되어 있기 때문에 더욱 그러합니다. "스스로 지혜 있다 하나 어리석게 되어 썩어지지 아니할 하나님의 영광을 썩어질 사람과 새와 짐승과 기어다니는 동물 모양의 우상으로" 바꾸어 버리는 죄를 피하지 못합니다(롬 1:22-23). 이러하기에 그리스도의 복음을 따르지 않는 종교에 속하여 한 사람의 종교인으로 성심을 다해 그 종교의 가르침을 따른다고 하여도 구원을 받지 못합니다. 구원은 자신이 믿는 종교의 가르침을 얼마나 신실하게 성심으로 따랐느냐에 있는 것이 아니라 오직 그리스도의 구원 사역에 있기 때문입니다.

그러면 복음을 듣지 못한 자들은 모두 구원을 받지 못합니까? 여기서 우리는 어제 읽은 신앙고백서 10.3의 진술과 유사하게 진술할 수는 있습니다. 마치 유아기에 죽은 선택된 유아나 복음에 대해 반응할 능력이 없는 선택된 장애인이라면 중생하고 구원을 받듯이, 복음을 듣지 못한 자들 가운데서도 선택된 사람이라면 중생하고 구원을 받을 수 있다고 진술할 수 있습니다. 그런데 이러한 가능성은 유아기에 죽은 유아나 지적 장애가 심각한 장애인이 아니라면 거의 생각할 수가 없습니다. 대요리문답 60항은 지적 장애가 없이 성장한 보통의 사람이 복음을 듣지 못한 채 살았으나 선택받은 자이기에 중생하고 구원을 받을 수 없음을 교훈합니다. 그리스도께서는 오직 그분 자신의 몸인 교회만을 위한 구원자이시기에 그분을 떠난 다른 어떤 것에는 구원이 없습니다.

적용 질문

1. 복음을 들어본 적이 없어서 그리스도를 알지도 믿지도 못한 사람들의 구원이 어떻게 되겠습니까? 여러분은 이러한 질문에 대하여 지금까지 어떻게 생각해 왔습니까?

2. 복음을 들었다면 믿었을 것이라고 말하며, 복음을 듣지 못해 믿지 못했다는 이유로 영원한 정죄에서 구원받지 못하는 것은 억울하다고 말하는 사람을 만나보셨습니까? 이러한 사람을 만난다면 어떻게 대답하시겠습니까?

3. 어떤 사람이 자신의 본성의 빛, 곧 양심과 도덕적 이성을 따라, 또 자신의 종교 계율에 따라서 성심을 다해 살았다 할지라도 이 모든 것이 그 사람이 구원을 받는 일에 아무런 유익이 없다면, 여러분은 이것을 공의롭다고 할 수 있겠습니까?

4. 오늘 학습한 내용은 미전도 종족이나 지역에 복음을 전할 선교적 사명을 약화시키나요? 아니면 오히려 강화시키나요? 여러분의 의견은 어떠합니까?

5월 / 7일

선택받지 않은 사람의 구원의 불가함

신앙고백서 10.4

신앙고백서 10.4

선택받지 않은 사람들은 비록 말씀 사역에 의해 부르심을 받을 수 있고,[1] 또 성령 하나님의 여러 일반적인 활동을 누릴 수 있지만,[2] 그럼에도 이들은 결코 그리스도에게 참되게 나아오지 않으며, 그러므로 구원받을 수 없다.[3] 하물며 기독교 신앙을 고백하지 않는 사람들은, 설령 본성의 빛과 자신들이 고백하는 종교의 법에 맞추어 살기에 더없이 부지런할지라도, 어떤 방법으로도 구원받을 수 없다.[4] 이들이 구원받을 수 있다고 주장하고 이를 고수하는 것은 대단히 해로우며 가증스럽게 여겨져야 한다.[5]

1) 마 22:14.

신앙고백서 10.4

2) 마 7:22; 13:20~21; 히 6:4~5.

3) 요 6:64~66; 8:24.

4) 행 4:12; 요 14:6; 엡 2:12; 요 4:22; 17:3.

5) 요이 1:9~11; 고전 16:22; 갈 1:6~8.

말씀 요절

마 22:14 "청함을 받은 자는 많되 택함을 입은 자는 적으니라"

마 13:20-21 "돌밭에 뿌려졌다는 것은 말씀을 듣고 즉시 기쁨으로 받되 그 속에 뿌리가 없어 잠시 견디다가 말씀으로 말미암아 환난이나 박해가 일어날 때에는 곧 넘어지는 자요"

요 8:24 "그러므로 내가 너희에게 말하기를 너희가 너희 죄 가운데서 죽으리라 하였노라 너희가 만일 내가 그인 줄 믿지 아니하면 너희 죄 가운데서 죽으리라"

요 14:6 "예수께서 이르시되 내가 곧 길이요 진리요 생명이니 나로 말미암지 않고는 아버지께로 올 자가 없느니라"

요이 1:9-11 "지나쳐 그리스도의 교훈 안에 거하지 아니하는 자는 다 하나님을 모시지 못하되 교훈 안에 거하는 그 사람은 아버지와 아들을 모시느니라 누구든지 이 교훈을 가지지 않고 너희에게 나아가거든 그를 집에 들이지도 말고 인사도 하지 말라 그에게 인사하는 자는 그 악한 일에 참여하는 자임이라"

교리 해설

복음을 들어본 적이 없어서 예수 그리스도를 알지 못하고 믿지도 못한 사람들은 결국 구원을 얻을 수 없습니다. 상당수에 이르는 사람들이 이 사실에 대하여 수긍하지 못한 채 감정이 상하여 불쾌한 태도와 언어로 비판의 소리를 냅니다. 이들은 비록 그리스도를 알지 못하여도 양심과 도덕에 따라서 그리고 나름대로 종교의 가르침에 따라 성심으로 살아온 많은 사람의 고귀한 삶의 가치를 지나치게 폄하한다고 말합니다. 이럴 때 바로 대조로 삼는 것은 그리스도인의 생활 모습입니다. 예수 그리스도의 복음으로 인한 은혜의 구원을 자랑하는 그리스도인이 생활의 측면에서 비그리스도인보다 나을 것이 없어 보이며 심지어 더 나쁜 사례도 본다고 말합니다. 그럼에도 그리스도인에게만 구원이 있다고 말하는 것은 납득하기 어렵고 또한 감정적으로 거슬린다고 판단합니다. 이러한 주장에 대한 대답을 5월 6일 대요리문답 60항에서 약간의 설명을 곁들여 살펴보았습니다.

오늘 살피는 신앙고백서 10.4는 하나님의 선택과 연결하여 비슷한 주제를 다룹니다. 먼저 앞서 5월 2, 3일에 신앙고백서 10.1, 대요리문답 68항에서 선택받은 자들만이 효과 있는 부르심을 받는다는 것을 배웠습니다. 말씀의 외적 사역이 효과를 나타내는 일은 성령 하나님의 내적 사역에 의한 것이며, 이때 성령 하나님의 사역은 오직 선택받은 사람들 대상으로 행하여집니다. 오늘 읽는 신앙고백서 10.4는 이러한 성령 하나님의 내적 사역의 대상이 아닌 사람들, 곧 선택받지 않은 사람들의 경우 구원이 어떻게 되는지에 대하여 교훈합니다.

먼저 선택받지 않은 사람들은 그리스도에게로 참되게 나아오지 않으며 그러므로 구원받을 수 없음을 명확하게 진술합니다. 신앙고백서는 구원과 관련하여 하나님의 선택이라는 제한을 풀어버리려는 일체의 시도에 대해 분명하게 옳지 않다고 말합니다. 말씀 사역에 의해 부르심을 받았다는 것으로는 구원을 받지 못합니다. 그것은 누구에게나 들려지는 외적 사역입니다. 성령 하나님의 은혜로 인하여 도덕적 덕을 함양하고 죄를 자책하고 말씀을 일시적으로 즐거워하며, 교회 생활에 참여하고 여러 은사가 있어서 예언도 하고 지혜롭기도 하다면 어떠할까요? 주의할 점은 이러한 것들은 외적인 것으로 태도나 행동 또는 감정의 변화를 주는 것이며, 내적으로 마음의 변화를 일으키는 회심과 중생의 결과가 아닐 수 있습니다. 성령 하나님의 내적 사역으로 인하여 중생하여 회심하고 그리스도에게로 나오는 자에게는 이러한 외적인 변화들이 나타날 것입니다. 하지만 중요한 것은 참으로 그리스도에게로 나오는지의 여부입니다. 그리스도를 참으로 의지하며 새로운 심령과 소망으로 죄를 슬퍼하고 주님의 말씀에 순종하고자 하는 사랑의 마음을 하나님께 고백하는 변화가 내적 사역으로 인한 변화입니다. 성령 하나님의 내적 사역으로 인하여 주어지는 이러한 복된 은택들은 오직 선택받은 사람들에게만 나타납니다.

이렇게 말씀의 외적 부르심에 더하여 성령 하나님의 일반적인 사역이 있다고 하여도 선택받지 않은 사람들은 그리스도에게로 참되게 나아오지 않게 된다는 것을 확고히 한 후에, 신앙고백서는 이어서 또한 기독교 신앙을 고백하지 않는 사람들의 경우에는 더 말할 것이 없음을 진술합니다. 기독교 신앙을 고백하지 않는다는 것은 그리스도에게로 나아오지 않음을 뜻하는데, 이러한 사람들이 본성의 빛과 자신들이 고백하는 종교의 법에 맞추어 더없이 부지런히 살아가기에 힘을 다한다고 하여도 이러한 종교적 도덕주의로는 결코 죄 사함을 받을 길이 없음을 확고히 합니다. 요점은 구원은 오직 예수 그리스도의 속죄의 은총과 공로에 의한 의의 전가를 통해서만 이루어지는 것이므로 이에 어긋나거나 반대하는 것은 오류라는 것입니다. 신앙고백서는 이러한 주장을 단지 잘못이라는 표현을 넘어서 "대단히 해로우며 가증스럽게 여겨져야 한다"고 단호하게 진술합니다. 구원은 오직 효과 있는 부르심을 받은 선택받은 자에게 주어집니다.

적용 질문

1. 어떤 사람이 말씀 사역에 의해 부르심을 받아서 말씀을 나름대로 풀어내고 잘 가르치기까지 한다면 이 사실에 근거하여 그는 구원을 받은 자라 할 수 있습니까?

2. 어떤 사람이 도덕적 덕을 함양하고 죄를 자책하고 말씀을 일시적으로 즐거워하며, 교회 생활에 참여하고 여러 은사가 있어서 예언도 하고 지혜롭기도 하다면, 이 사실에 근거하여 그는 구원을 받은 자라 할 수 있습니까?

3. 선택을 받아 성령 하나님의 내적 부르심에 의해 중생하고 구원을 받은 자는 비록 외적인 태도와 감정과 행동에 있어서 두드러진 변화를 보이지 않는다고 하더라도 무엇을 확실하게 의심할 수 없이 참되게 고백합니까? 여러분은 참되게 구원받은 자라고 믿을 만한 이유를 무엇에서 확인합니까?

4. 그리스도에게 나아오지 않고 있지만 구원이 없다고 하기에는 가혹하다고 싶은 사람을 본 적이 있습니까? 여러분은 어떤 점 때문에 그렇게 생각하셨습니까? 그렇게 생각하게 한 그 사람의 특성을 고려할 때 구원이 있다고 해야 한다는 주장에 대한 여러분의 답은 무엇입니까?

5월
8일

효과 있는 부르심을 받은 자들이 금생에서 누리는 은택

소요리문답 32

소요리문답 32:

문32. 효과 있는 부르심을 받은 자들은 금생에서 어떤 은택에 참여합니까?

답. 효과 있는 부르심을 받은 자들은 의롭다 하심,[1] 양자 삼으심,[2] 거룩하게 하심, 그리고 금생에서 이것들에 동반되거나 이것들로부터 나오는 여러 은택에 참여합니다.[3]

1) 롬 8:30.

2) 엡 1:5.

3) 고전 1:30.

말씀 요절

롬 8:30 "또 미리 정하신 그들을 또한 부르시고 부르신 그들을 또한 의롭다 하시고 의롭다 하신 그들을 또한 영화롭게 하셨느니라"

엡 1:5 "그 기쁘신 뜻대로 우리를 예정하사 예수 그리스도로 말미암아 자기의 아들들이 되게 하셨으니"

고전 1:30 "너희는 하나님으로부터 나서 그리스도 예수 안에 있고 예수는 하나님으로부터 나와서 우리에게 지혜와 의로움과 거룩함과 구원함이 되셨으니"

교리 해설

하나님의 말씀의 부르심을 받고 성령 하나님의 내적 부르심에 의하여 효과 있는 부르심을 받은 자들은 하나님의 선택받은 자로서 복된 신앙의 여정을 걸어갑니다. 효과 있는 부르심을 받은 신자는 하나님께서 베풀어주시는 특별한 은택을 누리며 그 가운데서 신앙의 길을 금생에서 마치고 낙원에 이를 때까지 복된 신앙생활을 살아갑니다. 그 은택들이 어떠한 것인지에 대하여 오늘 살피는 소요리문답 32문은 대표적인 몇 가지를 소개합니다. 곧 의롭다 하심, 양자 삼으심, 거룩하게 하심입니다. 그리고 덧붙여서 이것들만이 아니라 이것들에 동반되거나 이것들로부터 나오는 여러 은택이 있음을 진술합니다.

제일 먼저 의롭다 하심의 은택이 언급됩니다. 의롭다 하심이란 선택받은 자에게 있어서 현재, 과거, 미래의 모든 죄의 사함을 받고 그리스도의 의를 전가 받아 의로운 자로 여김을 받는 은혜를 말합니다. 이것은 죄인에서 의인으로, 하나님의 원수에서 자녀로 신분이 변화되었음을 선언합니다. 모든 신자가 누리는 은택은 여기에서 출발합니다. "또 미리 정하신 그들을 또한 부르시고 부르신 그들을 또한 의롭다 하시고 의롭다 하신 그들을 또한 영화롭게 하셨느니라"(롬 8:30)라는 말씀이나 "너희는 하나님으로부터 나서 그리스도 예수 안에 있고 예수는 하나님으로부터 나와서 우리에게 지혜와 의로움과 거룩함과 구원함이 되셨으니"(고전 1:30), 그리고 "너희가 다 믿음으로 말미암아 그리스도 예수 안에서 하나님의 아들이 되었으니"(갈 3:26)라는 말씀이 가르치는 바입니다. 의롭다 하심을 받지 않고는 아들의 명분을 받을 수 없습니다. 의롭다 함을 받는 일이 거룩한 성화에 근거하는 것이 아니라, 거룩하게 하시는 성화가 의롭다 하시는 칭의의 은혜로부터 나옵니다. 의롭다 함을 받기 위하여 거룩하게 되는 것이 아니라, 의롭다 함을 받은 자에게 거룩하게 하시는 은혜를 베푸십니다. 이러한 이치에 따라서 신자가 받는 은택 가운데 의롭다 하심이 가장 먼저 나옵니다.

신자는 이처럼 그리스도로 말미암아 누리는 이러한 신분의 변화로 인하여 이 은혜에 합당한 거룩한 삶으로 나아가며, 구원받은 자에게 합당한 믿음과 회개의 열매를 맺고, 그리스도인으로서 하나님께 감사하며 올리는 선행을 행하며 살아갑니다. 이러한 길에서 연약함으로 인해 넘어지는 일이 있고 깊은 절망과 낙심의 수렁에 빠질지라도 하나님께서는 선택하신 자들을 끝까지 도우십니다. 그리하여 선택받은 신자는 신앙의 여정에서 어떤 시험이나 시련이나 유혹이나 환란이 있을 때라도 하나님의 이러한 도우심을 받아 믿음의 길에서 이탈하지 않고 참아 견디며 신앙을 유지합니다. 내일부터 의롭다 하심으로부터 시작하여 이러한 복된 은택들을 차례로 자세히 살펴보겠습니다.

적용 질문

1. 여러분은 성령 하나님의 효과 있는 부르심을 받은 신자의 신앙 여정이 어떠할 것을 생각하십니까? 여러분은 여러분의 신앙생활을 어떻게 설명합니까?

2. 신앙생활을 살아가는 가운데 여러분에게 나타났거나 나타날 것으로 기대하는 변화가 있다면 어떠한 것입니까? 오늘 소요리문답 32항이 제시한 은택들이 여러분의 변화를 설명하는 데에 도움이 됩니까?

3. 효과 있는 부르심을 받은 신자가 누리는 은택들 가운데 의롭다 하심이 제일 먼저 나옵니다. 이러한 순서에는 어떤 의미가 있습니까? 만일 거룩하게 하심이 먼저 나오고 이를 토대로 의롭다 함을 받는 것이라고 한다면 여러분의 신앙의식과 신앙생활에 있어서 어떤 변화가 있을 것이라고 생각하십니까?

4. 오늘 읽은 교리는 효과 있는 부르심을 받은 자들이 금생에서 누리는 여러 은택이 있음을 교훈합니다. 이 사실은 여러분의 신앙생활을 여러분 스스로 자신의 힘으로 감당하는 것이 아니라는 점을 말합니다. 이 사실이 여러분에게 어떠한 위로를 줍니까?

11장.

의롭다 하심(칭의)

5월
9일

의롭다 하심의 의미

소요리문답 33
대요리문답 70

소요리문답 33:

문33. 의롭다 하심[칭의]은 무엇입니까?

답. 의롭다 하심은 하나님의 값없는 은혜의 행위입니다. 의롭다 하심으로 하나님께서는 우리의 모든 죄를 용서하시고,[1] 하나님께서 보시기에 의로운 자로 우리를 받아주십니다. 우리에게 전가되고[2] 믿음으로만 받아들여진[3] 오직 그리스도의 의 때문에 그렇게 하십니다.[4]

1) 롬 3:24~25; 4:6~8.

2) 고후 5:19, 21.

3) 롬 5:17~19.

4) 갈 2:16; 빌 3:9.

대요리문답 70:

문70. 의롭다 하심[칭의]은 무엇입니까?

답. 칭의는 하나님께서 죄인들에게 값없이 주시는 은혜의 행위인데,[1] 죄인들의 모든 죄를 용서하시고, 이들을 받아주시며 하나님께서 보시기에 의로운 자로 여겨주시는 것입니다.[2] 칭의는 결코 이들 안에서 이루어진 어떤 것이나 이들이 행한 어떤 일 때문이 아닙니다.[3] 다만 하나님께서 죄인들에게 전가(轉嫁)하시고[4] 이들이 오직 믿음으로[5] 받아들이는 그리스도의 완전한 순종과 온전한 속상(贖償, satisfaction) 때문입니다.

1) 롬 3:22, 24~25; 4:5.

2) 고후 5:19~21; 롬 3:22, 24~25, 27~28.

3) 딛 3:5; 엡 1:7.

4) 롬 5:17~19; 4:6~8.

5) 행 10:43; 갈 2:16; 빌 3:9.

말씀 요절

롬 3:24-25 "그리스도 예수 안에 있는 속량으로 말미암아 하나님의 은혜로 값 없이 의롭다 하심을 얻은 자 되었느니라 이 예수를 하나님이 그의 피로써 믿음으로 말미암는 화목제물로 세우셨으니 이는 하나님께서 길이 참으시는 중에 전에 지은 죄를 간과하심으로 자기의 의로우심을 나타내려 하심이니"

고후 5:19, 21 "곧 하나님께서 그리스도 안에 계시사 세상을 자기와 화목하게 하시며 그들의 죄를 그들에게 돌리지 아니하시고 화목하게 하는 말씀을 우리에게 부탁하셨느니라 … 하나님이 죄를 알지도 못하신 이를 우리를 대신하여 죄로 삼으신 것은 우리로 하여금 그 안에서 하나님의 의가 되게 하려 하심이라"

딛 3:5 "우리를 구원하시되 우리가 행한 바 의로운 행위로 말미암지 아니하고 오직 그의 긍휼하심을 따라 중생의 씻음과 성령의 새롭게 하심으로 하셨나니"

롬 5:17-19 "한 사람의 범죄로 말미암아 사망이 그 한 사람을 통하여 왕 노릇 하였은즉 더욱 은혜와 의의 선물을 넘치게 받는 자들은 한 분 예수 그리스도를 통하여 생명 안에서 왕 노릇 하리로다 그런즉 한 범죄로 많은 사람이 정죄에 이른 것 같이 한 의로운 행위로 말미암아 많은 사람이 의롭다 하심을 받아 생명에 이르렀느니라 한 사람이 순종하지 아니함으로 많은 사람이 죄인 된 것 같이 한 사람이 순종하심으로 많은 사람이 의인이 되리라"

갈 2:16 "사람이 의롭게 되는 것은 율법의 행위로 말미암음이 아니요 오직 예수 그리스도를 믿음으로 말미암는 줄 알므로 우리도 그리스도 예수를 믿나니 이는 우리가 율법의 행위로써가 아니고 그리스도를 믿음으로써 의롭다 함을 얻으려 함이라 율법의 행위로써는 의롭다 함을 얻을 육체가 없느니라"

교리 해설

효과 있는 부르심을 받은 선택받은 신자가 누리는 첫 번째 은택은 무엇보다도 의롭다 하심을 받는 칭의의 은혜입니다. 하나님의 말씀은 의롭다 하심의 은혜를 창세기로부터 요한계시록에 이르기까지 성경 전체를 통하여 나타납니다. 이를테면 "아브람이 여호와를 믿으니 여호와께서 이를 그의 의로 여기시고"(창 15:6), "허물의 사함을 받고 자신의 죄가 가려진 자는 복이 있도다 마음에 간사함이 없고 여호와께 정죄를 당하지 아니하는 자는 복이 있도다"(시 32:1-2), "그러므로 사람이 의롭다 하심을 얻는 것은 율법의 행위에 있지 않고 믿음으로 되는 줄 우리가 인정하노라"(롬 3:28), 또 "내가 말하기를 내 주여 당신이 아시나이다 하니 그가 나에게 이르되 이는 큰 환난에서 나오는 자들인데 어린 양의 피에 그 옷을 씻어 희게 하였느니라"(계 7:14)와 같은 구절들이 그러합니다. 예수님께서는 "모세의 율법과 선지자의 글과 시편"이 "나를 기록한" 내용을 담고 있다고 말씀하셨습니다(눅 24:44). 이 말씀은 성경 전체가 예수 그리스도의 사역을 가리키고 있다는 것을 말합니다. 이것은 또한 그리스도로 인하여 주어지는 구원 사역 가운데 첫 번째로 교훈하고 있는 의롭다 하심의 교리가 성경 전체에 흐르고 있음을 말합니다.

의롭다 하심이란 크게 두 가지 사실을 말합니다. 하나는 모든 죄를 용서하시는 사죄의 은혜입니다. 다른 하나는 죄인인 자를 그리스도 안에서 의로운 자로 여기시고 받아주시는 은혜입니다. 먼저 죄 사함의 은혜는 그리스도를 믿는 신자의 모든 죄가 짊어져야 하는 죄의 책임을 면하게 해주셨음을 뜻합니다. 죄책이 면하여짐으로써 죄책에 수반되는 죄의 형벌 또한 면하여졌음을 뜻합니다. 이제 의롭다 함을 받은 신자는 자신이 범한 죄로 인하여 발생하는 죄의 책임으로부터 자유로운 자이며 그러하기에 죄책으로 인하여 받아야 할 형벌로부터 자유롭게 됩니다.

의롭다 하심은 이렇게 죄책과 죄의 형벌을 받을 이유가 없는 자임을 선언하는 것과 동시에 또 다른 측면을 포함합니다. 사람은 율법을 행할 의무 아래 있습니다. 율법을 범함으로써 받아야 할 죄책과 형벌을 면하게 되는 것으로는 사람이 하나님 앞에서 행할 의무를 다한 것이 아닙니다. 하나님의 율법을 온전히 다 행한 자가 있다면 그는 율법의 정죄를 받을 이유가 없는 의로운 자로 판단을 받을 것입니다. 이러한 의미에서 의롭다 하심의 은혜는 신자가 마치 모든 율법을 모두 행하였으며 어떤 율법도 범한 적이 없는 자인 것처럼 여겨주시는 의로움의 인정입니다.

그리스도를 참으로 믿는 신자는 의롭다 하심의 이러한 은혜의 두 측면으로 인하여 죄책의 수치심과 이로 인한 형벌에 대한 두려움이 없이 하나님 아버지 앞에 나아갈 수 있습니다. 그리고 특별히 하나님 아버지께서 단지 용서받은 죄인으로만 신자를 보지 않으시고 이미 하나님 아버지의 뜻을 온전히 순종한 의로운 자로 인정하신다는 점을 확신할 수 있습니다. 이것이 하나님 아버지께서 그리스도로 인하여 신자에게 값없이 베풀어주시는 의롭다 하심, 곧 칭의의 복되고 아름다운 은혜입니다.

적용 질문

1. 여러분은 어떤 사람을 가리켜 죄인이라 할 때 무엇 때문에 그렇게 말합니까?

2. 여러분이 의인이라 가리키는 사람이 있을 때 무엇을 근거로 제시합니까? 범죄한 사실이 없다는 증거에 더하여 제시할 다른 것이 있습니까?

3. 의롭다 하심, 곧 칭의 교리를 믿지 않는 사람에게 설명하신다면 무엇을 말씀하시겠습니까? 여러분이 생각하는 비유가 있다면 무엇입니까?

4. 하나님의 말씀을 다 순종한다면 의로운 자일 것입니다. 하나님 말씀을 불순종한 일에 대하여 용서를 받는다면 죄책이 없으니 이 또한 의로운 자일 것입니다. 이 두 상태는 사실 동전의 양면과 같습니다. 모든 계명을 다 지키면 죄책이 없습니다. 죄책이 없는 사람은 모든 계명을 다 지킨 자이어야 합니다. 그런데 이미 범한 죄가 있는 사람의 경우에 그가 모든 계명을 범했던 죄로 인한 죄책의 용서를 받는 일, 그리고 그가 범했던 모든 계명을 마치 처음부터 범한 일이 전혀 없이 온전히 지킨 자로 인정을 받는 일의 두 가지 측면을 생각하는 것이 의롭다 함의 은혜를 깨닫는 데 어떤 유익을 줍니까?

5월 10일

의롭다 하심의 근거와 방식

신앙고백서 11.1

신앙고백서 11.1

하나님께서 효과 있게 부르시는 사람들을 또한 값없이 의롭다 하신다.[1] 이것은 이들에게 의를 주입하심으로써가 아니라, 이들의 죄를 용서하심으로써, 그리고 이 사람들을 의로운 자로 여겨 받아주심으로써 이루어진다. 이것은 이들 안에 이루어진 어떤 것이나 이들이 행한 어떤 것 때문이 아니라, 오직 그리스도 때문이다. 또한 이것은 믿음 자체나 믿는 행위, 또는 어떤 다른 복음적 순종을 이들의 의로 이들에게 전가하심으로써가 아니라, 이들이 그리스도와 그분의 의를 믿음으로 받아들이고 의지할 때 오직 그리스도의 순종과 속상(贖償, satisfaction)을 이들에게 전가하심으로써 이루어진다.[2] 이 믿음은 이들에게서 난 것이

신앙고백서 11.1

아니고 하나님의 선물이다.[3)]

1) 롬 8:30; 3:24.

2) 롬 4:5~8; 고후 5:19, 21; 롬 3:22, 24~25, 27~28; 딛 3:5, 7; 엡 1:7; 렘 23:6; 고전 1:30~31; 롬 5:17~19.

3) 행 10:44; 갈 2:16; 빌 3:9; 행 13:38~39; 엡 2:7~8.

말씀 요절

롬 3:24 "그리스도 예수 안에 있는 속량으로 말미암아 하나님의 은혜로 값 없이 의롭다 하심을 얻은 자 되었느니라"

고전 1:30-31 "너희는 하나님으로부터 나서 그리스도 예수 안에 있고 예수는 하나님으로부터 나와서 우리에게 지혜와 의로움과 거룩함과 구원함이 되셨으니 기록된 바 자랑하는 자는 주 안에서 자랑하라 함과 같게 하려 함이라"

롬 3:24-25 "그리스도 예수 안에 있는 속량으로 말미암아 하나님의 은혜로 값 없이 의롭다 하심을 얻은 자 되었느니라 이 예수를 하나님이 그의 피로써 믿음으로 말미암는 화목제물로 세우셨으니 이는 하나님께서 길이 참으시는 중에 전에 지은 죄를 간과하심으로 자기의 의로우심을 나타내려 하심이니"

엡 2:7-8 "이는 그리스도 예수 안에서 우리에게 자비하심으로써 그 은혜의 지극히 풍성함을 오는 여러 세대에 나타내려 하심이라 너희는 그 은혜에 의하여 믿음으로 말미암아 구원을 받았으니 이것은 너희에게서 난 것이 아니요 하나님의 선물이라"

교리 해설

의롭다 하시는 은혜는 죄인인 신자의 죄책을 사하시고 또한 모든 계명을 순종한 자로 간주하시어 죄인을 의로운 자로 선포하시는 은혜입니다. 이러한 은혜가 어떻게 가능할까요? 하나님께서 행하시는 일이므로 어떤 일이든 가능하지 않은가 하고 생각하기에는 해소해야 할 질문이 있습니다. 그것은 죄인을 의로운 자라고 간주하시는 일이 과연 공의로운가 하는 질문입니다. 죄인이었던 자가 실제로 의인이 되었다면 이러한 자를 의인으로 선포하는 것이 공의로울 것입니다. 그러나 여전히 실제로는 죄인인 자를 의인으로 간주하시는 일은 공의롭게 여겨지지 않습니다.

성경에 이른 바와 같이 하나님께서는 실로 공의로우신 분으로 죄인을 의롭다 하십니다. 이를테면 "곧 이 때에 자기의 의로우심을 나타내사 자기도 의로우시며 또한 예수 믿는 자를 의롭다 하려 하심이라"(롬 3:26)라는 말씀이 이를 말합니다. 여기서 "자기의 의로우심을 나타내사"라는 말씀은 하나님께서 결코 죄를 죄로 인정하지 않으시는 분이 아님을 의미합니다. 하나님께서는 예수 믿는 자를 의롭다 하시는 일에 있어서 그분 자신이 의로우심을 나타내십니다. 어떻게 그러합니까? 죄인의 죄를 대리속죄 하기 위하여 그분의 아들 예수 그리스도를 화목제물로 세우심으로 그러합니다(롬 3:25). 하나님께서 죄의 값을 치를 것을 요구하시고, 이것을 그리스도를 통하여 받으셨기 때문에, 하나님께서는

"의로우시며 또한 예수 믿는 자를 의롭다" 하심에 있어서 하나님의 공의는 손상되지 않습니다.

그뿐 아니라 "하나님이 죄를 알지도 못하신 이를 우리를 대신하여 죄로 삼으신 것은 우리로 하여금 그 안에서 하나님의 의가 되게 하려 하심이라"(고후 5:21)라는 말씀에서 보듯이 우리의 죄는 그리스도에게로 전가됩니다. 또한 그분의 의는 우리에게 전가되어 그리스도 안에서 우리가 하나님의 의가 됩니다. 우리에게 주어지는 하나님의 의는 바로 그리스도의 의입니다. 이러한 그리스도의 의의 전가로 인하여 하나님의 공의는 훼손 받지 않습니다.

결국 신자는 실제로는 여전히 죄책을 지닌 죄인이지만, 그리스도께서 그 신자의 죄책을 짊어지셨고 또한 그리스도의 의를 죄인에게 전가해 주셨기 때문에, 신자를 의롭다 하시는 일은 결코 거짓도 아니며 모순도 아닙니다. 의롭다 함을 받는 신자는 그리스도 안에서 더 이상 죄인이 아니기 때문입니다.

이런 맥락에서 오늘 읽는 신앙고백서는 하나님께서 죄인인 신자를 의롭다 하실 때, 이것은 "이들 안에 이루어진 어떤 것이나 이들이 행한 어떤 것 때문이 아니라, 오직 그리스도 때문"이라고 진술을 합니다. 이 진술은 하나님께서 죄인을 의롭다 간주하실 때, 그 이유가 의롭다 함을 받는 사람이 무엇인가를 행하여 세운 공로 때문이 아님을 명확히 하고, 이어서 그 이유는 그리스도로 인한 것임을 교훈합니다. 그리스도와 그분의 의가 죄인인 신자를 의롭다 하시는 하나님을 불의하다고 할 수 없게 하는 근거가 됩니다. 사람이 세운 공로를 근거로 의롭다 하신다면 그것은 더 이상 은혜가 아니며 대가에 의한 요구를 행하시는 것이 됩니다. 그러나 그리스도의 의를 근거로 함으로 이것은 하나님의 의를 훼손하지 않으면서 또한 은혜로운 일이 됩니다. 죄인인 신자에게 요구하시는 어떤 것도 없이 그리스도의 의를 근거로 의롭다 하시는 것이 되기 때문입니다.

적용 질문

1. 하나님께서는 하나님이시므로 죄인을 의로운 자라고 단지 말씀만 하시면 죄인을 의인이라 하실 권세가 있으시지 않을까요?

2. 만일 하나님께서 그리스도를 화목제물로 세우시지 않은 채 죄인을 의롭다 선언하신다면 어떠한 문제가 있을 수 있겠습니까?

3. 그리스도를 믿는 죄인을 의롭다 하시는 일에 있어서 하나님께서는 어떻게 그분 자신의 의로우심을 나타내십니까?

4. 만일 의롭다 함을 받는 사람이 자신 안에 이루어진 어떤 것이나 자신이 행한 어떤 것으로 인하여 의롭다 함을 선언 받는다면, 하나님께서 의롭다 하시는 일이 은혜라고 할 수 있겠습니까?

5월 11일

의롭다 하심을 받는 수단 – 믿음

대요리문답 72

대요리문답 72:

문72. 의롭다 하심을 받는 믿음은 무엇입니까?

답. 의롭다 하심을 받는 믿음은[1] 성령 하나님과[2] 말씀이[3] 죄인의 마음속에 일으키신 구원의 은혜입니다. 이 은혜로 죄인은 자신의 죄와 비참함을 확신하고, 또한 자신을 비롯하여 다른 아무 피조물도 자신을 타락한 상태에서 회복할 능력이 없음을 확신합니다.[4] 그럼으로써 복음이 말하는 약속의 진리에 동의할 뿐만 아니라,[5] 죄 용서를 받고,[6] 하나님 보시기에 용납되고 의롭다고 여김을 받아 구원을 얻기 위해 복음에 제시된 그리스도와 그분의 의를 받아들이고 의지합니다.[7]

대요리문답 72:

1) 히 10:39.

2) 고전 4:13; 엡 1:17~19.

3) 롬 10:14.

4) 행 2:37; 16:30; 요 16:8~9; 롬 5:6; 엡 2:1; 행 4:12.

5) 엡 1:13.

6) 요 1:12; 행 16:31; 10:43.

7) 빌 3:9; 행 15:11.

말씀 요절

히 10:39 "우리는 뒤로 물러가 멸망할 자가 아니요 오직 영혼을 구원함에 이르는 믿음을 가진 자니라"

고전 4:13 "비방을 받은즉 권면하니 우리가 지금까지 세상의 더러운 것과 만물의 찌꺼기 같이 되었도다"

롬 10:14 "그런즉 그들이 믿지 아니하는 이를 어찌 부르리요 듣지도 못한 이를 어찌 믿으리요 전파하는 자가 없이 어찌 들으리요"

엡 2:1 "그는 허물과 죄로 죽었던 너희를 살리셨도다"

엡 1:13 "그 안에서 너희도 진리의 말씀 곧 너희의 구원의 복음을 듣고 그 안에서 또한 믿어 약속의 성령으로 인치심을 받았으니"

빌 3:9 “그 안에서 발견되려 함이니 내가 가진 의는 율법에서 난 것이 아니요 오직 그리스도를 믿음으로 말미암은 것이니 곧 믿음으로 하나님께로부터 난 의라”

교리 해설

하나님께서 그리스도를 믿는 신자를 의롭다 하시는 일은 하나님께서 값을 요구하지 않으시고 베푸시는 은혜의 행위입니다. 의롭다 하시는 일이 하나님께서 베푸시는 은혜인 까닭은 어제 살핀 신앙고백서 11.1에서 보았듯이 죄 용서와 의로운 자로 받아주시는 것이 사람들이 행한 어떤 것이나 이들 안에서 이루어진 어떤 것 때문이 아니라 오직 그리스도 때문이라는 데에서 잘 설명됩니다. 죄인은 이러한 그리스도의 공로를 믿음으로 의롭다 함을 받습니다.

오늘 살피는 대요리문답은 죄인이 그리스도를 믿음으로써 그리스도의 공로를 근거로 의롭다 함의 은혜를 받을 때, 그 믿음이란 어떠한 것인지에 대해 교훈합니다. 의롭다 하심을 받는 믿음은 사람이 스스로 하나님의 도움이 없이 행사하는 행위가 아닙니다. 믿음은 하나님의 특별한 선물로 사람에게 주어집니다. 대요리문답은 이 믿음을 선물로 받는 방식에 대하여 “성령 하나님과 말씀이 죄인의 마음속에 일으키신 구원의 은혜”라는 진술로 설명합니다. 죄인이 믿음을 고백하게 되는 일은 죄인의 마음속에 일어난 변화로 인한 것임을 의미합니다. 이 변화가 일어나게 되는 것은 말씀을 사용하시는 성령 하나님의 내적 사역으로 인합니다. 여기서 말씀의 외적 부르심이 없이 성령 하나님의 내적 사역만으로 믿음이 일어나지 않는다는 점에 주목해야 합니다. 말씀이 없는 성령 하나님의 사역은 겉으로 드러나지 않은 채 마음 내면에서 일어나는 비밀한 중생을 일으킬 수 있으나 의롭다 하심을 받는 믿음을 일으키지는 못합니다. 의롭다 하심을 받는 믿음은 복음에 대한 지식에 동의하고 죄 용서를 구하는 일련의 심리적 활동과 관련하기 때문입니다. 마찬가지로 성령 하나님의 내적 사역이 없이 단지 말씀만으로도 믿음이 일어나지 않습니다. 말씀의 사역은 성령 하나님의 부르심이 동반하지 않으면 외적 부르심에 그치고 효과 있는 부르심을 이루지 못하기 때문입니다.

의롭다 하심을 받는 믿음은 말씀을 가지고 일하시는 성령 하나님의 사역의 결과이기 때문에 인격적 반응의 여러 측면으로 실행됩니다. 대요리문답 72항은 믿음의 은혜를 받은 사람은 먼저 자신과 관련하여 두 가지 사실을 확신하고 고백한다는 점을 잘 정리해줍니다. 먼저 "자신의 죄와 비참함"이며 또한 "자신을 비롯하여 다른 아무 피조물도 자신을 타락한 상태에서 회복할 능력이 없음"에 대한 확신과 고백입니다. 이러한 고백이 있을 때 믿음은 고백하는 사람 안에서 작용하고 있음을 외적으로 나타납니다. 이러한 고백은 그리스도의 복음에 대한 약속을 진리로 믿고 동의합니다. 의롭다 하심을 받는 믿음은 복음을 진리로 믿는 지적 반응으로부터 출발하지만 이것에 그치고 머무는 것은 충분하지 않습니다. 이러한 동의를 표한다 할지라도 그리스도만을 의지하지 않은 채 자신의 선행이나 다른 어떤 것의 능력이나 공로를 의지한다면 그것은 의롭다 하심을 받는 믿음이라 할 수 없습니다. 의롭다 함을 받는 믿음은 그리스도의 복음 안에서 죄 용서가 주어짐을 기쁨으로 받고, 또 하나님께서 의롭다 여기시는 근거인 그리스도와 그분의 의만을 받아들이고 의지합니다.

이렇게 그리스도만을 의지하는 믿음은 성격상 과거 역사에 대한 단순 지식과도 다릅니다. 예를 들어 예수님께서 2천 년 전에 사셨던 유대인이시라는 사실과 같은 지식이 아닙니다. 또한 의롭다 하심을 받는 믿음은 변절이나 취소가 없습니다. 처음에는 믿음을 고백하지만 여러 상황의 변화나 이유로 인하여 믿음을 떠나거나 버린다면, 그 첫 고백에 의한 믿음은 일시적인 믿음일 뿐이며, 의롭다 하심을 받는 믿음이라 할 수 없습니다. 일시적인 감정에서 일어나는 것과 같은 믿음은 참된 구원의 믿음이 아닙니다. 어떻게 구별할 수 있겠습니까? 의롭다 하심을 받는 믿음과 일시적 믿음의 구별은 고백의 순간에는 알 수 없습니다. 시간을 지나면서 그 믿음이 끝까지 유지되는가 아니면 결국에는 떠나는가로 알게 됩니다. 믿음을 고백한 후에 잠깐 시험이 들어 믿음이 흔들릴 수 있습니다. 그렇다고 하여도 결국에는 믿음으로 다시 돌아온다면 그 사람은 의롭다 하심을 받는 믿음을 가진 자라 할 것입니다. 다만 첫 고백의 믿음이 그러한지, 아니면 다시 돌아와 고백하는 믿음이 그러한지는 경우에 따라 다를 수 있겠습니다.

적용 질문

1. 사람이 복음을 듣고 믿을 때 그 믿음의 고백을 하나님의 도움이 없이 사람이 스스로 자신의 판단과 의지로 행하는 일이겠습니까? 그것이 가능하겠습니까? 아니라면 이유는 무엇이겠습니까? 그래도 사람이 동의하고 결단하는 과정을 따라 믿음이 고백되는 것이 아닐까요? 여러분의 설명은 무엇입니까?

2. 오늘 읽은 대요리문답은 의롭다 하심을 받는 믿음이 하나님의 특별한 은혜라고 교훈합니다. 이 은혜를 받는 일이 어떻게 하여 일어납니까? 그렇다면 믿음의 은혜가 주어지도록 하기 위하여 사람이 할 일이 있겠습니까? 그것이 있다면 무엇이겠습니까?

3. 의롭다 하심을 받는 믿음은 어떠한 성질을 갖습니까? 믿는다고 하지만 말로만 할 뿐 행함은 없으니 사실 믿는 것은 아니라는 식의 판단과 관련하여 볼 때, 의롭다 하심을 받는 믿음은 무엇으로 알 수 있겠습니까?

4. 여러분은 구원을 받기에 합당한 참된 믿음을 가지셨을 것입니다. 여러분의 믿음을 오늘 학습한 내용과 연결하여 설명하실 수 있겠습니까?

5월
12일

의롭다 함을 받은 유일한 수단이나 다른 은혜를 동반하는 믿음

신앙고백서 11.2

신앙고백서
11.2

이런 식으로 그리스도와 그분의 의를 받아들이고 의지하는 믿음은 의롭다 하심을 받는 유일한 수단이다.[1] 그렇지만 믿음은 의롭다 하심을 받는 사람 안에 홀로 있지 않고, 다른 모든 구원하는 은혜를 항상 동반한다. 그러므로 믿음은 죽은 믿음이 아니며, 사랑으로 역사한다.[2]

1) 요 1:12; 롬 3:28; 5:1.

2) 약 2:17, 22, 26; 갈 5:6.

말씀 요절

요 1:12 "영접하는 자 곧 그 이름을 믿는 자들에게는 하나님의 자녀가 되는 권세를 주셨으니"

롬 3:28 "그러므로 사람이 의롭다 하심을 얻는 것은 율법의 행위에 있지 않고 믿음으로 되는 줄 우리가 인정하노라"

약 2:17 "이와 같이 행함이 없는 믿음은 그 자체가 죽은 것이라"

갈 5:6 "그리스도 예수 안에서는 할례나 무할례나 효력이 없으되 사랑으로써 역사하는 믿음뿐이니라"

교리 해설

죄인이 의롭다 하심을 받는 일이 행함의 선에 근거하지 않고 다만 그리스도의 복음을 믿는 믿음이라고 말할 때, 흔히 제기되는 질문들이 있습니다. 하나는 믿음이라는 것은 보이지 않는 것이고 경우에 따라서 속 생각으로는 믿지 않으면서 믿는다고 말할 때 그것을 어떻게 인정할 수 있느냐는 것과 관련됩니다. 이 질문에 대해서는 믿음이 비록 보이지 않지만 믿음이 참되다는 것을 나타내는 증거들로 분별이 어느 정도 가능하다는 답을 줄 수 있습니다. 일반적인 경우에도 사람이 생각하는 바를 그의 말과 행동을 통해서 짐작할 수 있기도 합니다. 그리고 믿음의 진실성의 최종적인 판단은 결코 실수가 없으신 하나님의 지식 안에서 정확하게 이루어집니다. 사람의 눈에 보이는 믿음의 사람이 하나님 보시기에도 그러한지는 그 자신이 스스로 알 수 있습니다. 자신의 믿음을 속일 수는 없기 때문입니다. 그렇지만 믿음에 대하여 올바른 이해를 가지고 있지 않다면 자신의 믿음을 참되다고 판단한 것이 잘못된 기준에 따른 것일 수 있습니다. 이 경우에는 자신이 아무리 진실한 믿음을 주장하여도 의롭다 하심을 받는 믿음을 가진 자로 인정될 수가 없습니다.

다른 하나는 믿음으로 의롭다 하심을 받는다면 선한 행함을 소홀히 하고 죄에 머물러 있는 자가 자신의 구원을 확신하는 그릇된 결과를 낳을 것이며 무엇보다도 도덕적으로 방종한 신자를 많이 낳게 된다는 우려입니다. 이것은 의롭다 하심을 받는 믿음에 대한 올바른 이해의 문제라는 점에서 앞서 말한 질문과 사실 하나입니다. 의롭다 하심을 받는 믿음은 숨길 수 없으며 그것의 특성을 외적으로 나타냅니다. 이러한 점에서 믿음에 대한 잘못된 이해도 또한 드러납니다.

앞서 대요리문답 72항에서 보았듯이 의롭다 하심을 받는 믿음은 자신의 죄와 비참함을 깨닫고 의를 행할 능력이 없음을 확신하면서 말씀의 순종을 위해 성령 하나님의 도우심을 구합니다. 이러한 믿음이 진실하다면 죄 용서의 확신과 의롭다고 여김을 받은 은혜에 감사하여 그리스도의 제자로 살아가는 고백과 생활의 특징을 나타냅니다. 이 특징이 나타나는 이유에 대하여 오늘 읽는 신앙고백서 11.2는 "믿음은 의롭다 하심을 받는 사람 안에 홀로 있지 않고, 다른 모든 구원하는 은혜를 항상 동반합니다. 그러므로 믿음은 죽은 믿음이 아니며, 사랑으로 역사한다"라고 진술합니다. 믿음은 하나님께서 일으키시는 특별한 구원의 은혜입니다. 하나님께서는 믿음을 마음속에 일으키실 때 믿음만이 아니라 다른 모든 구원하는 은혜가 동반되게 하십니다. 이렇게 믿음에 동반하는 다른 구원하는 은혜들을 분별함으로 그 믿음이 참되다는 것을 알게 됩니다.

여기서 믿음과 동반하는 다른 모든 구원하는 은혜란 회개, 감사, 사랑의 순종, 인내, 신실함 등을 가리킵니다. 이 은혜는 때로는 강하게, 때로는 약하게 나타날 수 있습니다. 그래서 어떤 사람에게는 믿음이 참되다는 것이 분명하며, 또 어떤 사람에게는 흐리게 보일 수 있습니다. 또 동일한 사람이 어떤 경우에는 참된 믿음을 가진 자로 확신하면서도, 다른 경우에는 믿음의 부족함과 연약함을 절감하기도 합니다. 그렇지만 이러한 은혜는 참믿음을 가진 자에게는 나타나지 않을 수는 없는 은혜이며 필수적으로 동반합니다. "이와 같이 행함이 없는 믿음은 그 자체가 죽은 것이라"(약 2:17)라는 말씀은 믿음과 행함의 필연적인 동반 관계 원리를 계시합니다. 그리고 믿음이 살아있음을 보이는 행함은 압축하여 말해서 사랑입니다. 의롭다 하심을 받는 믿음은 "사랑으로써 역사하는 믿음"(갈 5:6)이기 때문입니다.

믿음은 심리적이므로 눈으로 그 자체를 직접 볼 수는 없습니다. 하지만 믿음은 반드시 동반하는 은혜를 통하여 믿음이 살아있다는 것을 알 수 있습니다. 그 믿음의 활력이 바로 믿음의 증거입니다. 그리고 그 증거를 통해서 믿음이 참되다는 것을 판단할 수 있습니다. 참믿음은 단지 지적인 동의에 그치지 않습니다. 그것은 동반하는 은혜인 사랑과 선행을 통해서 고백자가 참으로 그리스도와 그분의 복음을 기쁨으로 받고 신뢰한다는 것을 드러냅니다.

적용 질문

1. 여러분은 어떻게 의롭다 하심을 받았습니까? 죄인이 의롭다 하심을 받는 수단은 무엇입니까?

2. 의롭다 하심을 받는 유일한 수단이 믿음이라면 어떻게 믿음이 참된 줄을 알 수 있겠습니까? 이 질문에 대해서는 믿음이 있는지 없는지를 고백으로 알 것이라고 답할 수 있습니다. 그런데 그 고백이 참된 줄은 어떻게 알 수 있습니까? 여러분은 다른 사람의 말이나 생각의 진실성을 무엇으로 확인하십니까?

3. 오늘 읽는 신앙고백서는 하나님께서 우리에게 믿음을 일으키실 때 그것과 더불어 다른 구원의 은혜도 동반하여 일으키신다고 교훈합니다. 그러한 은혜들은 무엇입니까?

4. 여러분과 주위에 있는 믿음의 사람들을 돌아볼 때, 과연 오늘 학습을 통해서 배운 교리가 실제로 나타나고 있다고 생각하십니까? 여러분에게는 믿음과 동반하는 다른 은혜들이 어떻게 나타납니까? 이것으로 여러분은 자신의 믿음이 참됨을 말할 수 있습니까?

5월 13일

믿음이 의롭다 하는 방식

대요리문답 73

대요리문답 73:

문73. 믿음은 어떻게 죄인을 하나님 보시기에 의롭다 하심을 받게 합니까?

답. 믿음이 죄인을 하나님 보시기에 의롭다 하심을 받게 하는 것은 믿음에 항상 수반되는 은혜나 믿음의 열매인 선행 때문이 아닙니다.[1] 또한 믿음의 은혜나 믿음에서 오는 어떤 행위가 칭의를 위해 죄인에게 전가되는 방식으로도 아닙니다.[2] 믿음은 단지 죄인이 그리스도와 그분의 의를 받아 적용하는 수단이기 때문입니다.[3]

1) 갈 3:11; 롬 3:28. 2) 롬 4:5; 10:10.
3) 요 1:12; 빌 3:9; 갈 2:16.

말씀 요절

갈 3:11 "또 하나님 앞에서 아무도 율법으로 말미암아 의롭게 되지 못할 것이 분명하니 이는 의인은 믿음으로 살리라 하였음이라"

롬 4:5 "일을 아니할지라도 경건하지 아니한 자를 의롭다 하시는 이를 믿는 자에게는 그의 믿음을 의로 여기시나니"

롬 10:10 "사람이 마음으로 믿어 의에 이르고 입으로 시인하여 구원에 이르느니라"

빌 3:9 "그 안에서 발견되려 함이니 내가 가진 의는 율법에서 난 것이 아니요 오직 그리스도를 믿음으로 말미암은 것이니 곧 믿음으로 하나님께로부터 난 의라"

갈 2:16 "사람이 의롭게 되는 것은 율법의 행위로 말미암음이 아니요 오직 예수 그리스도를 믿음으로 말미암는 줄 알므로 우리도 그리스도 예수를 믿나니 이는 우리가 율법의 행위로써가 아니고 그리스도를 믿음으로써 의롭다 함을 얻으려 함이라 율법의 행위로써는 의롭다 함을 얻을 육체가 없느니라"

교리 해설

의롭다 하심을 받는 믿음은 홀로 역사하지 않고 다른 모든 구원하는 은혜를 항상 동반한다면 사람이 의롭게 되는 일이 믿음으로 될 뿐 아니라 또한 믿음에 수반하는 다른 모든 구원하는 은혜로 된다고 말할 수 있을까요? 이제 대한 답은 단호하게 "아닙니다. 의롭다 하심을 받는 일은 오직 믿음으로만 됩니다"라고 해야 합니다. 의롭다 하심을 받는 믿음과 이에 수반하는 다른 은혜는 이 믿음에 항상 동반하지만 의롭다 함을 받는 일에 기여하는 바는 전혀 없습니다. 이러한 은혜들은 어떤 믿음이 과연 의롭다 하심을 받기에 합당한 믿음인지를 확인하는 데 도움을 주는 열매 또는 증거의 역할을 합니다. 5월 10일에 학습한 신앙고백서 11.1에서 의롭다 하심을 받는 일은 "이들 안에 이루어진 어떤 것이나 이들이 행한 어떤 것 때문이 아니라 오직 그리스도 때문"이라고 진술하는 바에서 잘 확인됩니다. 특별히 오늘 살피는 대요리문답 73항은 이 문제를 직접 다루어, "믿음이 죄인을 하나님 보시기에 의롭다 하심을 받게 하는 것은 믿음에 항상 수반되는 은혜나 믿음의 열매인 선행 때문이 아닙니다"라고 명확하게 진술합니다.

여기서 믿음에 수반하는 여러 은혜로 인한 선행을 믿음 안에 포함하거나 믿음의 다른 측면으로 여기어 믿음과 선행을 동일하게 여겨야 한다는 주장을 하지만 이것은 잘못입니다. 믿음은 어떤 행위의 공로를 전혀 포함하지 않는 빈손과 같은 것으로 오직 그리스도의 의를 담는 수단일 뿐입니다. 이러한 이해의 바탕 위에서 오늘 알아야 할 것은 죄인이 하나님 보시기에 의롭다 하심을 받는 일에 있어서 믿음의 역할에 대한 이해입니다. 믿음으로 의롭다 하심을 받는다고 할 때, 여기서 믿음은 어떤 의미에서도 의롭다 하심을 받는 근거가 아니라는 점을 유념하여야 합니다. 믿음은 근거가 아니라 오직 수단입니다. 믿음으로 의롭다 하심을 받는다고 할 때, 그것은 믿음이라는 수단을 통하여 의롭다 하심을 받는다는 의미이지, 믿음이 의롭다 하심의 근거가 된다는 의미가 아닙니다. 죄인을 의롭다 하시는 일의 근거는 오직 예수 그리스도의 속죄와 의입니다. 하나님께서는 죄인에게 그리스도의 의를 전가하시는 방식으로 죄인을 의롭다 하십니다. 이때 그리스도의 의는 구원의 근거이며, 믿음은 그리스도의 의가 죄인에게 전가되는 유일한 수단입니다.

이와 관련하여 유의할 점은 "전가"라는 표현입니다. 신앙고백서 11.1은 죄인들이 의롭다 하심을 받는 일이 "오직 그리스도의 순종과 속상을 이들에게 전가하심으로써" 이루어지는 것이지 "이들에게 의를 주입하심으로써가 아니라"고 진술합니다. 대요리문답 73항에서 사용하는 "전가"라는 표현은 바로 이것을 반영합니다. "주입"이라는 표현은 내적인 도덕적 변화를 근거로 실제로 의롭게 변화된다는 것을 말하기 위한 것입니다. 이는 의롭다 하심을 받는 근거를 그리스도의 의가 아니라 자신의 내적 도덕성에 두는 것이 되므로 종교개혁 신학은 이를 거부합니다. 종교개혁 신학은 여기서 "전가"라는 표현을 사용하여 그리스도의 의가 죄인의 것으로 여겨짐으로써 의롭다 하심을 받는 것임을 분명히 합니다.

적용 질문

1. 구원을 받는 믿음에는 항상 회개, 순종, 사랑과 같은 다른 구원하는 은혜들이 수반된다고 하면, 결국 의롭다 하심은 믿음으로만이 아니라 이러한 은혜들로 받는다고 하여야 할까요?

2. 의롭다 하심을 받는 일에 있어서 믿음은 어떤 역할을 합니까? 여러분은 믿음이 더욱 강할수록 의롭다 하심을 더욱 견고하게 받는다고 생각하지는 않으십니까?

3. 의롭다 하심을 받는 수단과 근거를 구별할 수 있겠습니까? 수단은 믿음이며, 근거는 믿음에 수반하는 여러 다른 은혜들이라고 할 수 있겠습니까?

4. 혹시 주변에서 어떤 사람들이 나름의 기준을 세우고 이에 비추어 예수님을 믿는 사람들이 그렇지 않은 사람들에 비해 의롭지 않음에도 의롭다 하심을 받는다는 것은 잘못이라고 주장하는 것을 들은 적이 있습니까? 여러분은 어떻게 답하십니까? 여러분은 어떻게 의롭다 하심을 받았습니까? 오늘 학습한 내용을 따라 설명해 보시기 바랍니다.

5월

14일

하나님의 값없는 은혜의 행위인 의롭다 하심

대요리문답 71

대요리문답 71:

문71. 의롭다 하심은 어떻게 하나님의 값없는 은혜의 행위입니까?

답. 그리스도께서 그분의 순종과 죽음으로써 의롭다 하심을 받는 자들을 대신하여 하나님의 공의를 합당하고 참되며 완전하게 만족시키셨습니다.[1] 그럼에도 하나님께서 이들에게 요구하실 수 있었던 만족을 한 보증인에게서 받으시고,[2] 이 보증인, 즉 자신의 독생자를 친히 제공하셨습니다. 그리고 그분의 의를 이들에게 전가하셨으며,[3] 칭의를 위해 이들에게 믿음 이외의 아무것도 요구하지 않으셨습니다.[4] 그런데 이 믿음 또한 하나님의 선물입니다.[5] 그러므로 칭의는 이들에게 값없이 주어지는 은혜입니다.[6]

대요리문답 71:

1) 롬 5:8~10, 19.

2) 딤전 2:5~6; 히 10:10; 마 20:28; 단 9:24~26; 사 53:4~6, 10~12; 히 7:22; 롬 8:32; 벧전 1:18~19.

3) 고후 5:21.

4) 롬 3:24~25.

5) 엡 2:8.

6) 엡 1:7.

말씀 요절

롬 5:10 "곧 우리가 원수 되었을 때에 그의 아들의 죽으심으로 말미암아 하나님과 화목하게 되었은즉 화목하게 된 자로서는 더욱 그의 살아나심으로 말미암아 구원을 받을 것이니라"

히 10:10 "이 뜻을 따라 예수 그리스도의 몸을 단번에 드리심으로 말미암아 우리가 거룩함을 얻었노라"

딤전 2:5-6 "하나님은 한 분이시요 또 하나님과 사람 사이에 중보자도 한 분이시니 곧 사람이신 그리스도 예수라 그가 모든 사람을 위하여 자기를 대속물로 주셨으니 기약이 이르러 주신 증거니라"

고후 5:21 "하나님이 죄를 알지도 못하신 이를 우리를 대신하여 죄로 삼으신 것은 우리로 하여금 그 안에서 하나님의 의가 되게 하려 하심이라"

롬 3:24-25 “그리스도 예수 안에 있는 속량으로 말미암아 하나님의 은혜로 값 없이 의롭다 하심을 얻은 자 되었느니라 이 예수를 하나님이 그의 피로써 믿음으로 말미암는 화목제물로 세우셨으니 이는 하나님께서 길이 참으시는 중에 전에 지은 죄를 간과하심으로 자기의 의로우심을 나타내려 하심이니”

엡 2:8 “너희는 그 은혜에 의하여 믿음으로 말미암아 구원을 받았으니 이것은 너희에게서 난 것이 아니요 하나님의 선물이라”

엡 1:7 “우리는 그리스도 안에서 그의 은혜의 풍성함을 따라 그의 피로 말미암아 속량 곧 죄 사함을 받았느니라”

교리 해설

의롭다 하심을 받는 일은 오직 그리스도의 의를 근거로 합니다. 그리고 그리스도의 의를 전가 받아 이루어집니다. 이때 그리스도의 의를 전가 받는 방식이자 수단은 오직 믿음뿐입니다. 그런데 이 믿음에는 다른 구원하는 은혜들이 항상 수반되지만 이 은혜들은 그리스도의 의를 전가 받는 수단이 아니며, 그 믿음이 의롭다 하심을 받기에 참되다는 것을 보여주는 증거들입니다.

이러한 모든 이치는 의롭다 하심을 받는 일이 하나님의 값없는 은혜의 행위이므로 이루어지는 일입니다. 하나님께서는 의롭다 하심을 받는 죄인에게서 의롭다 함을 받기 위하여 하나님께 죗값을 치르거나 계명의 순종과 같은 그 어떤 것을 요구하지 않으십니다. 하나님께서 요구하시는 것은 단지 믿음뿐입니다. 믿음은 그리스도의 의를 전가 받기 위한 빈손과 같은 수단일 뿐입니다. 믿음은 어떤 의미에서도 의롭다 하심의 은혜를 받는 죄인이 행하는 행함의 공로가 아닙니다. 믿음은 단지 전가를 위한 수단일 뿐이지, 전가를 위한 근거에 기여하는 어떤 공로도 아닙니다. 만일 믿음이 의롭다 하심의 근거나 공로가 된다면 의롭다 하심은 결코 값없이 베푸시는 은혜일 수가 없습니다. 아르미니우스주의자들과 같은 사람이 스스로 자신의 자유로운 의지의 결단을 따라서 믿는다고 생각하고, 사람의 믿음의 행위가 의롭다 하심을 받는 데 있어 일종의 공헌을 한다고 생각합니다. 이러한 생각에 따르면 하나님께서는 의롭다 하시고자 하는 사람을 의롭다 하실 수 없습니다. 다만 그 사람이 자신의 의지로 믿음을 결단할 것을 미리 보시게 되면 비로소 그 사람을 구원하시게 됩니다. 이렇게 되면 믿음은 그리스도의 의를 전가 받는 빈손이 아니라 의롭다 하심이 적용되도록 하는 데 공헌하는 하나의 행위로서 작용합니다. 사람이 스스로 의롭다 하심을 받는 일에 있어서 절대적인 필요 요건을 이루는 것이 됩니다. 이것은 잘못된 견해입니다.

오늘 학습하는 교리는 믿음이 또한 하나님의 선물임을 다음 성경 구절을 기초로 진술합니다. 이를테면 "너희는 그 은혜에 의하여 믿음으로 말미암아 구원을 받았으니 이것은 너희에게서 난 것이 아니요 하나님의 선물이라"(엡 2:8)라는 말씀입니다. 여기서 "이것"이 "믿음으로 말미암는 구원"의 전 과정을 가리키는지 아니면 "믿음"을 가리키는지에 대해 토론이 있습니다. 문법적으로 믿음은 여성 명사인 반면에 이것은 중성 대명사이기 때문입니다. 이러한 관찰에도 불구하고 확실한 것은 믿음으로 인하여 주시는 구원이 선물이라는 점입니다. 그러할 때 하나님의 선물인 구원에 또한 믿음이 포함되기 때문에 믿음을 하나님의 선물로 해석하는 데 무리가 없습니다. 더구나 성경의 다른 구절들이 믿음을 선물로 말씀하고 있음을 고려할 때 더욱 그러합니다(빌 1:29; 행 13:48).

적용 질문

1. 그리스도의 복음을 믿지 않는다면 의롭다 하심을 받을 수가 없습니다. 그렇다면 믿음은 의롭다 하심을 받는 일에 필수 요건입니다. 의롭다 하심에 있어서 믿음은 어떤 역할을 합니까?

2. 믿음이란 사람이 믿음의 내용을 듣고 동의하고 이를 받아들이기로 마음을 열고 또한 그것을 신뢰하고 순종하는 일련의 행위라고 생각한다면 이 모든 일은 결국 사람이 인격성을 따라 행하는 것이 아닐까요? 그러면 믿음은 믿는 사람의 의지의 선택에 따라 결정된다고 말할 수 있지 않겠습니까? 여러분의 생각은 어떠하십니까?

3. 의롭다 하심을 받기 위하여 믿음을 요구하신다면 의롭다 하시는 일이 어떻게 값없이 주시는 은혜일 수가 있습니까?

4. 여러분의 믿음은 어디로부터 비롯된 것입니까? 그것이 여러분 자신으로부터입니까? 아니면 다른 어떤 원인으로부터입니까? 여러분 자신의 믿음의 시작과 과정을 돌아보면서 답해보시기 바랍니다.

5월
15일

그리스도의 순종에 근거한 의롭다 하시는 은혜의 행위

신앙고백서 11.3

신앙고백서 11.3

그리스도께서 자신의 순종과 죽음으로 이렇게 의롭다 하심을 받는 모든 사람의 빚을 완전히 청산하셨으며, 이들을 대신하여 하나님 아버지의 공의를 합당하고 참되며 완전하게 만족시키셨다.[1] 그분은 아버지에 의해 이들을 위해 주어지셨으며,[2] 또한 그분의 순종과 속상이 이들을 대신하여 받아들여졌는데,[3] 둘 다 이들에게 있는 어떤 것 때문이 아니라 값없이 된 것인 만큼, 이들이 의롭다 하심을 받는 것은 오직 값없는 은혜로 된 것이다.[4] 이렇게 하신 것은 죄인을 의롭다 하심을 통해서 하나님의 엄정한 공의와 풍성한 은혜의 영광이 나타나도록 하기 위함이다.[5]

신앙고백서
11.3

1) 롬 5:8~10, 19; 딤전 2:5~6; 히 10:10, 14; 단 9:24, 26; 사 53:4~6, 10~12.

2) 롬 8:32.

3) 고후 5:21; 마 3:17; 엡 5:2.

4) 롬 3:24; 엡 1:7.

5) 롬 3:26; 엡 2:7.

말씀 요절

사 53:4-6 "그는 실로 우리의 질고를 지고 우리의 슬픔을 당하였거늘 우리는 생각하기를 그는 징벌을 받아 하나님께 맞으며 고난을 당한다 하였노라 그가 찔림은 우리의 허물 때문이요 그가 상함은 우리의 죄악 때문이라 그가 징계를 받으므로 우리는 평화를 누리고 그가 채찍에 맞으므로 우리는 나음을 받았도다 우리는 다 양 같아서 그릇 행하여 각기 제 길로 갔거늘 여호와께서는 우리 모두의 죄악을 그에게 담당시키셨도다"

롬 8:32 "자기 아들을 아끼지 아니하시고 우리 모든 사람을 위하여 내주신 이가 어찌 그 아들과 함께 모든 것을 우리에게 주시지 아니하겠느냐"

엡 5:2 "그리스도께서 너희를 사랑하신 것 같이 너희도 사랑 가운데서 행하라 그는 우리를 위하여 자신을 버리사 향기로운 제물과 희생제물로 하나님께 드리셨느니라"

롬 3:24, 26 "그리스도 예수 안에 있는 속량으로 말미암아 하나님의 은혜로 값 없이 의롭다 하심을 얻은 자 되었느니라 … 곧 이 때에 자기의 의로우심을 나타내사 자기도 의로우시며 또한 예수 믿는 자를 의롭다 하려 하심이라"

교리 해설

하나님께서 의롭다 하시는 일이 참으로 값없이 베푸시는 은혜가 되는 핵심적 이유는 의롭다 하심의 근거가 그리스도의 순종에 근거한다는 사실에 있습니다. 하나님 아버지께서는 자신이 선택하신 자들의 죗값을 청산하도록 자기 아들 그리스도를 내어주셨습니다. 이 사실에 대하여 앞선 4월 3일에 신앙고백서 8.5는 "주 예수님께서 완전한 순종, 그리고 그분 자신을 드린 희생제사로 말미암아 성부 하나님의 공의를 완전히 만족시키셨다"라고 진술합니다. 동일한 내용을 오늘 읽는 신앙고백서 11.3은 "그리스도께서 자신의 순종과 죽음으로 이렇게 의롭다 하심을 받는 모든 사람의 빚을 완전히 청산하셨으며, 이들을 대신하여 하나님 아버지의 공의를 합당하고 참되며 완전하게 만족시키셨다"라고 조금 더 풀어서 진술합니다. 요점은 그리스도께서 행하신 율법의 완전한 순종, 그리고 죽음의 희생제사가 하나님 아버지의 공의를 완전히 만족시키셨다는 사실입니다.

그리스도께서 이루신 객관적인 구속 사역은 순종과 속상이라는 두 가지 측면을 통해 성취됩니다. 그리스도는 순종을 통하여 율법 및 하나님께서 그에게 맡기신 모든 뜻을 이루시어 율법의 의를 세우시고, 또한 이 순종을 통해서 자신을 희생제물로 드려 십자가에서 죽으심으로 하나님의 공의를 합당하고 참되며 완전히 만족시키셨습니다. 그리스도께서 자신에게 주신 모든 자를 대신하여 이와 같은 순종과 속상을 대신하심으로써 이들이 죄책이 없는 자이며 또한 모든 계명을 다 지킨 자로 인정되게 하셨습니다.

이처럼 그리스도의 순종과 속상으로 이루어진 그리스도의 의가 죄인을 의롭다 하시는 유일한 근거입니다. 오늘 읽는 신앙고백서는 여기에 더하여 그리스도의 의를 근거로 하는 대리속죄와 의의 전가가 선택받은 자들에게 이루어질 때, 의롭다 하심을 받는 자들에게 있는 어떤 것도 전혀 근거가 되지 않는다는 사실을 덧붙여 강조합니다. 의롭다 하심을 받는 자들은 자신들에게 있는 어떤 것 때문이 아니라 오직 그리스도의 의에 근거하며 의롭다 하심을 받는 것입니다. 더 나아가 그리스도의 의가 의롭다 하심을 받는 유일한 근거라는 말은 의롭다 하심을 받는 사람들에게 있는 어떤 것이나 이들이 행하는 어떤 것도 의롭다 하심을 받는 일과 관련한 어떤 이유나 조건이 아니라는 것을 의미합니다. 다시 말해서 그리스도의 순종과 속상이 이들을 대신하는 것은 이들 개인의 어떤 선행이나 종교적 노력과 같은 공로, 도덕적 덕성과 같은 것 때문이거나 또는 이들이 믿음을 가질 것을 미리 보고 이루어지는 것이 아닙니다. 그리스도의 순종과 속상은 이들을 대신하기 위한 것이지, 이들의 어떤 가치 때문에 주어지는 것이 아닙니다. 의롭다 하시는 일은 한편으로는 죄인을 향하여 베푸시는 하나님의 전적인 은혜의 사역이며 다른 한편으로는 그리스도를 향하여 그분의 순종과 속상을 요구하시는 공의의 사역입니다. 요컨대 하나님께서는 죄인을 그리스도의 의를 근거로만 의롭다 하시며, 죄인들에게서 의롭다 하실 어떤 이유도 찾지 않으십니다. "그리스도 예수 안에 있는 속량으로 말미암아 하나님의 은혜로 값 없이 의롭다 하심을 얻은 자 되었느니라"(롬 3:24)라는 말씀이 계시하는 바가 바로 이 사실입니다.

끝으로 주목할 것은 의롭다 하심의 이치가 이러한 것은 "하나님의 엄정한 공의와 풍성한 은혜의 영광이 나타나도록 하기 위함"이라는 신앙고백서의 진술입니다. 의롭다 하심에 있어서 하나님께서는 어떤 죄도 그리스도에 의하여 완전히 청산되도록 하셨습니다. 그리하여 그리스도와 관련하여 하나님께서는 엄정한 공의의 영광이 나타나도록 하셨습니다. 또한 죄인에게 어떤 대가나 공로를 요구하지 않고 이 사람을 값없이 의롭다 하심으로 풍성한 은혜의 영광이 나타나도록 하셨습니다. "이는 그가 사랑하시는 자 안에서 우리에게 거저 주시는 바 그의 은혜의 영광을 찬송하게 하려는 것이라 우리는 그리스도 안에서 그의 은혜의 풍성함을 따라 그의 피로 말미암아 속량 곧 죄 사함을 받았느니라"(엡 1:6-7)라는 말씀은 이 사실을 계시합니다.

적용 질문

1. 죄인을 의롭다 하시는 하나님의 행위가 불의하지 않은 까닭은 무엇입니까?

2. 죄인을 의롭다 하시는 하나님의 행위가 긍휼과 은혜인 까닭은 무엇입니까?

3. "그리스도의 순종과 속상으로 인한 의"가 의롭다 하시는 유일한 근거라는 사실에 비추어볼 때, 의롭다 하심을 받는 신자의 도덕과 성실함이나 선행이나 종교적 노력은 의롭다 하심과 관련하여 어떤 의미를 갖습니까?

4. 여러분에게 베풀어진 의롭다 하심의 은혜로 인하여 여러분은 하나님께 대하여 어떠한 찬양을 올려드립니까? 그 찬양은 하나님의 은혜와 공의의 영광을 높일 이유를 반영하고 있습니까?

5월 16일

시간 안에서 정하신 때에 받는 의롭다 하심의 은혜

신앙고백서 11.4

신앙고백서 11.4

하나님께서 영원부터 모든 선택된 자를 의롭다 하시기로 작정하셨다.[1] 그리고 때가 차매 그리스도께서 이들의 죄를 위하여 죽으셨으며, 이들의 의롭다 하심을 위하여 다시 살아나셨다.[2] 그럼에도 정하신 때에 성령 하나님께서 그리스도를 이들에게 실제로 적용하셔야 이들은 의롭다 하심을 받는다.[3]

1) 갈 3:8; 벧전 1:2, 19~20; 롬 8:30.

2) 갈 4:4; 딤전 2:6; 롬 4:25.

3) 골 1:21~22; 갈 2:16; 딛 3:4~7.

말씀 요절

갈 3:8 “또 하나님이 이방을 믿음으로 말미암아 의로 정하실 것을 성경이 미리 알고 먼저 아브라함에게 복음을 전하되 모든 이방인이 너로 말미암아 복을 받으리라 하였느니라”

롬 8:30 “또 미리 정하신 그들을 또한 부르시고 부르신 그들을 또한 의롭다 하시고 의롭다 하신 그들을 또한 영화롭게 하셨느니라”

갈 4:4 “때가 차매 하나님이 그 아들을 보내사 여자에게서 나게 하시고 율법 아래에 나게 하신 것은”

딤전 2:6 “그가 모든 사람을 위하여 자기를 대속물로 주셨으니 기약이 이르러 주신 증거니라”

롬 4:25 “예수는 우리가 범죄한 것 때문에 내줌이 되고 또한 우리를 의롭다 하시기 위하여 살아나셨느니라”

갈 2:16 “사람이 의롭게 되는 것은 율법의 행위로 말미암음이 아니요 오직 예수 그리스도를 믿음으로 말미암는 줄 알므로 우리도 그리스도 예수를 믿나니 이는 우리가 율법의 행위로써가 아니고 그리스도를 믿음으로써 의롭다 함을 얻으려 함이라 율법의 행위로써는 의롭다 함을 얻을 육체가 없느니라”

딛 3:4-7 “우리 구주 하나님의 자비와 사람 사랑하심이 나타날 때에 우리를 구원하시되 우리가 행한 바 의로운 행위로 말미암지 아니하고 오직 그의 긍휼하심을 따라 중생의 씻음과 성령의 새롭게 하심으로 하셨나니 우리 구주 예수 그리스도로 말미암아 우리에게 그 성령을 풍성히 부어 주사 우리로 그의 은혜를 힘입어 의롭다 하심을 얻어 영생의 소망을 따라 상속자가 되게 하려 하심이라"

교리 해설

하나님께서는 구원하시어 그분 자신의 자녀로 삼으실 자들을 만물을 창조하시기 이전, 영원 안에서 선택하시고 작정하셨습니다. 이 사실은 하나님의 영원한 작정을 학습하는 동안 1월 27, 28, 30일에 읽은 신앙고백서 3.3, 3.5, 대요리문답 13항에 잘 나타나 있습니다. 이를테면 신앙고백서 3.5는 "하나님께서, 인류 가운데 생명을 얻도록 예정된 사람들을 선택하시되, 세상의 기초가 놓이기 전에, 자신의 영원하며 변치 않는 목적 및 자신의 의지의 비밀한 경륜과 선한 기쁨을 따라서, 단지 값없이 주시는 은혜와 사랑만으로 영원한 영광에 이르도록 그리스도 안에서 선택하셨다"라고 진술합니다. 이에 따라서 오늘 읽는 신앙고백서 11.4는 첫 절에서 "하나님께서 영원부터 모든 선택된 자를 의롭다 하시기로 작정하셨다"라고 정리합니다.

여기서 주의할 점이 있습니다. 선택된 사람은 하나님의 영원한 작정 안에서 의롭다 하심을 받도록 이미 정하여졌기 때문에, 이생에서 사는 동안에 믿음을 고백하기 이전이라도 이미 의롭다 하심을 받은 자라는 주장이 있습니다. 이것은 "영원 안에서 실현된 의롭다 하심"(Eternal Justification)이라 불리며 "시간 안에서 실현되는 의롭다 하심"(Temporal Justification)이라 불리는 견해와 구별됩니다. 영원 안에서 이미 실현되었다고 주장하는 사람은 두 가지를 말합니다. 첫째는 의롭다 하시는 하나님의 작정이며, 둘째는 이를 위하여 그리스도께서 의롭다 하시기 위한 근거인 구속 사역을 완성하셨다는 사실입니다. 의롭다 하시는 은혜는 하나님의 작정과 그리스도의 구속 사역에 근거하는 것이기 때문에, 선택받은 자가 신앙을 갖기 이전이라도 이미 의롭다 하심을 받은 것으로 여겨야 한다고 주장합니다.

그런데 만일 이러하다면 의롭다 하심을 받는 일이 율법의 행위가 아니라 믿음만으로 이루어진다는 성경의 계시에 어긋나게 됩니다. 신앙고백서 11.2과 대요리문답 72항에서 읽은 바와 같이 하나님께서는 의롭다 하심에 있어서 믿음을 의롭다 하심을 받는 수단으로 정하셨습니다. 오늘 읽는 신앙고백서 11.4는 그리스도께서 죽으시고 다시 살아나신 후에라도 의롭다 하심을 받기 위해서는 "성령 하나님께서 … 그리스도를 실제로 적용하셔야" 한다고 진술합니다. 선택된 자들이라도 성령 하나님께서 말씀을 사용하여 부르시는 내적 사역을 행하시고 이를 통해 부르심의 효과가 나타남으로 믿음을 고백할 때 비로소 그리스도의 구속 사역이 그들에게 실제로 적용되는 것임을 바르게 설명합니다. 소위 "영원칭의"를 말하는 자들은 신앙고백서의 진술에 따르면 마치 하나님께서 의롭다 하시는 일이 사람의 믿음에 의하여 결정되는 것으로 여겨질 수 있다는 우려를 표하지만 이것은 의롭다 하심의 수단인 믿음의 역할을 바르게 이해하지 못한 데서 비롯되는 것입니다. 구속 사역에 필요한 모든 효과와 근거는 오직 그리스도로 인하여 성취됩니다. 하지만 이것의 적용은 성령 하나님의 효과 있는 부르심의 사역에 의한 믿음이 고백된 후에 이루어지는 것이므로, 그리스도의 구속 사역과 성령 하나님의 부르심에 의한 믿음의 고백은 서로 상충하는 관계가 아닙니다.

요컨대 선택된 자를 의롭다 하시는 작정은 영원 안에서 이루어진 것입니다. 이를 위한 구속 사역은 시간 안에서 그리스도에 의해 성취된 것입니다. 그리고 구속 사역의 적용 또한 시간 안에서 성령 하나님에 의하여 믿음으로 이루어집니다. 이러한 원리를 바르게 이해하는 것은 실제로 신자의 가정에서 자녀의 신앙을 양육할 책임을 교훈하기 때문에 중요합니다. 또한 자신이 선택된 자로서 이미 의롭다 하심을 받았다고 임의로 여기고 방종한 신앙생활을 하게 되는 일이 없도록 경계하는 데도 유익을 줍니다. 물론 5월 5일에 신앙고백서 10.3을 읽으며 배운 바처럼, 선택된 자들 가운데 유아기에 죽은 자나 외적 부르심을 받을 능력이 없어서 명시적으로 신앙을 고백할 수가 없는 자들은 성령 하나님에 의하여 의롭다 하심을 적용받습니다.

적용 질문

1. 하나님께서는 영원 안에서 모든 구원받을 자를 선택하셨습니다. 이것은 하나님의 작정이므로 결코 취소되거나 변개되지 않습니다. 그렇다면 선택된 자들이 구원을 받지 못하는 일은 없을 것이므로 선택된 자들이 그리스도를 믿지 않아도 구원을 받는 것이 아닐까요? 여러분은 이러한 의문을 가지신 적은 없습니까? 이 의문에 대한 여러분의 답은 무엇입니까?

2. 하나님께서 그분의 영원한 작정 안에서 선택하신 자들을 의롭다 하시기로 하셨을 뿐만 아니라, 그 일을 위하여 예수 그리스도께서 때가 차매 오시어 모든 구속 사역을 이루셨음에도, 선택된 자들이 믿어야 의롭다 하심을 받는다면, 하나님의 작정과 그리스도의 완성된 구속 사역의 효력이 사람의 믿음에 종속되는 것이 아닐까요?

3. 의롭다 하시는 하나님의 은혜의 사역과 관련하여 지금까지 학습한 내용을 토대로 성부 하나님의 작정, 그리스도의 구속, 성령 하나님의 적용의 관계를 설명하시기 바랍니다. 여러분의 설명은 어떠합니까?

4. 여러분은 자녀에게 그리스도의 복음을 가르쳐야 할 이유에 대하여 어떠한 생각을 가지고 계십니까? 신자의 자녀도 신앙을 고백할 때에 비로소 의롭다 하심의 은혜를 적용받는 것임을 이해하십니까? 자녀가 종교 생활의 규칙을 잘 지켜서 의롭다 함을 받는 것이라고 생각하지 않도록 해야 하며 또 반대로 신자의 가정이라는 생각에 방종하지 않도록 해야 함을 유의하여 양육하여야 한다고 할 때, 오늘의 학습은 어떠한 도움을 줍니까?

5월
17일

의롭다 하심을 받은 자들의 은혜의 상태와 계속되는 죄

신앙고백서 11.5

신앙고백서 11.5

하나님께서 의롭다 하심을 받은 자들의 죄를 계속하여 용서하신다.[1] 비록 이들은 의롭다 하심을 받은 상태에서 결코 떨어질 수는 없다 할지라도,[2] 자신들의 죄로 인하여 하나님 아버지의 노여워하심 아래 떨어질 수 있으며, 스스로 겸비하여 죄를 고백하고 용서를 구하며 믿음과 회개를 새롭게 한 후에라야 비로소 자신들에게 회복된 하나님의 얼굴빛을 누릴 수 있다.[3]

1) 마 6:12; 요일 1:7, 9; 2:1~2.

2) 눅 22:32; 요 10:28; 히 10:14.

3) 시 89:31~33; 51:7~12; 32:5; 마 26:75; 고전 11:30, 32; 눅 1:20.

말씀 요절

마 6:12 “우리가 우리에게 죄 지은 자를 사하여 준 것 같이 우리 죄를 사하여 주시옵고”

요일 2:1-2 “나의 자녀들아 내가 이것을 너희에게 씀은 너희로 죄를 범하지 않게 하려 함이라 만일 누가 죄를 범하여도 아버지 앞에서 우리에게 대언자가 있으니 곧 의로우신 예수 그리스도시라 그는 우리 죄를 위한 화목 제물이니 우리만 위할 뿐 아니요 온 세상의 죄를 위하심이라”

눅 22:32 “그러나 내가 너를 위하여 네 믿음이 떨어지지 않기를 기도하였노니 너는 돌이킨 후에 네 형제를 굳게 하라”

요 10:28 “내가 그들에게 영생을 주노니 영원히 멸망하지 아니할 것이요 또 그들을 내 손에서 빼앗을 자가 없느니라”

히 10:14 “그가 거룩하게 된 자들을 한 번의 제사로 영원히 온전하게 하셨느니라”

시 89:31-33 “내 율례를 깨뜨리며 내 계명을 지키지 아니하면 내가 회초리로 그들의 죄를 다스리며 채찍으로 그들의 죄악을 벌하리로다 그러나 나의 인자함을 그에게서 다 거두지는 아니하며 나의 성실함도 폐하지 아니하며”

고전 11:32 “우리가 판단을 받는 것은 주께 징계를 받는 것이니 이는 우리로 세상과 함께 정죄함을 받지 않게 하려 하심이라”

하나님께서 선택하신 자들을 의롭다 하시는 일은 그리스도의 구속 사역을 근거로 이들을 죄인의 신분에서 의인의 신분으로 삼으시는 은혜입니다. 신분의 변화 이후에 신자가 겪는 신앙의 여러 양상과 이와 관련하여 의롭다 하심의 은혜가 주는 유익들에 대해 신앙고백서 11.5는 아름다운 진술을 제시합니다.

의롭다 하심을 받은 신자는 의롭다 하심을 받는 때에 그의 생애에 있는 과거, 현재, 미래의 모든 죄를 다 용서받고 의로운 자로 여김을 받습니다. 하지만 이것은 신자가 더 이상 형벌을 받아야 할 죄책이 없으며 모든 계명을 완전히 성취한 의인으로 여김을 받고 하나님의 자녀로 받아들여진다는 신분상의 변화를 의미합니다. 이러한 은혜를 받은 신자가 변화된 신분에 맞는 상태를 실현하며 살아가는 일은 의롭다 하심을 받은 이후로 계속되어야 할 일입니다. 의롭다 함을 받은 신자는 성령 하나님의 내적 사역으로 중생의 은혜를 입고 믿음을 고백하는 의인이라는 법적 지위를 받습니다. 그렇지만 그는 자신의 본성 안에는 여전히 부패성이 남아 있어서 의롭다 하심을 받은 후에도 선하지 않은 악을 원하는 상태 아래 있습니다. 이것을 4월 25일에 신앙고백서 9.4에서 읽었습니다. 그것은 "그럼에도 그는 자신에게 남아 있는 부패성 때문에 선한 것을 온전히 원하지는 않는다. 곧 선한 것을 원하면서도, 또한 악한 것을 원한다"라고 진술합니다. 이와 관련한 사실은 신앙고백서 13장 성화를 읽으면서 자세히 배우게 될 것입니다.

그런데 신자는 의롭다 하심을 받는 때에 그의 생애에 있는 과거, 현재, 미래의 모든 죄를 다 용서받고 의로운 자가 되었으니 범한 죄 때문에 하나님께 용서받을 필요가 없나요? 아니면 의롭다 하심을 받은 후에라도 죄를 범할 때 그때마다 다시 회개하고 믿음을 고백함으로써 하나님의 용서를 반복해서 받아야 할까요? 이에 대하여 오늘 읽는 신앙고백서는 하나님께서 이들의 죄를 계속하여 용서하신다고 진술합니다. 의롭다 하심을 받은 자라도 죄를 범하면 용서를 구하고 또한 용서를 받는 것임을 말합니다.

이미 용서를 받았는데 하나님의 용서를 구하여야 하는 이유는 법적 책임을 면하기 위한 것이 아닙니다. 이미 의롭다 하심을 받은 자들은 모든 죄에 대한 법적 책임을 다 용서받았습니다. 오늘 신앙고백서가 이어 진술하고 있는 바대로 이들은 "의롭다 하심을 받은 상태에서 결코 떨어질 수는" 없습니다. 이 교훈은 개혁신학이 아르미니우스주의 신학과 차이를 보이는 중요한 지점입니다. 아르미니우스주의 신학은 지금은 신자라도 은혜에서 떨어져 구원에 이르지 못할 수가 있다고 주장합니다. 이것은 잘못입니다. 예수님께서 "내가 그들에게 영생을 주노니 영원히 멸망하지 아니할 것이요 또 그들을 내 손에서 빼앗을 자가 없느니라"(요 10:28)라고 말씀하신 것은 아르미니우스주의 신학을 배척합니다.

신자가 의롭다 하심을 받은 후에 범하는 죄에 대하여 용서를 구하는 것은 하나님 아버지의 뜻과 마음을 거슬러 하나님을 불쾌하게 한 관계의 측면 때문입니다. 곧 하나님 아버지와 평강을 누리는 관계를 회복하기 위하여 용서를 구하여야 하는 것입니다. 그 이유는 신앙고백서의 표현대로 "자신들의 죄로 인하여 하나님 아버지의 노여워하심 아래 떨어질 수" 있기 때문입니다. 하나님께서는 신자의 죄를 책망하십니다. 이를테면 시편 89:31-32에서 "내 율례를 깨뜨리며 내 계명을 지키지 아니하면 내가 회초리로 그들의 죄를 다스리며 채찍으로 그들의 죄악을 벌하리로다"라고 하신 바가 그러합니다.

그러나 오늘 학습에서 기억하여야 할 가장 중요한 사실은 의롭다 하심을 받은 자가 누리는 회복의 은혜입니다. "스스로 겸비하여 죄를 고백하고 용서를 구하며 믿음과 회개를 새롭게 한 후"에는 "회복된 하나님의 얼굴빛을 누릴 수 있다"라고 신앙고백서는 진술합니다. 시편 32:5, "내가 이르기를 내 허물을 여호와께 자복하리라 하고 주께 내 죄를 아뢰고 내 죄악을 숨기지 아니하였더니 곧 주께서 내 죄악을 사하셨나이다"라는 말씀이 이것을 확증합니다.

의롭다 하심을 받은 자는 하나님 자녀의 신분을 갖습니다. 그러한 자는 자녀를 향한 하나님의 사랑을 받습니다. 이러한 자녀가 누리는 신분과 그 신분에 따라 주어지는 하나님의 사랑은 결코 잃어버릴 수 없습니다. 그러나 신자가 의롭다 하심을 받았음에도 죄를 범할 때 그는 하나님 아버지와 누리는 사랑의 친밀감을 상실하고 도리어 노여움을 사게 됩니다. 이러한 상태에서 다시 사랑과 화목의 관계를 누리기 위하여 신자는 용서를 구하며 믿음과 회개를 새롭게 하여야 합니다. 그리함으로써 결코 변하지 않는 하나님의 자녀로서 하나님 아버지의 얼굴빛을 누리는 기쁨을 회복합니다.

적용 질문

1. 여러분은 의롭다 하심을 받은 신자로서 합당한 하나님의 자녀의 거룩한 삶을 살고 있습니까?

2. 여러분 가운데 누구라도 온전하게 흠 없는 삶을 살고 있지는 않을 것입니다. 그 이유는 어디에 있습니까? 여러분이 의롭다 하심을 받았다고 생각하지만 실제로는 받지 못하였기 때문입니까? 아니면 의롭다 하심을 실제로 받은 신자라도 죄를 범할 수 있기 때문입니까?

3. 여러분은 죄를 범하여 하나님의 노여움 아래 있다는 의식을 가진 적이 있습니까? 그러할 때 여러분은 여전히 의롭다 하심을 받은 하나님의 자녀라는 신분에 대한 확신을 흔들림 없이 가지십니까? 아니면 구원받지 못한 자가 아닐지도 모른다는 두려운 생각을 갖게 됩니까?

4. 여러분은 의롭다 하심을 받아 모든 죄를 용서받은 신자라도 죄를 고백하고 용서를 구하여야 할 필요가 있다는 가르침에 대하여 동의하십니까? 이것이 여러분에게 율법주의로 다가오지는 않습니까? 왜 복음 아래 있는 사람이 회개 생활을 하여야 합니까? 이때 회개란 어떤 의미의 회개입니까?

5월
18일

구약 아래 있는 신자와 신약 아래 있는 신자의 의롭다 하심

신앙고백서 11.6

신앙고백서 11.6

구약 아래에 있는 신자들의 의롭다 하심은 이 모든 점에 있어 신약 아래에 있는 신자들의 의롭다 하심과 동일하며 하나이다.[1)]

1) 갈 3:9, 13~14; 롬 4:22~24; 히 13:8.

말씀 요절

갈 3:9, 13-14 "그러므로 믿음으로 말미암은 자는 믿음이 있는 아브라함과 함께 복을 받느니라 … 그리스도께서 우리를 위하여 저주를 받은 바 되사 율법의 저주에서 우리를 속량하셨으니 기록된 바 나무에 달린 자마다 저주 아래에 있는 자라 하였음이라 이는 그리스도 예수 안에서 아브라함의 복이 이방인에게 미치게 하고 또 우리로 하여금 믿음으로 말미암아 성령의 약속을 받게 하려 함이라"

롬 4:22-24 "그러므로 그것이 그에게 의로 여겨졌느니라 그에게 의로 여겨졌다 기록된 것은 아브라함만 위한 것이 아니요 의로 여기심을 받을 우리도 위함이니 곧 예수 우리 주를 죽은 자 가운데서 살리신 이를 믿는 자니라"

히 13:8 "예수 그리스도는 어제나 오늘이나 영원토록 동일하시니라"

교리 해설

의롭다 하심을 받는 은혜를 베푸시기 위하여 성부, 성자, 성령 하나님께서 행하시는 일들에 대하여 5월 16일에 신앙고백서 11.4를 읽으며 살펴보았습니다. 성부 하나님께서는 죄인 가운데 의롭다 하실 대상을 선택하시는 작정을 하십니다. 성자 하나님께서는 이들을 의롭다 하시기에 필요한 의의 근거를 구속 사역을 통하여 이루십니다. 성령 하나님께서는 성부 하나님께서 선택하신 자들이 그리스도의 구속 사역을 근거로 의롭다 하심을 받을 수 있도록 그리스도와 그분의 의를 믿는 믿음을 선물로 주셔서 그리스도의 순종과 속죄로 인한 의를 그들에게 적용시키십니다.

그렇다면 하나님께서 의롭다 하시는 은혜의 사역은 그리스도께서 때가 차매 사람으로 오셔서 구속 사역을 성취한 이후에 실행되는 것으로 여겨집니다. 그러면 그리스도께서 오시기 전에 있었던 구약 신자들은 어떻게 의롭다 하심을 받을까요? 이 질문에 대하여 로마서, 갈라디아서, 히브리서는 적절한 계시의 답을 줍니다. 아브라함은 백 세가 되고, 사라는 태가 죽어 있는 상태와 같음에도 하나님의 약속을 의심하지 않고 그것을 능히 이루실 줄을 확신하였습니다. 이것을 하나님께서는 의로 여기셨고, 이러한 아브라함의 믿음은 "예수 우리 주를 죽은 자 가운데서 살리신 이를 믿는" 우리도 위함이었습니다(롬 4:17-25). 아브라함은 이삭을 제물로 바치라는 하나님의 명령에 순종할 때도 하나님께서 능히 이삭을 죽은 자 가운데서 다시 살리실 줄을 믿었습니다(히 11:19).

이러한 믿음은 단지 하나님의 약속과 능력만을 믿는 것이 아닙니다. 하나님께서 능히 실현하실 것으로 바라보는 약속에 대한 믿음입니다. 그 약속은 예수 그리스도를 바라보도록 하는 것입니다. 예수님께서 "너희 조상 아브라함은 나의 때 볼 것을 즐거워하다가 보고 기뻐하였느니라"(요 8:56)라고 하신 말씀이 이 사실을 가리킵니다. 갈라디아서는 "또 하나님이 이방을 믿음으로 말미암아 의로 정하실 것을 성경이 미리 알고 먼저 아브라함에게 복음을 전하되 모든 이방인이 너로 말미암아 복을 받으리라 하였느니라"(3:8)라고 이 진리를 풀어줍니다.

이처럼 구약의 신자들도 오실 그리스도를 믿음으로 바라보며 의롭다 하심을 받았습니다. 이와 관련하여 4월 19일에 읽은 신앙고백서 8.6에서 그리스도의 속죄 사역은 아직 실행되지 않았지만 그 효력이 선취적으로 구약 성도에게도 전달된다는 내용을 학습했습니다. 이 진술은 여기서 다시 읽어 내용을 환기할 필요가 있습니다. "성육신 이전에는 구속사역이 그리스도에 의하여 실제로 실행되지는 않았지만, 그럼에도 구속 사역의 능력, 효력, 그리고 은택은 창세로부터 계속해서 모든 시대에 걸쳐서, 약속들과 모형들과 희생제사 안에서 또 이것들에 의해서, 선택된 자들에게 전달되었다. 그리스도께서 어제나 오늘이나 영원토록 동일하시기 때문에, 이런 것들 안에서 뱀의 머리를 상하게 하실 여인의 후손 그리고 창세로부터 죽임당한 어린 양으로 계시되시고 예표되셨다."

이러하므로 구약 성도는 모세의 율법에 순종함으로써 의롭다 하심을 받는다는 주장은 잘못된 것입니다. 구약 성도도 신약 성도와 마찬가지로 믿음으로 의롭다 하심을 받았습니다. 그러하기에 성경은 구약 성도의 믿음을 통해 신약 성도의 믿음을 교훈합니다. 이를테면 "일한 것이 없이 하나님께 의로 여기심을 받는 사람의 복에 대하여 다윗이 말한 바 불법이 사함을 받고 죄가 가리어짐을 받는 사람들은 복이 있고 주께서 그 죄를 인정하지 아니하실 사람은 복이 있도다 함과 같으니라"(롬 4:6-8)라는 말씀이 그러합니다. 다윗의 시편 32편을 인용하여 바울은 값없이 은혜로 주시는 그리스도의 복음의 원리를 교훈합니다. 구약의 교훈에서 신약의 교훈을 세워갑니다.

3월 15일부터 19일 사이에 은혜 언약에 대해 학습한 바와 같이 구약 시대나 신약 시대나 모두 하나의 동일한 은혜 언약 아래 있습니다. 그러하기에 의롭다 하심에 있어서도 구약 아래에 있는 신자들과 신약 아래 있는 신자들은 동일한 방식에 따라 은혜를 누립니다.

적용 질문

1. 구약 성도는 모세의 율법을 준수하여 세운 의를 근거로 구원을 받는다고 오해하는 이들을 적지 않게 봅니다. 여러분은 어떠하셨습니까? 왜 그렇게 생각하셨습니까?

2. 구약 성도는 아직 예수 그리스도께서 오시기 이전이며 또한 구속 사

역을 이루시기 이전에 살았는데, 어떻게 이들이 그리스도를 믿음으로 의롭다 함을 받을 수 있습니까? 이들이 그리스도를 바라보고 믿었다는 말이 무슨 의미입니까? 실제로 뵐 수 없는 분을 어떻게 믿을 수 있습니까?

3. 신약성경에서 구약성경을 인용하여 그리스도의 복음과 신자의 믿음에 대하여 교훈하고 있는 것은 신약성경과 구약성경의 관계에 대하여 무엇을 시사합니까?

4. 여러분은 구약성경에 나타나는 신앙 인물을 통해서 어떠한 점과 관련해 모범적 교훈을 받습니까? 이들의 신앙이 여러분의 신앙과 동일한 복음의 언약 아래 있다고 생각하신 적이 있습니까? 그럼에도 여러분이 구약 성도보다 더 나은 은혜 아래 있다고 말할 수 있습니까? 그렇다면 그것은 무엇입니까?

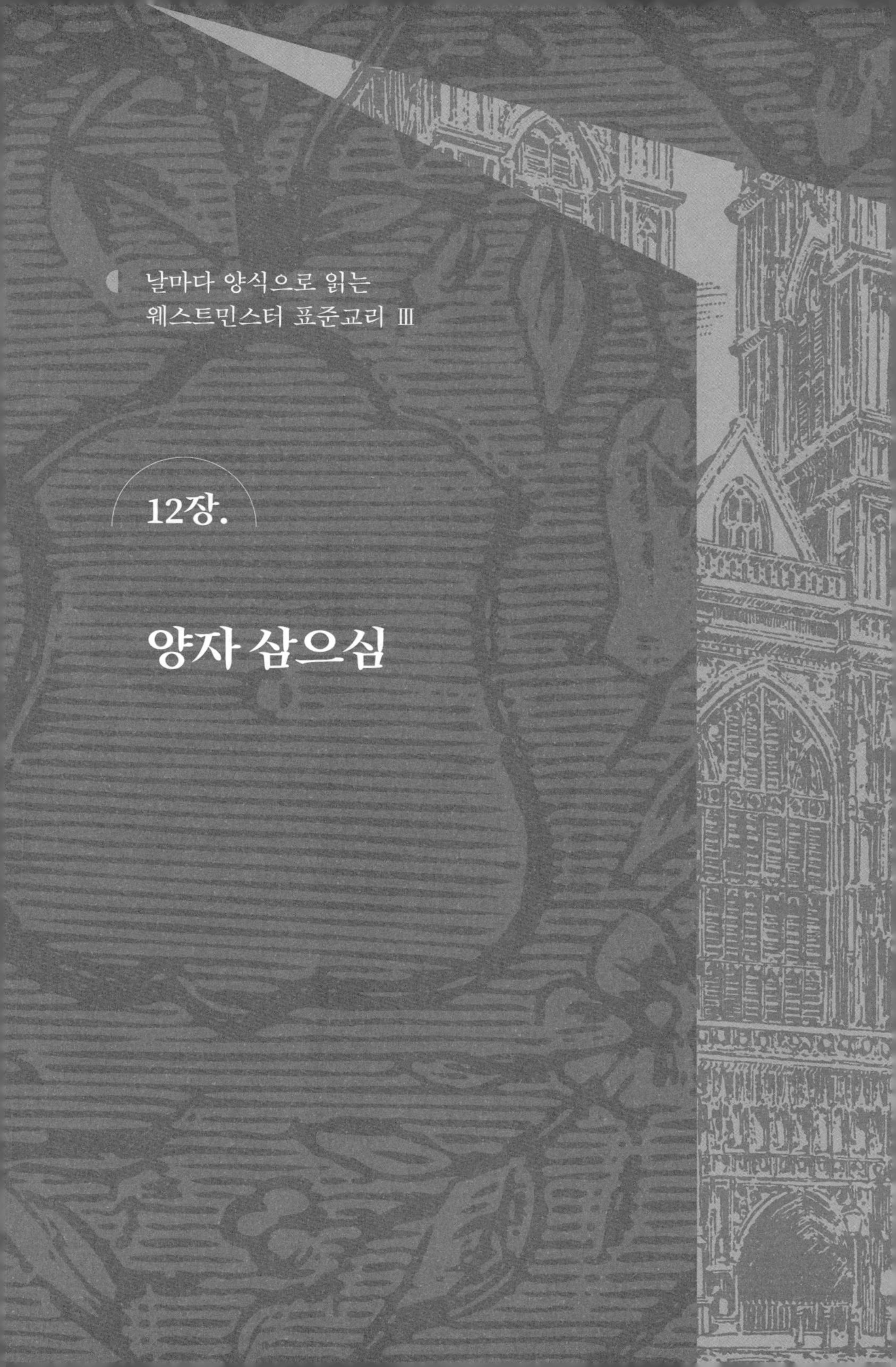

12장.

양자 삼으심

5월
19일

양자 삼으심의 의미

소요리문답 34

대요리문답 74

소요리문답 34:

문34. 양자 삼으심은 무엇입니까?

답. 양자 삼으심은 하나님께서 값없이 주시는 은혜의 행위입니다.[1] 이로 말미암아 우리는 하나님의 자녀의 일원으로 받아들여지고, 하나님의 자녀의 모든 특권에 대한 권리를 갖습니다.[2]

1) 요일 3:1.

2) 요 1:12; 롬 8:17.

대요리문답 74:

문74. 양자 삼으심은 무엇입니까?

답. 양자 삼으심은 하나님께서 그분의 독생자이신 예수 그리스도 안에서, 그리고 그분으로 말미암아[1] 값없이 주시는 은혜의 행위입니다.[2] 이로 말미암아 의롭다 하심을 받는 모든 사람이 하나님의 자녀의 일원으로 받아들여지고,[3] 이들에게 하나님의 이름이 주어지며,[4] 그분의 아들의 영이 주어지고,[5] 그분의 부성적 보호와 돌봄 아래 있게 됩니다.[6] 또한 이들은 하나님의 자녀가 갖는 모든 자유와 특권을 누리게 되고, 모든 약속의 상속자가 되며, 영광 중에서 그리스도와 함께하는 공동 상속자가 됩니다.[7]

1) 엡 1:5; 갈 4:4~5.
2) 요일 3:1.
3) 요 1:12.
4) 고후 6:18; 계 3:12.
5) 갈 4:6.
6) 시 103:13; 잠 14:26; 마 6:32.
7) 히 6:12; 롬 8:17.

말씀 요절

요 1:12 "영접하는 자 곧 그 이름을 믿는 자들에게는 하나님의 자녀가 되는 권세를 주셨으니"

요일 3:1 "보라 아버지께서 어떠한 사랑을 우리에게 베푸사 하나님의 자녀라 일컬음을 받게 하셨는가, 우리가 그러하도다 그러므로 세상이 우리를 알지 못함은 그를 알지 못함이라"

롬 8:17 "자녀이면 또한 상속자 곧 하나님의 상속자요 그리스도와 함께 한 상속자니 우리가 그와 함께 영광을 받기 위하여 고난도 함께 받아야 할 것이니라"

계 3:12 "이기는 자는 내 하나님 성전에 기둥이 되게 하리니 그가 결코 다시 나가지 아니하리라 내가 하나님의 이름과 하나님의 성 곧 하늘에서 내 하나님께로부터 내려오는 새 예루살렘의 이름과 나의 새 이름을 그이 위에 기록하리라"

갈 4:6 "너희가 아들이므로 하나님이 그 아들의 영을 우리 마음 가운데 보내사 아빠 아버지라 부르게 하셨느니라"

시 103:13 "아버지가 자식을 긍휼히 여김 같이 여호와께서는 자기를 경외하는 자를 긍휼히 여기시나니"

히 6:12 "게으르지 아니하고 믿음과 오래 참음으로 말미암아 약속들을 기업으로 받는 자들을 본받는 자 되게 하려는 것이니라"

교리 해설

하나님께서 값없이 의롭다 하시는 은혜를 받은 사람은 죄 용서를 받고 의로운 자로 여겨집니다. 하나님께서는 의롭다 하신 자를 양자로 삼으십니다. 양자로 삼으시는 것 또한 하나님께서 값없이 주시는 은혜입니다. 하나님께서 양자로 삼으시는 일이 은혜인 것과 관련하여 두 가지 사실을 생각해 보겠습니다. 하나는 양자로 삼으심에 있어서 먼저 의롭다 하시는 은혜를 베푸신다는 점입니다. 하나님께서는 죄인을 양자로 삼지 않으십니다. 죄인은 하나님의 원수일 뿐이지 하나님의 자녀가 될 수는 없습니다. 성경은 하나님과 죄인의 관계에 대하여 설명하기를 "전에 악한 행실로 멀리 떠나 마음으로 원수가 되었던 너희를"(골 1:21)이라고 계시하여 죄인이 하나님의 원수임을 교훈합니다. 그러나 또한 성경은 "곧 우리가 원수 되었을 때에 그의 아들의 죽으심으로 말미암아 하나님과 화목하게 되었은즉 화목하게 된 자로서는 더욱 그의 살아나심으로 말미암아 구원을 받을 것이니라"(롬 5:10)라는 말씀에서 아들의 죽으심의 구속 사역으로 인하여 하나님과 화목하게 되는 구원을 말씀합니다. 이것은 바로 의롭다 하시는 은혜를 말합니다. 그러므로 양자 삼으심이 은혜임을 보여주는 첫 번째 이유는 의롭다 하시는 은혜에 있습니다.

은혜와 관련한 또 다른 사실은 의롭다 하심을 받은 자라도 한낱 피조물인 사람에 불과하다는 점입니다. 아담이 하나님의 형상으로 아름답게 지음을 받았으나 피조물인 것과 같습니다. 그러나 하나님께서는 의롭다 하신 자를 하나님의 자녀라는 놀라운 신분으로 받아주십니다. 하나님의 자녀가 되었다는 것은 피조물인 사람의 지위에서 벗어나 하나님의 지위에 이르렀다는 의미가 아닙니다. 사람이 하나님의 지위에 올라가는 일은 있을 수가 없는 일입니다. 피조물은 창조주의 지위에 이를 수가 없습니다. 여전히 피조물이며 사람인 자가 하나님의 자녀가 된다는 것은 예수 그리스도와의 연합으로 인한 것입니다.

양자로 삼으시는 은혜로 인하여 하나님의 자녀가 된다는 것은 하나님과 맺는 관계적 의미에서 또한 법적 의미에서 그러합니다. 이 사실을 말하기 위하여 소요리문답 34항과 대요리문답 74항은 공통적으로 "하나님의 자녀의 일원으로 받아들여지고"라고 진술합니다. 법적인 의미에서 하나님의 자녀의 일원이 되도록 하시고, 이제 이처럼 법적으로 아버지의 자녀가 된 후에 그러한 관계에 합당한 친교를 누리도록 하시는 것입니다. 이것을 이루기 위하여 하나님께서는 선택한 자들을 의롭다 하시기 위하여 이들의 죄책을 대신 짊어지고 또한 이들을 대신하여 계명을 온전하게 순종하여 의를 전가해 주는 구속 사역을 감당할 아들 하나님을 보내어주셨습니다. 그리고 그 아들 하나님을 믿을 때 그와 연합하여 과연 하나님 앞에서 의로운 자로 인정을 받게 하셨습니다. 그러하기에 대요리문답은 하나님께서 양자 삼으시는 은혜가 "그분의 독생자이신 예수 그리스도 안에서, 그리고 그분으로 말미암아"라고 진술하여 철저히 그리스도로 인하여 이 은혜가 베풀어지는 것임을 진술합니다. 결국 양자 삼으심의 행위는 이 일에 앞서 행하시는 의롭다 하심의 은혜가 그리스도의 공로에 근거하며, 또 그런 이후에 행하시는 양자 삼으심 자체도 그리스도 안에, 그리고 그리스도로 말미암아 되는 것인 만큼 오직 그리스도의 공로에 기초한 그리스도와의 연합으로 인한 은혜입니다. 성경은 하나님의 사랑을 말하면서 하나님의 자녀로 삼으시는 은혜를 말합니다. "보라 아버지께서 어떠한 사랑을 우리에게 베푸사 하나님의 자녀라 일컬음을 받게 하셨는가, 우리가 그러하도다 그러므로 세상이 우리를 알지 못함은 그를 알지 못함이라"(요일 3:1). 이러한 은혜를 베푸시는 일을 위하여 그리스도께서 행하신 그의 구속 사역을 설명하면서 성경은 우리를 "형제라 부르시기를 부끄러워하지 아니하시고"(히 2:11)라고 계시함으로 이 사실을 강화합니다.

적용 질문

1. 하나님께서는 선택하신 자들을 의롭다 하시는 은혜를 베푸십니다. 여러분은 의롭다 하심의 은혜를 받은 사람이 누리는 기쁨과 영광이 무엇이며 어떠할 것이라고 생각하십니까?

2. 하나님께서 의롭다 하신 자들을 양자로 삼으십니다. 의롭다 하시는 일은 죄인을 의인으로 삼아주시는 것이므로 그것이 은혜의 행위인 것을 잘 이해할 수 있을 것입니다. 그런데 의인으로 삼으신 자를 양자로 삼으시는 것은 어떤 의미에서는 은혜라고 할 것이 아니라고 할 수 있을까요? 의인으로 여겨주신 자는 특별한 은혜가 없이도 양자가 될 수 있는 자격이 있다고 생각할 수도 있을까요?

3. 하나님께서 의롭다 하시는 일과 양자로 삼으시는 일에 있어서 근거나 공로가 되는 것은 무엇입니까? 양자로 삼으시는 은혜를 입어 하나님의 자녀가 된다고 할 때 이것은 그리스도와 어떤 관련성을 갖습니까?

4. 여러분은 자신이 하나님의 자녀라고 생각하며 확신하십니까? 이 사실을 확신하는 근거는 무엇입니까? 여러분이 하나님의 자녀라고 생각하기에는 부끄러운 여러 일이 있음을 생각할 수 있을 것입니다. 그럼에도 하나님의 자녀로 입양되었다고 하실 수 있겠습니까? 무엇이 그러한 판단의 근거가 됩니까?

5월 20일

양자 삼으심의 은혜로 인한 복

신앙고백서 12.1

신앙고백서 12.1

하나님께서 의롭다 하심을 받은 모든 사람을, 황송하게도 자신의 독생자 예수 그리스도 안에서 또한 그분으로 인하여, 양자의 은혜에 참여하는 자들이 되게 하신다.[1] 이로 인하여 이들은 하나님의 자녀의 일원으로 받아들여지며, 하나님의 자녀의 자유와 특권을 누린다.[2] 곧 하나님의 이름을 지니게 되고,[3] 양자의 영을 받으며,[4] 은혜의 보좌 앞에 담대히 나아가고,[5] 아빠 아버지라고 부르짖을 수 있게 되며,[6] 긍휼히 여김을 받고,[7] 보호를 받으며,[8] 필요를 공급받는다.[9] 또한 아버지에게 징계받듯이 하나님께 징계받지만,[10] 그럼에도 결코 내버림 받지 않으며,[11] 오히려 구속의 날까지 인침 받고,[12] 영원한 구원의 상속자로서[13] 약

신앙고백서
12.1

속들을 유업으로 받는다.[14]

1) 엡 1:5; 갈 4:4~5.

2) 롬 8:17; 요 1:12.

3) 렘 14:9; 고후 6:18; 계 3:12.

4) 롬 8:15.

5) 엡 3:12; 롬 5:2.

6) 갈 4:6.

7) 시 103:13.

8) 잠 14:26.

9) 마 6:30, 32; 벧전 5:7.

10) 히 12:6.

11) 애 3:31.

12) 엡 4:30.

13) 벧전 1:3~4; 히 1:14.

14) 히 6:12.

말씀 요절

엡 1:5 "그 기쁘신 뜻대로 우리를 예정하사 예수 그리스도로 말미암아 자기의 아들들이 되게 하셨으니"

고후 6:18 "너희에게 아버지가 되고 너희는 내게 자녀가 되리라 전능하신 주의 말씀이니라 하셨느니라"

롬 8:15 “너희는 다시 무서워하는 종의 영을 받지 아니하고 양자의 영을 받았으므로 우리가 아빠 아버지라고 부르짖느니라”

엡 3:12 “우리가 그 안에서 그를 믿음으로 말미암아 담대함과 확신을 가지고 하나님께 나아감을 얻느니라”

갈 4:6 “너희가 아들이므로 하나님이 그 아들의 영을 우리 마음 가운데 보내사 아빠 아버지라 부르게 하셨느니라”

시 103:13 “아버지가 자식을 긍휼히 여김 같이 여호와께서는 자기를 경외하는 자를 긍휼히 여기시나니”

잠 14:26 “여호와를 경외하는 자에게는 견고한 의뢰가 있나니 그 자녀들에게 피난처가 있으리라”

벧전 5:7 “너희 염려를 다 주께 맡기라 이는 그가 너희를 돌보심이라”

히 12:6 “주께서 그 사랑하시는 자를 징계하시고 그가 받아들이시는 아들마다 채찍질하심이라 하였으니”

애 3:31 “이는 주께서 영원하도록 버리지 아니하실 것임이며”

벧전 1:3-4 “우리 주 예수 그리스도의 아버지 하나님을 찬송하리로다 그의 많으신 긍휼대로 예수 그리스도를 죽은 자 가운데서 부활하게 하심으로 말미암아 우리를 거듭나게 하사 산 소망이 있게 하시며 썩지 않고 더럽지 않고 쇠하지 아니하는 유업을 잇게 하시나니 곧 너희를 위하여 하늘에 간직하신 것이라"

히 6:12 "게으르지 아니하고 믿음과 오래 참음으로 말미암아 약속들을 기업으로 받는 자들을 본받는 자 되게 하려는 것이니라"

교리 해설

하나님의 양자 삼으시는 은혜로 인하여 하나님의 자녀가 된다는 것은 그 자체로 이미 말로 표현할 길이 없는 복 누림입니다. 오늘은 하나님의 자녀의 신분의 영광스러움에 더하여 하나님의 자녀이기 때문에 주어지는 복들이 어떠한지를 살펴봅니다. 첫째로 하나님의 이름이 주어집니다. 곧 사람도 아버지의 성을 이어받듯이 하나님께서 그분 자신의 이름을 이어받은 자녀로 여기시고 자녀의 아버지가 되어 주십니다. 둘째로 양자의 영을 받습니다. 성경에 "너희가 아들이므로 하나님이 그 아들의 영을 우리 마음 가운데 보내사 아빠 아버지라 부르게 하셨느니라"(갈 4:6), "너희는 다시 무서워하는 종의 영을 받지 아니하고 양자의 영을 받았으므로 우리가 아빠 아버지라고 부르짖느니라 성령이 친히 우리의 영과 더불어 우리가 하나님의 자녀인 것을 증언하시나니"(롬 8:15-16)라는 말씀에 계시한 바와 같이 성령 하나님을 주시어 이들로 하여금 하나님을 극히 존경을 담은 친밀감으로 "아빠"라 부르며 은혜의 보좌 앞에 담대히 나갈 수 있게 하십니다. "그러므로 우리는 긍휼하심을 받고 때를 따라 돕는 은혜를 얻기 위하여 은혜의 보좌 앞에 담대히 나아갈 것이니라"(히 4:16)라는 말씀은 그리스도를 믿는 모든 신자에게 언제라도 어느 상황에서라도 주저하지 않고 그리스도의 공로를 의지하여 하나님의 보좌 앞에 나가 도움을 구할 것을 가르칩니다. 성도가 기억할 것은 하나님의 보좌는 그들에게 "은혜의 보좌"라는 사실입니다.

양자로 삼으시는 은혜를 받은 성도는 긍휼히 여김을 받습니다. 시편 103:13에 이른 바와 같이 그 이유는 성도를 자녀로 삼으셨기 때문입니다. 하나님을 의지하고 경외하는 자를 늘 불쌍히 여기시고 더없이 따뜻한 사랑으로 품어주십니다. 그리하여 어느 상황에서도 보호의 손길을 거두지 않으시고 필요를 아시고 공급하십니다. 그러므로 성경은 "너희 염려를 다 주께 맡기라 이는 그가 너희를 돌보심이라"(벧전 5:7)라는 약속으로 성도에게 힘을 더해주십니다. 그 결과 한평생의 삶을 살아온 성도로 하여금 "여호와는 나의 목자시니 내게 부족함이 없으리로다"(시 23:1)라는 고백과 찬송을 하게 하십니다. 이 고백과 찬송에 성도로 하여금 부끄럽지 않도록 돌봄을 베푸십니다. 여호와의 집에 영원히 살게 되는 그날까지 성도의 평생에 하나님께서는 "선하심과 인자하심으로" 항상 함께하십니다(시 23:6).

그러한 자녀를 향한 하나님의 사랑은 선택한 자로 하여금 하나님을 영화롭게 하며 영원토록 즐거워하는 삶을 살도록 이끄시는 것이 최종적인 목적이므로 성도로 하여금 죄와 싸우도록 격려하시되 고집을 피우고 악행에서 돌이키는 일을 더디게 하면 꾸지람과 채찍으로 징계하십니다. 성경에 이르기를, "주께서 그 사랑하시는 자를 징계하시고 그가 받아들이시는 아들마다 채찍질하심이라 하였으니"(히 12:6)라고 하신 말씀은 이를 계시하십니다. 하나님의 징계는 즐거운 일이 아니며 슬프고 고통스럽습니다. 그러나 이것은 신자의 유익을 위한 것이며 신자는 이를 통하여 돌이켜 거룩하심에 참여하게 됩니다. 이 진리를 성경은 "무릇 징계가 당시에는 즐거워 보이지 않고 슬퍼 보이나 후에 그로 말미암아 연단받은 자들은 의와 평강의 열매를 맺느니라"(히 12:11)라는 말씀으로 가르칩니다.

그럼에도 하나님 아버지께서는 양자로 삼으신 그분 자신의 자녀를 절대로 내버리시 않으십니다. 하나님의 양자 삼으심을 입은 자에게 파양을 당하는 일이란 결코 없습니다. 오히려 긍휼에 넘치는 아버지 하나님의 부성적 보호와 돌봄 아래 징계 가운데서도 끝까지 선하심으로 인도하심을 받습니다. 그리고 마침내 그리스도께서 다시 오셔서 이루실 구속의 날에 이 땅에서 의로운 자로 여기심을 넘어서 성령으로 인치시는 보호를 받고 몸의 부활과 영광스러움을 입게 됩니다. 그리고 약속의 유업을 받아 그리스도와 함께하는 하나님 나라의 공동 상속자가 됩니다. "자녀이면 또한 상속자 곧 하나님의 상속자요 그리스도와 함께 한 상속자니 우리가 그와 함께 영광을 받기 위하여 고난도 함께 받아야 할 것이니라"(롬 8:17).

적용 질문

1. 여러분은 하나님께서 의롭다 하시는 은혜를 베푸시는 것에 더하여 양자 삼으시는 은혜를 베푸시는 일과 관련해 하나님이 어떠한 분이신지를 생각해 보셨습니까? 여러분을 양자로 삼으시는 하나님은 여러분에게 어떤 분이십니까?

2. 양자로 삼으시는 은혜를 입은 자는 하나님의 자녀로서 어떠한 특권을 누립니까? 오늘 학습한 내용을 통해서 그 특권들을 꼽아 봅니다. 여러분은 이 특권을 신앙생활에서 어떻게 누리고 있습니까?

3. 신자가 가장 사랑하는 성경 구절 가운데 하나는 시편 23편일 것입니다. 시편 23편을 묵상하면서 하나님의 양자 삼으심의 은혜와 그 특권

을 연결해 설명하실 수 있습니까?

4. 하나님께서는 그분의 자녀를 사랑으로 징계하십니다. 하나님께 꾸지람과 채찍질을 당할 때라도, 그것이 슬프고 아프고 고통스러울지라도 하나님의 자녀라면 잊지 말아야 할 것이 무엇이겠습니까? 누가복음 15장의 탕자의 비유를 통해 이 가르침을 풀어 보시기 바랍니다. 여러분의 설명은 무엇입니까?

13장.

거룩하게 하심(성화)

5월 21일

거룩하게 하심(성화)의 의미

소요리문답 35
대요리문답 75

소요리문답 35:

문35. 거룩하게 하심[성화]은 무엇입니까?

답. 거룩하게 하심은 하나님께서 값없이 주시는 은혜의 사역입니다.[1] 이로 말미암아 우리는 하나님의 형상을 따라 전인적으로 새롭게 되고[2] 죄에 대하여 점점 더 죽을 수 있고, 의에 대하여 점점 더 살 수 있게 됩니다.[3]

1) 살후 2:13.

2) 엡 4:23~24.

3) 롬 6:4, 6; 8:1.

대요리문답 75:

문75. 거룩하게 하심[성화]은 무엇입니까?

답. 거룩하게 하심은 하나님의 은혜의 사역인데, 이로써 하나님께서 창세 전에 거룩하게 하시려고 택하신 자들이 때가 되면, 그리스도의 죽음과 부활을 이들에게 적용하시는[1] 성령 하나님의 강력한 활동으로 말미암아,[2] 하나님의 형상을 따라 전인적으로 새롭게 됩니다.[3] 이들의 마음속에 거하는[4] 생명에 이르는 회개의 씨들과 다른 모든 구원하는 은혜들로 말미암아, 그리고 이 은혜들이 일으켜지고, 증가되며, 강화됨으로써[5] 이들은 점점 더 죄에 대하여 죽고 새 생명으로 살아갑니다.[6]

1) 롬 6:4~6.

2) 엡 1:4; 고전 6:11; 살후 2:13.

3) 엡 4:23~24.

4) 행 11:18; 요일 3:9.

5) 유 1:20; 히 6:11~12; 엡 3:16~19; 골 1:10~11.

6) 롬 6:4, 6, 14; 갈 5:24.

말씀 요절

살후 2:13 "주께서 사랑하시는 형제들아 우리가 항상 너희에 관하여 마땅히 하나님께 감사할 것은 하나님이 처음부터 너희를 택하사 성령의 거룩하게 하심과 진리를 믿음으로 구원을 받게 하심이니"

엡 4:23-24 "오직 너희의 심령이 새롭게 되어 하나님을 따라 의와 진리의 거룩함으로 지으심을 받은 새 사람을 입으라"

골 1:10-11 "주께 합당하게 행하여 범사에 기쁘시게 하고 모든 선한 일에 열매를 맺게 하시며 하나님을 아는 것에 자라게 하시고 그의 영광의 힘을 따라 모든 능력으로 능하게 하시며 기쁨으로 모든 견딤과 오래 참음에 이르게 하시고"

롬 6:4, 6, 14 "그러므로 우리가 그의 죽으심과 합하여 세례를 받음으로 그와 함께 장사되었나니 이는 아버지의 영광으로 말미암아 그리스도를 죽은 자 가운데서 살리심과 같이 우리로 또한 새 생명 가운데서 행하게 하려 함이라 … 우리가 알거니와 우리의 옛 사람이 예수와 함께 십자가에 못 박힌 것은 죄의 몸이 죽어 다시는 우리가 죄에게 종 노릇 하지 아니하려 함이니 … 죄가 너희를 주장하지 못하리니 이는 너희가 법 아래에 있지 아니하고 은혜 아래에 있음이라"

교리 해설

소요리문답은 33항과 34항에서 하나님의 은혜의 행위 두 가지를 교훈하였습니다. 하나는 의롭다 하심입니다. 다른 하나는 양자 삼으십니다. 이 둘에 대하여 소요리문답은 "하나님의 값없는 은혜의 행위"라고 진술합니다. 오늘 읽는 소요리문답 35항은 하나님의 값없는 은혜의 행위 또 한 가지를 가르칩니다. 그것은 "거룩하게 하심[성화]"입니다. 이에 대하여 "하나님께서 값없이 주시는 은혜의 사역"이라고 진술합니다.

거룩하게 하심이란 하나님께서 의롭다 하신 자를 하나님의 형상을 따라서 지식과 의와 거룩함에 있어서 새롭게 하시는 은혜를 베푸시는 것을 뜻합니다. 성경은 "새 사람을 입었으니 이는 자기를 창조하신 이의 형상을 따라 지식에까지 새롭게 하심을 입은 자니라"(골 3:10), 또 "하나님을 따라 의와 진리의 거룩함으로 지으심을 받은 새 사람을 입으라"(엡 4:24)라고 하심으로 이를 계시합니다. 골로새서는 "새롭게 하심을 입은 자니라"라고 평서형으로 진술하고 있는 것과 달리 에베소서는 "새 사람을 입으라"라고 명령형으로 진술하고 있습니다. 그래서 마치 사람이 새 사람을 스스로 입어서 새롭게 하심을 입은 자가 되는 것이라고 생각할 수 있습니다. 그런데 소요리문답 35항과 대요리문답 75항은 모두 거룩하게 하심이라는 표현에 이미 담겨 있듯이 하나님의 은혜의 사역으로 진술합니다. 하나님께서 거룩하게 하심으로 새롭게 하심을 입은 자가 되는 것임을 교훈합니다. 앞서 읽은 에베소서 4:24의 앞 절인 23절은 "오직 너희의 심령이 새롭게 되어"라고 말씀합니다. 이것은 스스로 심령을 새롭게 한다는 것이 아니라 하나님의 은혜를 받아 새롭게 되는 것임을 의미합니다. 곧 "하나님께서 너희의 심령을 새롭게 하시니 그 은혜를 받은 대로 새롭게 되어"를 뜻합니다.

하나님께서 거룩하게 하시는 은혜로 인하여 새롭게 된 자는 "죄에 대하여 점점 더 죽을 수 있고, 의에 대하여 점점 더 살 수 있게 됩니다"(소요리문답 35항). 그리고 "점점 더 죄에 대하여 죽고 새 생명으로 살아갑니다"(대요리문답 75항). 그리하여 신자는 죄에 대하여 점점 죽고, 의에 대하여 점점 더 살아나 새 생명으로 살아갑니다. 이러한 일이 신자에게 나타나도록 하나님께서 은혜를 베풀어 주시는 것을 "거룩하게 하심"[성화]이라 합니다.

이치가 이러하므로 거룩하게 하시는 일은 하나님의 은혜로 이루어지는 것이므로 사람은 자신을 거룩하게 하는 주체가 아님을 유의하여야 합니다. 사람은 거룩하게 하심을 받는 대상입니다. 사람은 자신을 더럽히는 일은 스스로 행할 수 있습니다. 그러나 자신을 깨끗하게 하고 새롭게 하는 일을 할 수는 없습니다. 이러하므로 오직 하나님께서 죄인 가운데 선택하신 자들을 거룩하게 하시는 은혜를 베풀어주심으로 구원의 복 누림이 나타나도록 하십니다. 이에 대하여 성경은 "주께서 사랑하시는 형제들아 우리가 항상 너희에 관하여 마땅히 하나님께 감사할 것은 하나님이 처음부터 너희를 택하사 성령의 거룩하게 하심과 진리를 믿음으로 구원을 받게 하심이니"(살후 2:13)라고 계시합니다.

그러면 사람은 자신의 거룩한 삶과 관련하여 단지 수동적일 뿐이며 아무것도 행할 것이 없을까요? 종종 많은 이들이 이 점과 관련해 오해합니다. 사람은 거룩하게 하는 일을 일으키는 주체는 아니지만 하나님께서 거룩하게 하시는 은혜를 따라 살아갈 책임과 능력을 부여받습니다. 곧 하나님께서 심령을 새롭게 하시는 은혜를 베푸실 때 사람은 그 은혜로 인하여 새롭게 된 심령을 따라 살아가야 하는 인격체로서 책임을 지며, 또 그 책임을 감당할 능력을 받고 있는 것입니다. 이 사실을 성경은 "그러므로 나의 사랑하는 자들아 너희가 나 있을 때뿐 아니라 더욱 지금 나 없을 때에도 항상 복종하여 두렵고 떨림으로 너희 구원을 이루라 너희 안에서 행하시는 이는 하나님이시니 자기의 기쁘신 뜻을 위하여 너희에게 소원을 두고 행하게 하시나니"(빌 2:12-13)라는 말씀을 통해서 이 원리를 계시합니다. 먼저 하나님께서 신자 안에서 일하심을 밝히십니다. 신자로 하여금 하나님께서 기뻐하시는 것을 바라고 행하도록 하십니다. 이러한 원리 위에서 이제 신자에게 행할 것을 명하십니다. 곧 두렵고 떨림으로 구원을 이루라고 하십니다. 신자가 이루어야 할 구원은 의롭다 하심을 받기 위한 공로를 세우는 것이 아닙니다. 의롭다 하심을 받은 자를 향하여 베푸시는 하나님의 은혜를 따라 살아감으로 하나님의 형상의 회복을 이루라는 말씀입니다.

적용 질문

1. 하나님께서 선택하신 자에게 값없이 베푸시는 구원의 은혜들은 어떠한 것들입니까?

2. 여러분은 하나님의 거룩하게 하시는 은혜를 어떻게 누리고 계십니까? 이 은혜가 여러분의 신앙 인식과 생활에 어떤 영향과 열매를 줍니까?

3. 거룩하게 하시는 은혜는 하나님께서 주시는 것이므로 사람은 전적으로 수동적일 뿐이라는 말에 대한 여러분의 견해는 어떠합니까?

4. 거룩하게 하심이 하나님과 사람의 협력 사역이라고 하는 말을 어떻게 판단하십니까? 여러분은 거룩하게 하심의 은혜의 실행을 위하여 어떠한 노력을 하십니까?

5월
22일

거룩하게 하심의 은혜와 방식

신앙고백서 13.1

신앙고백서
13.1

효과 있는 부르심을 받아 중생하여 자신 안에 창조된 새 마음과 새 영을 가진 사람들은 더 나아가, 그리스도의 죽으심과 부활의 능력으로 인하여,[1] 또 그분의 말씀과 이들 안에 거하시는 성령 하나님으로 말미암아[2] 실제로 또 인격적으로 거룩하게 하심을 받는다. 즉 온몸에 대한 죄의 지배는 파괴되고[3] 그것으로 인한 여러 욕정은 점점 더 약화되며 죽게 된다.[4] 그리고 이들은 모든 구원하는 은혜 안에서 점점 더 살아나고 강해져서[5] 참된 거룩함을 실행할 수 있게 된다. 이 거룩함이 없이는 아무도 주님을 뵙지 못한다.[6]

1) 고전 6:11; 행 20:32; 빌 3:10; 롬 6:5~6.

신앙고백서 13.1

2) 요 17:17; 엡 5:26; 살후 2:13.

3) 롬 6:6, 14.

4) 갈 5:24; 롬 8:13.

5) 골 1:11; 엡 3:16~19.

6) 고후 7:1; 히 12:14.

말씀 요절

롬 6:5-6 "만일 우리가 그의 죽으심과 같은 모양으로 연합한 자가 되었으면 또한 그의 부활과 같은 모양으로 연합한 자도 되리라 우리가 알거니와 우리의 옛 사람이 예수와 함께 십자가에 못 박힌 것은 죄의 몸이 죽어 다시는 우리가 죄에게 종 노릇 하지 아니하려 함이니"

요 17:17 "그들을 진리로 거룩하게 하옵소서 아버지의 말씀은 진리니이다"

롬 6:14 "죄가 너희를 주장하지 못하리니 이는 너희가 법 아래에 있지 아니하고 은혜 아래에 있음이라"

갈 5:24 "그리스도 예수의 사람들은 육체와 함께 그 정욕과 탐심을 십자가에 못 박았느니라"

골 1:11 "그의 영광의 힘을 따라 모든 능력으로 능하게 하시며 기쁨으로 모든 견딤과 오래 참음에 이르게 하시고"

고후 7:1 "그런즉 사랑하는 자들아 이 약속을 가진 우리는 하나님을 두려워하는 가운데서 거룩함을 온전히 이루어 육과 영의 온갖 더러운 것에서 자신을 깨끗하게 하자"

교리 해설

하나님께서 의롭다 하시고 양자 삼으신 자에게 하나님께서 기뻐하시는 일을 소원하고 행하게 하시는 은혜를 베푸십니다. 이 은혜를 받은 자는 두렵고 떨림으로 자신에게 베풀어지는 거룩하게 하시는 복을 실행하며 누립니다. 이처럼 거룩하게 하시는 은혜의 실행에 대하여 오늘 읽는 신앙고백서는 설명합니다. 먼저 거룩하게 하시는 은혜가 실행되는 사람은 "효과 있는 부르심을 받아 중생하여 자신 안에 창조된 새 마음과 새 영을 가진 사람들"입니다. 5월 1일과 2일에 읽은 표준문서를 통해서 학습한 바와 같이 효과 있는 부르심을 받은 사람은 중생의 은혜를 받은 자입니다. 이들은 말씀을 가지고 역사하시는 성령 하나님의 내적인 부르심으로 인하여 지성에 빛을 받고 의지가 새롭게 됨으로써 그리스도를 영접하고 구원을 위해 그리스도만을 의지합니다.

오늘 읽는 신앙고백서 13.1은 이처럼 효과 있는 부르심을 받은 사람들이 거룩하게 하시는 은혜를 받는 대상임을 가르칩니다. 이들은 효과 있는 부르심으로 인하여 그리스도에게로 나오는 것에 더하여 "실제로 또 인격적으로" 거룩하게 하심을 받습니다. "실제로"가 뜻하는 바는 의롭다 하심의 경우처럼 명목적이거나 법정적인 의미에서가 아니라는 것입니다. 참으로, 실제로 변화가 나타나서 거룩하게 됨을 뜻합니다. "인격적으로"라는 말은 인격적 주체인 각 개인별로 거룩하게 된다는 것을 뜻합니다. 이를테면 교회가 거룩함으로 교회 회원 집단이 거룩하다는 것이 아니라, 회원 개인이 각각 개별 인격으로서 거룩하게 됨을 받는다는 것을 뜻합니다. 이처럼 거룩하게 하시는 은혜는 그리스도와 성령 하나님의 사역을 통하여 실행됩니다. 먼저 그리스도의 죽으심과 부활로 이루어지는 구속의 사역은 의롭다 하심의 은혜의 근거일 뿐만이 아니라 거룩하게 하시는 은혜를 주는 능력입니다. 그리스도께서는 자신의 죽으심으로 죄 용서의 은혜를 베푸시고 또한 자신의 부활로 그분 자신이 의로우신 분이심을 확증합니다. 그러하므로 그리스도의 죽으심과 부활로 인하여 선택한 자를 의롭다 하시는 하나님의 일은 과연 의로운 일입니다. 그런데 그리스도의 죽으심과 부활은 죄인을 의로운 자로 여기는 법적 지위를 부여하는 일에 그치지 않고 실제로 죄인을 변화시켜 의인으로 살아가도록 하는 일에 기여합니다. 곧 성경에 "그러므로 우리가 그의 죽으심과 합하여 세례를 받음으로 그와 함께 장사되었나니 이는 아버지의 영광으로 말미암아 그리스도를 죽은 자 가운데서 살리심과 같이 우리로 또한 새 생명 가운데서 행하게 하려 함이라"(롬 6:4)라고 하신 말씀이 이 원리를 계시합니다.

성령 하나님의 사역 또한 거룩하게 하시는 은혜를 실행하는 방편입니다. 하나님께서는 성령 하나님을 통하여 그리스도의 구속 사역의 효과가 신자에게 적용되도록 하십니다. 과연 성령 하나님께서는 외적으로 하나님의 말씀을 사용하시고 내적으로 신자의 심령에 내주하시어 신자의 죄를 책망하고 거룩하게 살아갈 능력을 부여하십니다.

거룩하게 하심의 효과는 "온몸에 대한 죄의 지배"를 파괴하고 또한 죄의 욕망을 점점 약화시키고 죽게 하는 결실을 맺습니다. 하지만 전 인격적으로 죄의 영향력 아래 살아가는 경향이 파괴되어 죄의 욕정이 약화되어 간다고 하여도 완전히 죄의 욕망과 힘이 뿌리째 뽑히지는 않습니다. 죄의 지배력이 파괴된다는 말은 항상 죄를 지으며 죄를 짓지 않을 수 없는 상태로 있지 않음을 뜻합니다. 그래서 "모든 구원하는 은혜 안에서 점점 더 살아나고 강해져서 참된 거룩함을 실행할 수 있게 된다"라고 신앙고백서는 이어 진술합니다. 죄의 지배를 파괴했기에 이제 죄의 지배로부터 해방되어 참된 거룩함을 실행하는 일이 가능하게 됩니다. 이처럼 거룩하게 하시는 은혜를 받지 않은 자는 누구도 주님을 뵙지 못합니다(히 12:14). 주님을 뵙는 은혜, 곧 구원의 은혜를 받아 하늘에서 영광스러운 하나님을 뵙는 지복직관의 은혜를 받는 자는 의롭다 하심과 양자 삼으심의 은혜만이 아니라 거룩하게 하시는 은혜를 받은 자입니다. 거룩하게 하시는 은혜로 인하여 거룩함을 이루는 것은 필수적입니다. 그러나 구원을 받기 위한 공로적 조건이나 근거로서 필수적인 것은 아닙니다. 그것은 구원을 받음을 보여주는 증거이며 열매로서 필수적입니다.

적용 질문

1. 하나님께서 값없이 베푸시는 은혜로 의롭다 하심과 양자 삼으심에 이어서 거룩하게 하시는 은혜를 베푸신다는 사실이 하나님에 대한 여러분의 신앙 인식에 어떤 영향을 줍니까? 여러분에게 있어서 이러한 은혜를 베푸시는 하나님은 어떠한 분이십니까?

2. 거룩하게 하시는 은혜 또한 그리스도의 구속 사역에 기반합니다. 이 사실은 여러분이 그리스도의 구속 사역과 관련하여 지금까지 생각했던 것에 어떤 새로움이나 변화를 주나요?

3. 성령 하나님의 사역은 거룩하게 하시는 은혜의 실행에 어떤 역할을

합니까? 성령 하나님의 사역과 그리스도의 사역은 각각 거룩하게 하시는 은혜와 관련하여 어떤 차이점을 갖습니까?

4. "거룩함이 없이는 아무도 주를 보지 못하리라"(히 12:14)라고 하신 말씀이 무슨 의미인가요? 주를 본다는 것은 구원받은 성도가 하나님의 낙원에서 또 새 예루살렘에서 뵈는 영광을 뜻합니다. 이러한 구원의 복을 누리는 일에 있어서 거룩함이 어떤 의미에서 필수적인가요? 여러분은 주님을 뵐 수 있다고 판단하십니까? 그 이유는 무엇입니까? 거룩함과 연결하여 답하시기 바랍니다.

5월
23일

신자의 불완전한 성화

대요리문답 78
신앙고백서 13.2

대요리문답 78:

문78. 신자들 안에서 불완전한 성화가 나타나는 이유는 무엇입니까?

답. 신자들 안에서 불완전한 성화가 나타나는 이유는 이들의 모든 부분에 죄의 잔재가 남아 있기 때문이며, 성령을 거스르는 육체의 끊임없는 소욕 때문입니다. 이로 인해 신자들은 종종 유혹에 넘어지기도 하고, 여러 가지 죄에 빠지며,[1] 영적으로 섬기는 모든 일에서 방해를 받습니다.[2] 또한 신자들의 최선의 행위라도 하나님 보시기에는 불완전하고 더럽습니다.[3]

1) 롬 7:18~23; 막 14:66~72; 갈 2:11~12.
2) 히 12:1.
3) 사 64:6; 출 28:38.

신앙고백서
13.2

이 거룩하게 하심은 사람의 전 부분에 두루 걸쳐서 이루어진다.[1] 그러나 이생에서는 불완전하고, 각 부분마다 부패가 얼마간 여전히 남아있다.[2] 이로부터 육체의 소욕은 성령을 거스르고 성령은 육체를 거스르는 화해 불가능한 끊임없는 전쟁이 일어난다.[3]

1) 살전 5:23.

2) 요일 1:10; 롬 7:18, 23; 빌 3:12.

3) 갈 5:17; 벧전 2:11.

말씀 요절

살전 5:23 “평강의 하나님이 친히 너희를 온전히 거룩하게 하시고 또 너희의 온 영과 혼과 몸이 우리 주 예수 그리스도께서 강림하실 때에 흠 없게 보전되기를 원하노라”

롬 7:18, 23 “내 속 곧 내 육신에 선한 것이 거하지 아니하는 줄을 아노니 원함은 내게 있으나 선을 행하는 것은 없노라 … 내 지체 속에서 한 다른 법이 내 마음의 법과 싸워 내 지체 속에 있는 죄의 법으로 나를 사로잡는 것을 보는도다”

히 12:1 “이러므로 우리에게 구름 같이 둘러싼 허다한 증인들이 있으니 모든 무거운 것과 얽매이기 쉬운 죄를 벗어 버리고 인내로써 우리 앞에 당한 경주를 하며”

사 64:6 "무릇 우리는 다 부정한 자 같아서 우리의 의는 다 더러운 옷 같으며 우리는 다 잎사귀 같이 시들므로 우리의 죄악이 바람 같이 우리를 몰아가나이다"

갈 5:17 "육체의 소욕은 성령을 거스르고 성령은 육체를 거스르나니 이 둘이 서로 대적함으로 너희가 원하는 것을 하지 못하게 하려 함이니라"

교리 해설

어제 신앙고백서 13.1을 읽으면서 거룩함의 증거와 열매가 나타나지 않는 신자는 하나님을 뵙지 못한다는 가르침을 나누었습니다. 그런데 오늘 읽는 신앙고백서 13.2와 대요리문답 78항은 신자에게서 나타나는 죄의 모습을 어떻게 보아야 할 것인지에 대해 가르칩니다. 성도가 과연 의롭다 하심을 받고 또한 양자 삼으심의 은혜를 입은 자임을 보여주는 증거인 거룩함은 "사람의 전 부분에 두루 걸쳐서" 이루어집니다. 사람의 전 부분의 의미는 다음 구절, "평강의 하나님이 친히 너희를 온전히 거룩하게 하시고 또 너희의 온 영과 혼과 몸이 우리 주 예수 그리스도께서 강림하실 때에 흠 없게 보전되기를 원하노라"(살전 5:23)라는 말씀에서 보듯이 사람의 영, 혼, 몸으로 표현되고 있는 인격성의 기능 전체를 뜻합니다. 거룩함은 지식과 관련한 지성에서도, 원함과 선택에 관련한 의지에서도, 욕망과 감정의 정서에서도, 그리고 지성과 의지와 정서를 따라 사용되는 몸에 있어서도 실현됩니다. "음행을 피하라 사람이 범하는 죄마다 몸 밖에 있거니와 음행하는 자는 자기 몸에 죄를 범하느니라 너희 몸은 너희가 하나님께로부터 받은 바 너희 가운데 계신 성령의 전인 줄을 알지 못하느냐 너희는 너희 자신의 것이 아니라"(고전 6:18-

19)라는 말씀이 몸의 거룩함에 대해 교훈합니다. 몸의 거룩함은 몸의 주인이 주님이신 줄을 알고 주님의 뜻에 합당하게 사용함으로 이루어집니다. 이 사실에 대하여 "몸은 음란을 위하여 있지 않고 오직 주를 위하여 있으며 주는 몸을 위하여 계시느니라"(고전 6:13)라는 말씀이 이해에 도움을 줍니다. 물론 술, 흡연, 마약 중독으로 몸을 상하게 하는 일도 몸의 거룩함을 해치는 일입니다. 요컨대 과도한 정욕에 이끌려 무엇이든지 몸을 상하게 할 정도가 되면 이것은 몸의 거룩함을 해치는 것입니다. 그리고 거룩하게 하심은 양심에도 나타납니다. 참과 거짓, 선과 악에 관한 양심적 판단을 바르게 하는 일로 나타납니다.

그런데 이러한 거룩함이 완전한 정도로 이루어지는 신자는 없습니다. 어떤 신자도 흠이 없이 완전한 정도로 거룩한 자이지 않습니다. 왜냐하면 신자들이라 할지라도 "이생에서는 불완전하고, 각 부분마다 부패가 얼마간 여전히 남아"있기 때문입니다. 이로 인하여 신자에게는 "성령을 거스르는 육체의 끊임없는 소욕"이 작용합니다. 이것은 "육체의 소욕은 성령을 거스르고 성령은 육체를 거스르나니 이 둘이 서로 대적함으로 너희가 원하는 것을 하지 못하게 하려 함이니라"(갈 5:17)라는 계시에 의하여 확증됩니다. 결국 육체의 소욕과 성령의 소욕은 서로 맞서 싸우며 결코 화해 불가능한 전쟁을 끊임없이 행합니다(신앙고백서 13.2). 그리하여 신자들은 "종종 유혹에 넘어지기도 하고, 여러 가지 죄에 빠지며, 영적으로 섬기는 모든 일에서 방해를 받습니다"(대요리문답 78항). 성경에 나오는 믿음의 인물들 가운데 실수가 없이 완전한 거룩함을 이룬 자는 없습니다. 아브라함도 죽을까 두려워 아내 사라를 누이라 하였고(창 12:10-20; 20장), 모세는 반석에 명하라 하신 하나님의 말씀과 달리 자신의 성정을 따라 반석을 두 번이나 내리치고 거칠게 말하여 분노를 발하였습니다. 이 때문에 약속의 땅인 가나안에 들어가지 못하였습니다(민 20:7-12). 다윗의 경우는 더욱 두드러집니다. 그는 하나님의 마음에 맞는 자라 칭찬을 받았습니다(삼상 13:14; 행 13:22). 이러한 다윗이 간음과 살인 교사라는 무서운 죄를 범하였습니다(삼하 11-12장). 또한 베드로는 어떠합니까? 주님께서 고난을 받고 죽임을 당할 것이라고 수난 예고를 하시자 베드로는 항변하며 주님을 막아서기까지 하여 주님께 사탄이라는 말까지 들었습니다(마 16:22-23). 주님께서 잡히신 날에 주님을 세 번이나 부인한 일은 너무나 잘 알려진 이야기입니다(마 26:69-75). 바울이라면 흠이 없이 살지 않았을까요? 바울조차도 자신 안에는 죄가 있어서 "원하는 바 선은 행하지 아니하고 도리어 원하지 아니하는 바 악을 행하는도다"(롬 7:19)라고 탄식하였습니다. 바울도 육체의 소욕이 성령을 거스르는 영적 싸움을 겪은 것입니다.

그런데 신자들이 비록 종종 유혹에 넘어져 죄를 짓는다고 하여도, 이들이 행하는 선한 많은 일을 볼 때 신자들이 어떤 일에서는 완전히 거룩하다고 할 수 있지 않을까요? 이 질문에 대해서 대요리문답 78항은 "신자들의 최선의 행위라도 하나님 보시기에는 불완전하고 더럽습니다"라고 잘 진술합니다. 이와 관련한 유명한 근거 구절은 "무릇 우리는 다 부정한 자 같아서 우리의 의는 다 더러운 옷 같으며 우리는 다 잎사귀 같이 시들므로 우리의 죄악이 바람 같이 우리를 몰아가나이다"라는 이사야 64장 6절 말씀입니다. 신자가 행하는 최선의 의조차도 하나님 보시기에 더러운 옷과 같다면 신자는 이생에서 결코 완전한 성화를 이룰 수 없다는 것은 명백합니다.

적용 질문

1. 성경에 따를 때, 과연 기독교인의 생활은 평강의 삶이라고 해야 할

까요? 아니면 갈등의 삶이라고 해야 할까요? 아니면 둘 다라고 해야 할까요? 하나님과의 관계의 측면과 죄와 관련된 측면에서 답을 말해 보시기 바랍니다.

2. 어떤 사람이 죄와 맞서서 충돌하는 갈등과 싸움을 전혀 경험하지 않는다면, 이것은 그 사람의 신앙 경험과 관련하여 무엇을 보여줍니까? 그 사람이 구원받은 자라 할 것입니까? 아니면 구원받지 못한 자라 할 것입니까? 갈등을 경험하나 사소하게 여기며 무시하는 자에게 여러분은 무엇이라고 조언하겠습니까?

3. 어떤 신자가 죄와 싸우는 극심한 갈등 속에서 크게 낙심하고 자신의 구원조차 의심한다면 여러분은 어떠한 조언을 주시겠습니까?

4. 여러분은 충분히 진지하며 신실한 신자조차도 기도를 비롯한 여러 경건 생활을 하기에 어려움을 겪는 일을 종종 보십니까? 이 일과 관련하여 여러분은 오늘의 학습을 통해서 어떠한 답을 내리시겠습니까?

5월 24일

중생한 소욕의 궁극적인 승리

신앙고백서 13.3

신앙고백서
13.3

이 전쟁에서, 남아있는 부패가 한동안은 상당히 지배할지라도,[1] 거룩하게 하시는 그리스도의 성령께서 계속 공급하는 힘으로 말미암아 중생한 소욕이 마침내 이긴다.[2] 이렇게 해서 성도는 하나님을 두려워하는 가운데서 거룩함을 온전히 이루며[3] 은혜 안에서 자라 간다.[4]

1) 롬 7:23.

2) 롬 6:14; 요일 5:4; 엡 4:15~16.

3) 고후 7:1.

4) 벧후 3:18; 고후 3:18.

말씀 요절

롬 7:23 “내 지체 속에서 한 다른 법이 내 마음의 법과 싸워 내 지체 속에 있는 죄의 법으로 나를 사로잡는 것을 보는도다”

요일 5:4 “무릇 하나님께로부터 난 자마다 세상을 이기느니라 세상을 이기는 승리는 이것이니 우리의 믿음이니라”

고후 7:1 “그런즉 사랑하는 자들아 이 약속을 가진 우리는 하나님을 두려워하는 가운데서 거룩함을 온전히 이루어 육과 영의 온갖 더러운 것에서 자신을 깨끗하게 하자”

벧후 3:18 “오직 우리 주 곧 구주 예수 그리스도의 은혜와 그를 아는 지식에서 자라 가라 영광이 이제와 영원한 날까지 그에게 있을지어다”

교리 해설

신자는 이생에서 자신에게 남아 있는 부패성으로 인하여 불완전합니다. 이로 인하여 육체의 소욕이 성령을 거스르고 성령은 육체를 거스르는 전쟁이 끊임없이 일어납니다. 그리고 이 전쟁은 결코 화해가 불가능합니다. 육체의 소욕을 따르는 자는 결코 구원을 받은 자가 아니기 때문입니다. 구원을 받은 자는 거룩하게 하시는 은혜로 새로운 생명을 살아가면서 육체의 소욕과 전쟁합니다. 그런데 이생에서 신자는 완전한 승리를 거두지 못합니다. 신자라도 종종 유혹에 넘어지기도 하고 죄에 빠지기도 합니다. 영적인 일에 있어서 방해를 받아 마음을 다해 하나님을 영화롭게 하지 않으며 온전히 즐거워하지 않기도 합니다. 심지어 신자가 행하는 최선의 행위라도 하나님 보시기에는 불완전하고 더럽습니다. 지금까지 정리한 것은 어제 학습한 내용입니다.

오늘 신앙고백서는 신자가 이생에서 계속해 싸워야 하는 전쟁에서 부패가 상당히 지배할지라도 마침내 신자가 승리한다는 사실을 교훈합니다. 먼저 중생자인 신자는 할례받은 마음을 받은 자로(신 30:6) "심령이 새롭게 되어 하나님을 따라 의와 진리의 거룩함으로 지으심을 받은 새 사람"입니다(엡 4:23-24). 이러한 은혜를 받는 중생자는 자신의 마음에 하나님의 법을 두고 하나님의 백성으로 살아가기를 소원하고 그 실행의 능력을 하나님께 간구합니다. 곧 중생한 신자는 결코 흠이 없는 완전한 삶을 살지는 못하지만, 그래서 죄 없다 할 신자는 아무도 없지만, 그럼에도 신자에게 있는 삶의 중심 원리는 육체의 소욕의 만족을 추구하는 것이 아니라 성령의 이끄심을 따라 살고자 하는 소원입니다. 성령 하나님께서는 중생자에게 이 소원을 실행할 수 있는 힘을 계속 공급하여 궁극적으로 죄와 싸워 이기게 하십니다. 신앙고백서는 "거룩하게 하시는 그리스도의 성령께서 계속 공급하는 힘으로 말미암아"라고 진술함으로 이 싸움의 승리가 "성령 하나님의 능력으로" 이루어지는 것임을 강조합니다. 성경은 "너희는 성령을 따라 행하라 그리하면 육체의 욕심을 이루지 아니하리라"(갈 5:16)라는 말씀을 주시면서 성령의 도움을 받아 싸울 때 결국에는 육체의 소욕과의 싸움을 이겨낼 것을 계시합니다. 이러한 승리의 약속은 거침없이 항상 이겨내는 무적의 낙관적 승리를 말씀하는 것이 아닙니다. 오히려 이 싸움 가운데 비록 완전한 승리를 항상 거두지 못할지라도 마침내는 승리할 것이므로 힘을 다해 싸워나갈 것을 명하시고 격려하시고 위로하시고 승리의 확신을 주시는 말씀입니다.

하나님께서 선택하신 자를 거룩하게 하시는 은혜를 실행하시는 방식은 바로 이러한 영적 전쟁을 통한 것입니다. 이 전쟁에서 패배도 당하지만 다시 승리하는 여러 경험을 통해서 성도는 점차적으로 거룩함을 이루며 자라갑니다. 신앙고백서는 "하나님을 두려워하는 가운데서 거룩함을 온전히 이루며"라고 진술함으로 이러한 싸움 가운데 신자는 거룩하신 하나님을 바라볼 것임을 말합니다. 하나님께서 거룩하시니 하나님을 두려워함이 마땅하다는 신앙 인식을 환기합니다. 그런데 하나님을 두려워함이란 정죄하시는 하나님을 두려워하라는 말이 아닙니다. 하나님의 거룩하심은 죄인을 정죄하며 심판하십니다. 그러나 죄인을 의롭다 하시는 하나님은 죄악을 사유하시는 하나님이십니다. "그런즉 사랑하는 자들아 이 약속을 가진 우리는 하나님을 두려워하는 가운데서 거룩함을 온전히 이루어 육과 영의 온갖 더러운 것에서 자신을 깨끗하게 하자"(고후 7:1)라는 말씀에서 보듯이 하나님을 두려워하는 가운데서 거룩함을 온전히 이루라는 명령은 하나의 전제가 문장 앞에 놓여 있습니다. 그것은 "이 약속을 가진 우리"라는 표현입니다. 여기서 이 약속은 하나님께서 신자의 하나님이요 아버지가 되시고 신자는 하나님의 백성이요 자녀가 되리라는(고후 6:16) 은혜를 가리킵니다. 신자가 하나님을 두려워하는 것은 정죄와 형벌로 다스리는 공포에 대한 두려움 때문이 아닙니다. 오히려 신자의 하나님에 대한 두려움은, 죄인임에도 의인이자 자녀로 인정하시는 하나님의 인애와 자비로움을 의지하며 겸비한 마음을 가지고 하나님을 섬기는 경외심을 말합니다. 성경은 이러한 하나님에 대한 경외심에 대하여, "여호와여 주께서 죄악을 지켜보실진대 주여 누가 서리이까 그러나 사유하심이 주께 있음은 주를 경외하게 하심이니이다"(시 130:3-4)라고 가르칩니다. 그리고 앞서 살핀 바와 같이 하나님을 경외하는 가운데 거룩함을 이루어가는 능력도 성령 하나님께서 주시는 바입니다. "너희 안에서 착한 일을 시작하신 이가 그리스도 예수의 날까지 이루실 줄을 우리는 확신하노라"(빌 1:6). 이러한 말씀을 생각할 때 하나님께서 선택하신 자를 거룩하게 하시는 일이 처음부터 은혜로 시작하여 은혜로 결실하는 것임을 고백하게 됩니다. 신앙고백서는 "은혜 안에서 자라간다"라고 진술을 매듭짓습니다. 이는 성경의 말씀을 그대로 따르는 진술입니다. "오직 우리 주 곧 구주 예수 그리스도의 은혜와 그를 아는 지식에서 자라 가라 영광이 이제와 영원한 날까지 그에게 있을지어다"(벧후 3:18).

적용 질문

1. 신자는 중생한 자라 할지라도 하나님의 말씀에 비추어 완전한 거룩함을 이루지 못합니다. 그러면 신자는 항상 죄를 지으며 살아갈 뿐입니까?

2. 신앙고백서는 신자가 비록 남아 있는 부패로 인하여 죄를 범하는 일이 한동안 일어날 수 있으며 또 심각한 정도가 상당할 수 있음을 말합니다. 여러분은 이러한 사례를 주변에서 보신 적이 있습니까?

3. 이처럼 죄를 범한 신자는 구원을 받지 못한 것으로 판단해야 합니까? 죄를 범한 신자라도 구원의 은혜 안에 있다고 판단할 수 있는 경우가 있겠습니까? 무엇을 보고 그러한 판단을 할 수 있습니까?

4. 중생한 신자는 이생에서 신앙생활 가운데 죄를 범하는 일이 있을 수 있지만 마침내 죄의 소욕에 대해 승리합니다. 이것은 성령 하나님의 도움을 받고 하나님을 경외함으로 이루어갑니다. 그런데 신앙고백서는 이 모든 것이 결국 "은혜 안에서" 자라가는 것이라고 진술을 매듭짓습니다. 여러분의 신앙생활 가운데 오늘 학습의 내용이 어떻게 나타납니까?

5월 / 25일

의롭다 하심(칭의)와 거룩하게 하심(성화)의 차이

대요리문답 77

대요리문답 77:

문77. 칭의와 성화는 어떤 점에서 다릅니까?

답. 성화는 칭의와 분리할 수 없게 연결되어 있지만,[1] 이 둘은 서로 다릅니다. 칭의에서는 하나님께서 그리스도의 의를 전가시켜 주시지만,[2] 성화에서는 성령 하나님께서 은혜를 주입하시어 이를 실행할 수 있게 하십니다.[3] 또한 칭의에서는 죄가 용서되고,[4] 성화에서는 죄가 억제됩니다.[5] 칭의는 보응하시는 하나님의 진노에서 모든 신자를 차별 없이 해방하고, 현세에서 온전히 이루어져 이들이 결코 정죄받지 않게 합니다.[6] 그러나 성화는 모든 신자에게 있어 동일하지 않고,[7] 현세에서는 어떤 사람에게도 결코 완전하지 않으며,[8] 다만 완전을 향해 자라나게 합니다.[9]

대요리문답 77:

1) 고전 6:11; 1:30.

2) 롬 4:6~8.

3) 겔 36:27.

4) 롬 3:24~25.

5) 롬 6:6, 14.

6) 롬 8:33~34.

7) 요일 2:12~14; 히 5:12~14.

8) 요일 1:8, 10.

9) 고후 7:1; 빌 3:12~14.

말씀 요절

고전 6:11 "너희 중에 이와 같은 자들이 있더니 주 예수 그리스도의 이름과 우리 하나님의 성령 안에서 씻음과 거룩함과 의롭다 하심을 받았느니라"

롬 4:6-8 "일한 것이 없이 하나님께 의로 여기심을 받는 사람의 복에 대하여 다윗이 말한 바 불법이 사함을 받고 죄가 가리어짐을 받는 사람들은 복이 있고 주께서 그 죄를 인정하지 아니하실 사람은 복이 있도다 함과 같으니라"

겔 36:27 "또 내 영을 너희 속에 두어 너희로 내 율례를 행하게 하리니 너희가 내 규례를 지켜 행할지라"

히 5:12-14 “때가 오래 되었으므로 너희가 마땅히 선생이 되었을 터인데 너희가 다시 하나님의 말씀의 초보에 대하여 누구에게서 가르침을 받아야 할 처지이니 단단한 음식은 못 먹고 젖이나 먹어야 할 자가 되었도다 이는 젖을 먹는 자마다 어린 아이니 의의 말씀을 경험하지 못한 자요 단단한 음식은 장성한 자의 것이니 그들은 지각을 사용함으로 연단을 받아 선악을 분별하는 자들이니라”

요일 1:8 “만일 우리가 죄가 없다고 말하면 스스로 속이고 또 진리가 우리 속에 있지 아니할 것이요”

빌 3:12-14 “내가 이미 얻었다 함도 아니요 온전히 이루었다 함도 아니라 오직 내가 그리스도 예수께 잡힌 바 된 그것을 잡으려고 달려가노라 형제들아 나는 아직 내가 잡은 줄로 여기지 아니하고 오직 한 일 즉 뒤에 있는 것은 잊어버리고 앞에 있는 것을 잡으려고 푯대를 향하여 그리스도 예수 안에서 하나님이 위에서 부르신 부름의 상을 위하여 달려가노라”

교리 해설

앞서 하나님께서 값없이 베푸시는 은혜로 의롭다 하시는 은혜와 양자 삼으시는 은혜가 있음을 살펴보았습니다. 거룩하게 하심도 하나님의 값없는 은혜인데 의롭다 하심과 양자 삼으심의 은혜와 어떻게 다른지를 아는 일이 필요합니다. 먼저 의롭다 하심과 양자 삼으심은 선택받은 자가 누리는 지위와 관련한 은혜입니다. 더 이상 죄인이 아니고 의인으로 여김을 받으며, 또한 원수가 아니라 하나님의 자녀로서 가족의 일원이 됩니다. 반면에 거룩하게 하심은 상태와 관련한 은혜입니다. 의인과 자녀의 지위를 은혜로 받은 자에게 실제로 지위에 합당한 변화가 나타나게 하시는 은혜입니다. 의롭다 하심과 양자 삼으심은 오직 하나님께서 지위를 부여하시는 은혜입니다. 은혜의 대상인 사람에게서 어떤 이유나 조건을 찾지 않으시고 하나님 홀로 행하시는 은혜입니다. 반면에 거룩하게 하심은 사람에게 변화를 일으키시는 은혜인 만큼 사람에게 교훈과 명령을 주시고 그것에 순종하는 과정을 통해서 실행됩니다. 어떤 사람은 거룩하게 하심은 하나님과 사람의 협력 사역이라고 표현하기도 합니다. 그러나 이 표현은 조심해서 사용하여야 합니다. 거룩하게 하시는 일을 일으키는 분은 오직 하나님이실 뿐이며 그러하기에 거룩하게 하시는 일도 전적으로 은혜입니다. 다만 사람은 그 은혜 아래 하나님의 교훈을 따라 살아야 할 책임을 받고 그렇게 할 능력을 받아 살아감으로 이 은혜를 통해 주시는 복을 누리게 될 따름입니다. 따라서 거룩하게 하심은 신앙 성숙에 따라서 그 정도가 신자들 사이에 차이가 있으며, 한 개인에게 있어서 시간과 기회를 따라서 차이가 나타납니다. 따라서 거룩하게 하시는 은혜의 실행과 누림은 성장과 진보가 있으며 또 반대의 양상이 나타나기도 합니다. 반면에 의롭다 하심과 양자 삼으심의 은혜로 인한 지위의 변화는 처음부터 완전하게 주어집니다. 의롭다 하심으로 의인으로 여겨진 자가 다시 죄인으로 서는 법이 없으며, 또 양자 삼으심으로 하나님의 자녀가 된 자가 하나님의 원수가 되는 일은 없습니다.

이렇게 의롭게 하시는 은혜와 거룩하게 하시는 은혜는 서로 구별되지만 분리되지 않는 은혜입니다. 우선 그리스도 안에서 서로 비분리적으로 연결되어 있습니다. 성경에 따르면, "너희는 하나님으로부터 나서 그리스도 예수 안에 있고 예수는 하나님으로부터 나와서 우리에게 지혜와 의로움과 거룩함과 구원함이 되셨으니"(고전 1:30)라는 말씀에서 보듯이 그리스도로부터 의로움과 거룩함이 비롯되며 그리스도의 구원의 내용을 구성합니다. 그러하기에 그리스도를 믿는 사람은 의롭다 하심을 받고 또한 거룩하게 하심을 받습니다. "그러나 이제는 너희가 죄로부터 해방되고 하나님께 종이 되어 거룩함에 이르는 열매를 맺었으니 그 마지막은 영생이라"(롬 6:22)라는 말씀은 죄로부터 해방되어 의롭다 함을 받은 사람은 하나님께 종이 되어 거룩함의 열매를 맺는 필연성을 교훈합니다. 의롭다 하심을 받은 사람에게 거룩하게 하심이 반드시 따르는 것이 아니라는 주장은 그리스도 안에서 이루는 구속 사역을 임의로 분리하는 잘못을 범합니다. 곧 의롭다 하심을 위한 수단으로 믿음을 일으키는 성령 하나님께서 이 믿음으로 그리스도의 의를 전가 받은 자에게 또한 거룩하게 하심의 열매를 맺도록 새 마음을 주시는 사역을 하시는 것임을 올바르게 반영하지 못한 잘못을 범합니다. 그리하여 그리스도를 나눌 뿐만 아니라 성령 하나님의 사역을 나누어 버립니다.

의롭다 하시는 은혜와 거룩하게 하시는 은혜를 구별할 때 주목해야 할 중요한 신학 용어가 있습니다. 곧 "전가"(imputatio)와 "주입"(infusio)이라는 개념입니다. "전가"는 의롭다 하심의 은혜를, 주입은 거룩하게 하심의 은혜를 설명합니다. 의롭다 하시는 은혜를 베푸심으로 하나님께서는 선택받은 죄인에게 그리스도의 의가 속하여 있듯이 여겨주십니다. 이때 "~에게 속하여 있듯이 여겨주심"을 가리켜 "전가"라고 합니다. 반면에 거룩하게 하시는 은혜를 베푸실 때 하나님께서는 의롭다 하심을 받은 자의 마음에 새로운 마음과 영을 부어 넣어 주십니다. 이렇게 부어 넣어 주시는 것을 "주입"이라고 합니다. 그래서 그리스도의 의의 전가로 말미암아 의롭다 하심을 받은 자는 또한 거룩하게 하시는 은혜의 주입으로 말미암아 거룩하게 하심을 받는다고 진술합니다.

의롭다 하심의 은혜와 거룩하게 하심의 은혜를 구별하지 못하고 혼돈하게 되면 정반대되는 두 가지 문제가 나타납니다. 하나는 거룩하게 하심을 의롭다 하심에 흡수하여 버릴 때 나타나는 오류입니다. 의롭다 하심을 받는 것은 하나님 앞에서 죄인인 자가 의인으로, 원수인 자가 자녀로 신분상의 지위가 변동되는 것을 말합니다. 그런데 이러한 오류를 범하면 신분적 지위상의 변화가 마치 의인의 상태로의 성품과 특성의 실제적인 변화를 포함하는 것처럼 오해합니다. 이리하여 의롭다 하심을 받은 자가 거룩한 삶을 살아야 할 필요가 없다는 잘못된 주장을 하게 됩니다. 이와 반대로 다른 하나는 거룩하게 하심이 의롭다 하심을 포함하는 것으로 여기는 오류입니다. 이것은 의롭다 하심을 받기 위하여 거룩한 계명의 순종이 요구된다는 잘못된 주장을 하게 합니다. 이 주장은 마치 천주교회의 교리처럼 거룩하게 하시는 주입된 은혜로 말미암아 실제로 거룩하게 변화되는 것이 의롭다 하심이라고 말하는 것이 됩니다. 그리하여 거룩하게 하시는 일은 거룩하게 하시는 은혜의 주입으로 인한 것이지만 의롭다 하시는 일은 그리스도의 의의 전가에 근거한 것이라는 올바른 성경의 계시를 훼손하는 잘못을 범합니다. 이 두 가지 오류 가운데 전자는 율법폐기론(antinomianism)의 오류, 후자는 율법주의(legalism)의 오류를 범합니다. 율법폐기론은 의롭다 하심을 받은 그리스도인은 어떤 의미에서도 더 이상 율법에 순종할 필요가 없다는 주장이며, 이와 반대로 율법주의는 의롭다 하심을 받는 일은 율법을 지킴으로 이루어진다는 주장입니다. 의롭다 하심과 거룩하게 하심이 서로 분리되지 않으면서 구별되는 관계를 갖는다는 사실을 바르게 이해하는 것이 그리스도의 구원의 복음을 균형 있게 이해하는 데 필수적입니다.

적용 질문

1. 의롭다 하시는 은혜와 거룩하게 하시는 은혜는 모두가 하나님의 값

없는 은혜입니다. 그럼에도 이 둘은 서로 구별됩니다. 여러분은 어떻게 이 구별을 설명하시겠습니까?

2. 의롭다 하시는 은혜와 거룩하게 하시는 은혜는 둘 다 하나님께서 구원을 위하여 주시는 값없는 은혜입니다. 어떻게 이 두 은혜는 서로 분리되지 않습니까?

3. 구별되지만 분리되지 않는 두 은혜, 의롭다 하시는 은혜와 거룩하게 하시는 은혜가 서로 구별되지만 분리되지 않는 것임을 잘못 설명하는 두 가지 극단적 주장은 무엇입니까? 이 주장들은 각각 어떤 문제점을 드러냅니까?

4. 오늘의 학습에 비추어 볼 때, 여러분의 신앙 인식과 생활에 새롭게 적용되는 점이 있다면 무엇입니까? 여러분은 의롭다 하심과 거룩하게 하시는 하나님의 은혜에 대하여 어떤 이해를 가지고 계십니까?

5월
26일

의롭다 하심, 양자 삼으심, 거룩하게 하심으로 인한 금생의 은택들

소요리문답 36

소요리문답 36:

문36. 금생에서 의롭다 하심, 양자 삼으심, 거룩하게 하심에 동반되거나 흘러나오는 여러 은택은 무엇입니까?

답. 금생에서 의롭다 하심, 양자 삼으심, 거룩하게 하심에 동반되거나 흘러나오는 여러 은택은 하나님 사랑에 대한 확신, 양심의 평안,[1] 성령 안에서의 기쁨,[2] 은혜의 증가,[3] 그리고 이 은택들 안에서 끝까지 이르는 견인(堅忍)입니다.[4]

1) 롬 5:1~2, 5.
2) 롬 14:17.
3) 잠 4:18.
4) 요일 5:13; 벧전 1:5.

말씀 요절

롬 5:1-2, 5 "그러므로 우리가 믿음으로 의롭다 하심을 받았으니 우리 주 예수 그리스도로 말미암아 하나님과 화평을 누리자 또한 그로 말미암아 우리가 믿음으로 서 있는 이 은혜에 들어감을 얻었으며 하나님의 영광을 바라고 즐거워하느니라 … 소망이 우리를 부끄럽게 하지 아니함은 우리에게 주신 성령으로 말미암아 하나님의 사랑이 우리 마음에 부은 바 됨이니"

롬 14:17 "하나님의 나라는 먹는 것과 마시는 것이 아니요 오직 성령 안에 있는 의와 평강과 희락이라"

잠 4:18 "의인의 길은 돋는 햇살 같아서 크게 빛나 한낮의 광명에 이르거니와"

요일 5:13 "내가 하나님의 아들의 이름을 믿는 너희에게 이것을 쓰는 것은 너희로 하여금 너희에게 영생이 있음을 알게 하려 함이라"

벧전 1:5 "너희는 말세에 나타내기로 예비하신 구원을 얻기 위하여 믿음으로 말미암아 하나님의 능력으로 보호하심을 받았느니라"

교리 해설

하나님께서 값없이 베푸시는 은혜들, 곧 의롭다 하심과 양자 삼으심과 거룩하게 하심의 은혜를 받은 사람이 누리는 복은 이러한 은혜의 결과로 주어지는 의인이며 자녀인 신분상의 변화와 더불어 거룩한 생활을 이루어가는 새로운 마음의 상태를 누리는 것에 그치지 않습니다. 이러한 복된 변화에 동반되거나 이로부터 흘러나오는 여러 은택이 있는데, 금생에서 누리는 은택, 죽을 때에 누리는 은택, 그리고 부활할 때 누리는 은택들이 그러합니다. 오늘은 금생에서 누리는 은택들을 학습합니다. 죽을 때에 누리는 은택에 대해서는 10월 31일에 소요리문답 37항을, 부활 때에 누리는 은택에 대해서는 12월 29일에 38항을 읽으면서 살펴볼 것입니다.

먼저 오늘 읽는 소요리문답 36항은 의롭다 하심, 양자 삼으심, 거룩하게 하심을 받고 이와 동반되거나 흘러나오는 은택 가운데 금생에서 누리는 다섯 가지 은택을 소개합니다. 첫째, 하나님의 사랑에 대한 확신입니다. 성경을 보면 "소망이 우리를 부끄럽게 하지 아니함은 우리에게 주신 성령으로 말미암아 하나님의 사랑이 우리 마음에 부은 바 됨이니"(롬 5:5), 또 "보라 아버지께서 어떠한 사랑을 우리에게 베푸사 하나님의 자녀라 일컬음을 받게 하셨는가, 우리가 그러하도다 그러므로 세상이 우리를 알지 못함은 그를 알지 못함이라"(요일 3:1)라는 말씀이 이 사실을 잘 보여줍니다. 세상이 알지 못하는 하나님의 사랑이 신자에게 부어집니다. 이 사랑은 신자가 그리스도 안에서 바라보는 소망을 결코 부끄럽게 하지 않습니다. 신자가 믿는 하나님의 사랑은 단순한 바람이 아닙니다. 하나님의 자녀에게 약속되고 베풀어진 확신입니다.

둘째, 양심의 평안을 누립니다. 신자는 중생한 이후에도 남아 있는 부패성으로 인하여 거룩함의 부르심 앞에 온전하게 서지 못합니다. 이로 인하여 죄책의 인식과 고통스러운 양심의 불안이 두렵게 찾아올 수 있습니다. 그러나 신자는 이 모든 것들로부터 자유로운 자들입니다. 성경은 "그러므로 우리가 믿음으로 의롭다 하심을 받았으니 우리 주 예수 그리스도로 말미암아 하나님과 화평을 누리자"(롬 5:1)라고 말씀합니다. 의롭다 하심을 받은 의인은 하나님께서 결코 정죄, 곧 형벌을 받아야 할 자로 유죄 선고를 내리지 않습니다. 그리스도 안에서 의롭다 하심을 받은 자는 이러한 정죄와 형벌을 그리스도께서 대신 받으셨을뿐더러 자신에게 의를 전가해 주셨다는 사실을 확신하는 만큼 양심의 평안을 가지고 하나님 앞에 안정되고 고요한 심령으로 나갈 수 있습니다.

셋째, 성령 안에서의 기쁨입니다. 하나님의 값없는 은혜를 받아 구원에 이른 자는 성령 하나님과 말씀으로 교제하면서 영적인 기쁨을 맛보며 누립니다. 이를테면 "하나님의 나라는 먹는 것과 마시는 것이 아니요 오직 성령 안에 있는 의와 평강과 희락이라"(롬 14:17)라는 말씀에서 성도는 성령 안에서 희락을 누릴 것임을 가르칩니다. 이러한 기쁨을 성도는 성령 하나님의 변화시키시는 능력에 의지하여 성령 하나님과 말씀을 따라 동행할 때 맛보아 알며 누립니다.

넷째, 은혜 가운데 성장입니다. 성도는 하나님께서 신실하신 사랑으로 베풀어주시는 돌보심의 은혜를 받아 거룩함과 믿음과 사랑과 모든 그리스도인의 덕목에서 성장합니다. 성경은 이에 대한 교훈을 이렇게 계시합니다. "오직 우리 주 곧 구주 예수 그리스도의 은혜와 그를 아는 지식에서 자라 가라 영광이 이제와 영원한 날까지 그에게 있을지어다"(벧후 3:18). 이 말씀은 성장할 것을 명령하고 있지만, 이것이 뜻하는 바는 그리스도의 은혜와 그를 아는 지식에서 자라감으로 성도가 더욱 복을 누릴 것을 기대하며 권면하는 뜻을 전달합니다. 실제로 이러한 성장이 있기 위하여 하나님께서는 신자 안에서 시작하신 구원의 일을 끝까지 이루실 것임을 약속합니다. "너희 안에서 착한 일을 시작하신 이가 그리스도 예수의 날까지 이루실 줄을 우리는 확신하노라"(빌 1:6).

마지막으로 다섯째, 이러한 은택들 안에서 끝까지 이르는 견인입니다. 참된 믿음으로 의롭다 하심을 받고 하나님의 자녀가 되어 거룩하게 하시는 은혜를 따라 살아가는 신자라도 금생에서 혹 유혹을 받아 실족하여 죄를 범하는 일이 있고 또 상당 기간 심각한 죄에 빠질 수도 있습니다. 그러나 이러한 경우에라도 결코 신자는 최종적으로 그리고 완전히 타락하여 다시 돌이키지 못하는 길로 빠지지는 않습니다. 하나님께서 이들을 보존하시는 은총을 베풀어 주시기 때문입니다. 그리하여 성도는 결국에는 믿음으로 견디어 마침내 구원에 이르게 됩니다. 예수님께서는 자신의 양을 하나도 잃지 않을 것임을 약속하셨습니다. "내가 그들에게 영생을 주노니 영원히 멸망하지 아니할 것이요 또 그들을 내 손에서 빼앗을 자가 없느니라"(요 10:28). 성도가 믿음에서 떨어지지 않고 끝까지 견디는 것은 하나님의 능력에 의한 일입니다. 성경은 "너희는 말세에 나타내기로 예비하신 구원을 얻기 위하여 믿음으로 말미암아 하나님의 능력으로 보호하심을 받았느니라"(벧전 1:5)라고 말씀합니다. 하나님의 능력으로 보호를 받음으로 성도의 견인은 안전하고 확실합니다.

적용 질문

1. 의롭다 하심, 양자 삼으심, 거룩하게 하심을 받고 이와 동반되거나 흘러나오는 은택 가운데 금생에 누리는 다섯 가지 은택들은 무엇입니까?

2. 여러분은 신앙생활 가운데서 하나님의 사랑에 대한 확신이 흔들린 적은 없습니까? 그 까닭은 무엇입니까? 그러한 경우에 어떻게 회복하셨습니까?

3. 여러분은 실수와 죄를 범하여 하나님 앞에서 부끄러움에 머리를 숙

이고 회개를 한 적이 있으실 것입니다. 이러한 일로 인하여 양심에 떨림과 두려움을 갖지는 않으셨습니까? 이에 대하여 오늘 학습하는 교리는 무엇을 가르칩니까?

4. 여러분은 신앙생활이 기쁘십니까? 기쁨을 누린 경험을 나누어 봅시다. 그리고 그 기쁨은 무엇으로 인한 것인지를 설명해 보시기 바랍니다. 여러분에게 경험되는 성령 안에서의 기쁨은 어떤 경우에 나타났습니까?

5. 여러분의 신앙의 여정을 하나님께서 붙들어 주시고 돌보아 주셔서 점점 은혜 가운데 자라나서 신자다운 성장을 맛보신다고 생각하십니까? 어떤 점에서 그러합니까? 아니면 오히려 더욱 허물과 죄에 빠져가고 있습니까? 그럴 경우라도 여러분은 하나님께서 최종적으로 그리고 완전히 그런 상태로 내버려 두시지 않고 반드시 건져내실 것으로 믿으십니까? 그 이유는 무엇입니까?

14장.

구원하는 믿음

5월
27일

진노와 저주를 받지 않도록 하기 위해 하나님께서 요구하시는 것

소요리문답 85

대요리문답 153

소요리문답 85:

문85. 우리가 죄로 인해 마땅히 받아야 할 진노와 저주를 피할 수 있도록 하나님께서 우리에게 요구하시는 것은 무엇입니까?

답. 우리가 죄로 인해 마땅히 받아야 할 진노와 저주를 피하도록 하나님께서 예수 그리스도를 향한 믿음과 생명에 이르는 회개,[1] 그리고 그리스도께서 구속의 유익을 우리에게 전달하시는 외적 수단들을 부지런히 사용할 것을[2] 우리에게 요구하십니다.

1) 행 20:21.

2) 잠 2:1~5; 8:33~36; 사 55:3.

대요리문답 153:

문153. 율법을 범했기 때문에 우리가 마땅히 받아야 할 진노와 저주를 피할 수 있도록 하나님께서 우리에게 요구하시는 것은 무엇입니까?

답. 율법을 범했기 때문에 우리가 마땅히 받아야 할 진노와 저주를 피하도록 하나님께서 그분을 향한 회개와 우리 주 예수 그리스도를 향한 믿음,[1] 그리고 그리스도께서 중보의 유익을 우리에게 전달하시는 외적 수단들을 부지런히 사용할 것을 우리에게 요구하십니다.[2]

1) 행 20:21; 마 3:7~8; 눅 13:3, 5; 행 16:30~31; 요 3:16~18.

2) 잠 2:1~6; 8:33~36.

말씀 요절

행 20:21 "유대인과 헬라인들에게 하나님께 대한 회개와 우리 주 예수 그리스도께 대한 믿음을 증언한 것이라"

행 16:30-31 "그들을 데리고 나가 이르되 선생들이여 내가 어떻게 하여야 구원을 받으리이까 하거늘 이르되 주 예수를 믿으라 그리하면 너와 네 집이 구원을 받으리라 하고"

잠 2:1-5 "내 아들아 네가 만일 나의 말을 받으며 나의 계명을 네게 간직하며 네 귀를 지혜에 기울이며 네 마음을 명철에 두며 지식을 불러 구하며 명철을 얻으려고 소리를 높이며 은을 구하는 것 같이 그것을 구하며 감추어진 보배를 찾는 것 같이 그것을 찾으면 여호와 경외하기를 깨달으며 하나님을 알게 되리니"

잠 8:33-35 "훈계를 들어서 지혜를 얻으라 그것을 버리지 말라 누구든지 내게 들으며 날마다 내 문 곁에서 기다리며 문설주 옆에서 기다리는 자는 복이 있나니 대저 나를 얻는 자는 생명을 얻고 여호와께 은총을 얻을 것임이니라"

교리 해설

아담과 하와가 범죄한 이후로 모든 인류는 원죄 아래 태어납니다. 또한 사망의 권세 아래에 놓여 모든 사람이 반드시 죽게 되어 있습니다. 몸의 죽음만이 아니라 죄와 허물로 영적으로 죽어 있습니다. 그런데 그것의 최종적인 결과는 마귀와 함께 영원한 형벌을 받아야 하는 영원한 죽음입니다. 죄로 인하여 받아야 할 진노와 저주는 실로 무서운 것입니다. 성경은 하나님의 진노가 죄인에 대하여 있을 것임을 명백하게 계시합니다. 이를테면 "하나님의 진노가 불의로 진리를 막는 사람들의 모든 경건하지 않음과 불의에 대하여 하늘로부터 나타나나니"(롬 1:18), 또 "아들을 믿는 자에게는 영생이 있고 아들에게 순종하지 아니하는 자는 영생을 보지 못하고 도리어 하나님의 진노가 그 위에 머물러 있느니라"(요 3:36)라는 말씀이 그러합니다. 이러한 하나님의 진노는 실로 두렵고 무서운 것입니다. "우리가 진리를 아는 지식을 받은 후 짐짓 죄를 범한즉 다시 속죄하는 제사가 없고 오직 무서운 마음으로 심판을 기다리는 것과 대적하는 자를 태울 맹렬한 불만 있으리라 … 살아 계신 하나님의 손에 빠져 들어가는 것이 무서울진저"(히 10:26-27, 31). 이러한 하나님의 진노를 당하는 자의 공포의 절규를 성경에서 읽을 수 있습니다. "산들과 바위에게 말하되 우리 위에 떨어져 보좌에 앉으신 이의 얼굴에서와 그 어린 양의 진노에서 우리를 가리라 그들의 진노의 큰 날이 이르렀으니 누가 능히 서리요 하더라"(계 6:16-17).

하나님의 저주란 어떠합니까? 저주란 하나님께서 하나님의 법을 어긴 자에게 내리시는 죄책과 형벌에 대한 법적 선언을 말합니다. 하나님께서 죄인에게 이 선언을 내리실 때 하나님에게 일체의 호의를 받지 못할 것이며 다만 하나님의 심판을 받아 육체로나, 영적으로나, 영원히 죽음과 파멸을 당할 것임을 선포하십니다. 이러한 저주가 있다는 사실은 성경이 여러 곳에서 밝히고 있는 바입니다. "무릇 율법 행위에 속한 자들은 저주 아래에 있나니 기록된 바 누구든지 율법 책에 기록된 대로 모든 일을 항상 행하지 아니하는 자는 저주 아래에 있는 자라 하였음이라"(갈 3:10)라는 말씀이 그러합니다. 또 예수님께서 친히 이 저주를 말씀하셨습니다. "또 왼편에 있는 자들에게 이르시되 저주를 받은 자들아 나를 떠나 마귀와 그 사자들을 위하여 예비된 영원한 불에 들어가라"(마 25:41).

하나님의 진노와 저주를 가볍게 여기는 자는 심판을 면하지 못합니다. 노아의 홍수가 있기 이전에 노아 세대의 사람들은 하나님의 의의 말씀을 무시하였습니다. 예수님의 말씀과 베드로후서의 말씀이 이를 드러냅니다. "홍수 전에 노아가 방주에 들어가던 날까지 사람들이 먹고 마시고 장가 들고 시집 가고 있으면서 홍수가 나서 그들을 다 멸하기까지 깨닫지 못하였으니 인자의 임함도 이와 같으리라"(마 24:38-39). 그리고 "옛 세상을 용서하지 아니하시고 오직 의를 전파하는 노아와 그 일곱 식구를 보존하시고 경건하지 아니한 자들의 세상에 홍수를 내리셨으며"(벧후 2:5). 이들은 죄악이 가득한 세상에 살면서 마음으로 생각하는 모든 계획이 항상 악한 자들이었습니다. 그러나 이들은 노아와 그의 가족이 전파하는 의의 말씀을 무시하고 소홀히 하였으며, 마침내 하나님의 저주가 실행되어 모두 멸망되었습니다. 소돔과 고모라가 또한 그러하며 애굽의 바로도 그러합니다.

살길이 없는 것이 아닙니다. 하나님의 진노와 저주를 두려워하고 하나님의 긍휼을 구하는 자는 살길을 찾을 수 있습니다. 그들에게는 살 소망이 주어집니다. "여호와는 자기를 경외하는 자들과 그의 인자하심을 바라는 자들을 기뻐하시는도다"(시 147:11). 그리스도께서는 세리와 같은 죄인이라도 "하나님이여 불쌍히 여기소서, 나는 죄인입니다"라고 하늘을 향해 눈을 들지도 못한 채 가슴으로 탄식하는 자를 의롭다 하십니다(눅 18:13-14). 십자가에 달려 죽는 강도라도 그리스도를 향하여 긍휼을 구하면 구원을 받습니다(눅 23:39-43). 구원은 은혜로 주어지는 것이며, 행위가 아니라 믿음으로 받는 것이기 때문입니다.

오늘 읽는 소요리문답 85항과 대요리문답 153항은 죄인으로서 마땅히 받아야 할 하나님의 진노와 저주를 받지 않을 수 있는 길을 제시합니다. 이것은 사람이 임의로 정하는 것이 아니라 "하나님께서 우리에게 요구하시는 것"입니다. 그것은 세 가지로 정리됩니다. 하나는 예수 그리스도를 향한 믿음입니다. "주 예수를 믿으라 그리하면 너와 네 집이 구원을 받으리라"(행 16:31) 하셨습니다. 다른 하나는 하나님께 향하여 나가는 회개입니다. "그러면 하나님께서 이방인에게도 생명 얻는 회개를 주셨도다 하니라"(행 11:18). 그리고 마지막 하나는 구원의 복음과 그것의 유익을 전달하는 외적 수단의 부지런한 사용입니다. 여기서 외적 수단이란 설교와 읽기로 접하는 하나님의 말씀, 세례와 성찬인 성례, 그리고 공적이며 사적인 기도를 뜻합니다. 이것을 부지런히 사용해야 합니다. 믿음은 들음에서 나며 들음은 그리스도의 말씀으로 말미암기 때문입니다(롬 10:17). 과연 오순절에 성령이 강림하셔서 역사 가운데 나타내신 방언의 사건 이후에 세워지는 교회에서 한 일은 말씀과 성례와 기도였습니다. "그들이 사도의 가르침을 받아 서로 교제하고 떡을 떼며 오로지 기도하기를 힘쓰니라"(행 2:42).

적용 질문

1. 죄인은 마땅히 하나님의 진노와 저주를 받을 것이라는 하나님의 말씀을 믿으십니까? 이 두려운 말씀을 성경 어디에서 확인할 수 있습니까?

2. 진노란 무엇입니까? 저주란 무엇입니까? 하나님의 진노와 저주를 무시하거나 소홀히 하거나 멸시하는 자가 얼마나 어리석은 자들인지를 설명하실 수 있습니까? 주변에서 어떤 사람들이 이러합니까?

3. 하나님의 진노와 저주에서 생명을 얻는 사람은 어떠한 사람입니까? 성경에서 사례를 찾아 말씀해보시기 바랍니다.

4. 오늘 학습을 통해서 진노와 저주를 받지 않도록 하나님께서 제시하신 요구사항은 무엇입니까? 여러분은 이 요구를 따라 신앙생활을 하십니까?

5월 28일

그리스도를 믿는 믿음의 의미

소요리문답 86

소요리문답 86:

문86. 예수 그리스도에 대한 믿음은 무엇입니까?

답. 예수 그리스도에 대한 믿음은 구원의 은혜입니다.[1] 이로 말미암아 우리는 복음이 우리에게 제시한 대로 구원을 얻기 위해 오직 그분만을 받아들이고 의지합니다.[2]

1) 히 10:39.

2) 요 1:12; 사 26:3~4; 빌 3:9; 갈 2:16.

말씀 요절

히 10:39 "우리는 뒤로 물러가 멸망할 자가 아니요 오직 영혼을 구원함에 이르는 믿음을 가진 자니라"

요 1:12 "영접하는 자 곧 그 이름을 믿는 자들에게는 하나님의 자녀가 되는 권세를 주셨으니"

사 26:3-4 "주께서 심지가 견고한 자를 평강하고 평강하도록 지키시리니 이는 그가 주를 신뢰함이니이다 너희는 여호와를 영원히 신뢰하라 주 여호와는 영원한 반석이심이로다"

빌 3:9 "그 안에서 발견되려 함이니 내가 가진 의는 율법에서 난 것이 아니요 오직 그리스도를 믿음으로 말미암은 것이니 곧 믿음으로 하나님께로부터 난 의라"

갈 2:16 "사람이 의롭게 되는 것은 율법의 행위로 말미암음이 아니요 오직 예수 그리스도를 믿음으로 말미암는 줄 알므로 우리도 그리스도 예수를 믿나니 이는 우리가 율법의 행위로써가 아니고 그리스도를 믿음으로써 의롭다 함을 얻으려 함이라 율법의 행위로써는 의롭다 함을 얻을 육체가 없느니라"

교리 해설

하나님의 진노와 저주를 피하기 위하여 하나님께서 요구하신 세 가지 사항 가운데 첫 번째로 예수 그리스도를 향한 믿음이란 무엇을 의미하는지를 살핍니다. 두 번째 사항인 생명에 이르는 회개는 6월 1일 소요리문답 87항, 대요리문답 76항, 그리고 신앙고백서 15.2를 읽으며 살핍니다. 세 번째 사항인 그리스도의 구속의 유익을 전달하는 외적 수단에 대하여서는 11월 2일 소요리문답 88항과 대요리문답 154항을 통해 살핍니다.

예수 그리스도에 대한 믿음에 대하여 먼저 말할 것은 이 믿음이 구원의 은혜, 곧 구원을 주는 은혜라는 사실입니다. 여기서 믿음은 사람이 행하는 행위(act)이기는 하지만, 공로의 원리를 따르는 행위(work)와 같은 의미로 작용하지 않습니다. 믿음도 그 자체로 행위(act)인 까닭에 공로라고 주장할 수 없습니다. 믿음은 단지 그리스도만을 받아들이고 의지하는 수단으로서의 행위(act)입니다. 곧 구원을 받기 위하여 복음이 제시하는 그대로 믿고 그리스도만을 받아들이고 의지하는 수단입니다. 구원을 위한 공로를 세워가는 의미에서의 행위(work)가 아니라는 점을 잘 유념해야 합니다. 따라서 어떤 사람이 믿는 믿음의 정도가 강하다든가 확신이 깊다는 것이 구원의 공로를 더욱 높여주지 않습니다. 확신이 강한 믿음은 그리스도와 그분의 의를 받아들이고 의지하는 수단을 단단히 붙들고 있다는 의미를 가질 뿐입니다.

예수 그리스도에 대한 믿음이 구원의 은혜라는 말씀은 믿음이 은혜로 인하여 주어지는 것이라는 사실을 나타냅니다. 믿음을 일으키시는 분은 하나님이십니다. 믿음은 앞서 말한 바처럼 사람의 행위(act)이지만, 사람이 이 믿음의 행위를 할 수 있도록 사람의 마음에 믿음을 일으키는 분은 성령 하나님이시기 때문입니다. 5월 4일에 읽은 신앙고백서 10.2는 이와 관련한 내용을 효과 있는 부르심과 연결하여 "사람은 전적으로 수동적이어서 성령 하나님에 의하여 살아나고 새롭게 된 후에야 비로소 부르심에 응답할 수 있고"라고 진술합니다. 다시 말해서 이 진술은 오직 성령 하나님에 의하여 먼저 살아나고 새롭게 되기 전에는 사람이 복음의 외적 부르심에 반응하여 믿음을 고백할 수 없음을 말합니다. 이러한 원리를 담아 "전적으로 수동적이어서"라고 표현하고 있습니다. 따라서 사람이 믿을 것인지 아닐지를 결정하는 자유의지의 선택에 의하여 믿는다고 생각해서는 안 됩니다. 믿음은 앞서 말씀한 바와 같이 영혼의 행위(act)이지만 그렇다고 믿음의 행위가 사람의 자유선택에 의하여 결정되는 것은 아닙니다. 곧 사람은 자신이 고백하는 믿음의 창시자가 아닙니다.

여기서 구원을 얻기 위해 믿어야 하는 대상은 오직 예수 그리스도 한 분이며 그리스도께서 이루신 온전한 의입니다. 성경에서 "그를 믿는 자는 심판을 받지 아니하는 것이요 믿지 아니하는 자는 하나님의 독생자의 이름을 믿지 아니하므로 벌써 심판을 받은 것이니라"(요 3:18), 또 "그러나 성경이 모든 것을 죄 아래에 가두었으니 이는 예수 그리스도를 믿음으로 말미암는 약속을 믿는 자들에게 주려 함이라"(갈 3:22)라는 말씀은 이 믿음의 대상이 오직 예수 그리스도임을 확고히 계시합니다. 지금까지 설명을 염두에 두면서 성경이 믿음과 관련해 계시하는 구절을 읽어보시기 바랍니다. "영접하는 자 곧 그 이름을 믿는 자들에게는 하나님의 자녀가 되는 권세를 주셨으니"(요 1:12), "주께서 심지가 견고한 자를 평강하고 평강하도록 지키시리니 이는 그가 주를 신뢰함이니이다"(사 26:4), "그 안에서 발견되려 함이니 내가 가진 의는 율법에서 난 것이 아니요 오직 그리스도를 믿음으로 말미암은 것이니 곧 믿음으로 하나님께로부터 난 의라"(빌 3:9).

적용 질문

1. 여러분은 여러분의 믿음을 무엇이라고 설명합니까? 여러분 스스로 그리스도를 믿기로 선택한 것입니까? 아니면 성령 하나님이 여러분으로 하여금 그리스도를 받아들이고 의지하도록 이끌어 주신 것입니까?

2. 믿음도 사람이 행하는 것이므로 행위입니다. 그렇다면 믿음으로 구원을 받는다는 것은 행위로 구원을 받는다는 것으로 말해도 되는 것이 아닐까요?

3. 구원의 은혜인 믿음의 대상은 무엇입니까? 무엇을 믿어야 구원을 받겠습니까?

4. 여러분은 믿지 않는 자에게 그리스도를 믿을 것을 결단하도록 촉구하신 적이 있습니까? 그때 믿음에 대한 여러분의 이해는 무엇입니까? 오늘 학습을 통해 여러분이 배우신 것은 무엇이며 적용을 위한 변화가 있다면 무엇입니까?

5월 29일

성령 하나님의 사역에 의한 은혜의 수단과 구원하는 믿음

신앙고백서 14.1

신앙고백서 14.1

선택된 자들은 믿음의 은혜로 인하여 믿을 수 있게 되어 영혼의 구원에 이르게 된다.[1] 이 믿음의 은혜는 그리스도의 성령께서 이들 마음 안에서 행하시는 일이며,[2] 통상적으로 말씀 사역에 의해 이루어진다.[3] 또한 말씀 사역에 의해, 그리고 성례의 시행과 기도에 의해 이 믿음이 증가되고 강화된다.[4]

1) 히 10:39.

2) 고후 4:13; 엡 1:17~19; 2:8.

3) 롬 10:14, 17.

4) 벧전 2:2; 행 20:32; 롬 4:11; 눅 17:5; 롬 1:16~17.

말씀 요절

히 10:39 "우리는 뒤로 물러가 멸망할 자가 아니요 오직 영혼을 구원함에 이르는 믿음을 가진 자니라"

고후 4:13 "기록된 바 내가 믿었으므로 말하였다 한 것 같이 우리가 같은 믿음의 마음을 가졌으니 우리도 믿었으므로 또한 말하노라"

롬 10:14, 17 "그런즉 그들이 믿지 아니하는 이를 어찌 부르리요 듣지도 못한 이를 어찌 믿으리요 전파하는 자가 없이 어찌 들으리요 … 그러므로 믿음은 들음에서 나며 들음은 그리스도의 말씀으로 말미암았느니라"

벧전 2:2 "갓난 아기들 같이 순전하고 신령한 젖을 사모하라 이는 그로 말미암아 너희로 구원에 이르도록 자라게 하려 함이라"

행 20:32 "지금 내가 여러분을 주와 및 그 은혜의 말씀에 부탁하노니 그 말씀이 여러분을 능히 든든히 세우사 거룩하게 하심을 입은 모든 자 가운데 기업이 있게 하시리라"

교리 해설

선택받은 자들이 구원에 이르는 것은 믿음의 은혜로 인하여 믿을 수 있게 되기 때문입니다. 믿음은 사람이 믿을지, 믿지 않을지를 결정하지 않은 중립의 상태에서 자유의지로 선택하여 결정하는 것이 아닙니다. 본래 부패성을 지닌 자연인은 믿음의 대상인 그리스도와 그분의 의를 스스로 받아들이고 의지할 수 없습니다. 믿음은 은혜로 주어지는 하나님의 선물입니다. 오늘 읽는 신앙고백서 14.1은 “믿음의 은혜로 인하여 믿을 수 있게 되어”라는 표현을 써서 선택받은 자들이 믿음의 은혜로 말미암아 믿을 수가 있게 된다고 진술합니다.

그리고 믿을 수 있게 하시는 분은 성령 하나님이시라고 이어서 진술합니다. 그리스도의 영 또는 아들의 영으로(롬 8:9; 갈 4:6) 일컬어지고 있는 성령 하나님께서 선택받은 자의 마음에 내적으로 그리고 인격적으로 역사할 때 믿음이 일어납니다. 이 사실은 4월 29일 소요리문답 30항의 “성령 하나님께서 우리 안에서 믿음을 일으키심으로써, 그리고 이것에 의하여 우리를 효과 있게 부르셔서 우리를 그리스도와 연합시키심으로써 그리스도께서 값 주고 사신 구속을 적용하십니다”라는 진술에서 학습한 내용입니다. 이것과 더불어 동일한 가르침을 대요리문답 59항을 함께 읽으면서 확인하였습니다.

성령 하나님께서 믿음을 마음 안에서 일어나도록 행사하실 때, 통상적으로 사용하시는 수단이 있습니다. 그것은 하나님의 말씀입니다. 성령 하나님께서는 말씀 사역을 외적 수단으로 사용하시어 믿음을 일으키십니다. 성경은 “그런즉 그들이 믿지 아니하는 이를 어찌 부르리요 듣지도 못한 이를 어찌 믿으리요 전파하는 자가 없이 어찌 들으리요”(롬 10:14)라는 말씀으로 믿음을 일으키는 외적 수단의 필요를 말씀합니다. 흥미로운 것은 이와 관련하여 루터파와 개혁파가 보이는 견해 차이입니다. 루터파는 말씀 자체에 믿음의 은혜를 일으키는 내적인 능력이 있다고 믿습니다. 성령 하나님께서는 늘 말씀을 통하여(per verbum) 효력 있는 은혜를 일으킵니다. 성령 하나님께서는 말씀과 늘 함께하십니다. 말씀 자체에 은혜를 주는 능력이 있다면 말씀을 듣는 모든 사람에게 믿음이 효과적으로 나타날 것을 기대할 것이지만 그렇지 않습니다. 믿음이 효과 있게 일어나려면 말씀을 듣는 자가 말씀의 능력에 대해 저항하지 않아야 합니다. 그러니까 선포된 말씀 안에 있는 능력에 대해 저항하지 않는 사람에게 말씀은 성령 하나님과 함께 믿음을 일으킵니다. 루터파의 이러한 주장은 사람이 말씀의 은혜에 저항할 수 있다고 생각하기 때문입니다. 반면에 개혁파는 말씀은 성령 하나님께서 믿음을 일으키는 수단으로 사용되는 것이며, 믿음의 효과가 일어나는 것은 성령 하나님의 사역에 달려 있다고 생각합니다. 성령 하나님께서 말씀 사역에 함께하시는 것은 전적으로 성령 하나님의 주권적인 뜻에 달려 있습니다. 그리고 성령 하나님께서 내적으로 말씀을 적용하실 때 말씀 사역은 믿음의 효과를 일으킵니다. 이러한 성령 하나님의 사역은 오직 선택하신 자들에게 적용되며, 그러할 때 그 효과는 반드시 이루어집니다. 성령 하나님께서 말씀이 선포될 때 이 말씀이 내적으로 적용되도록 하실 때 그 효과는 반드시 이루어집니다. 이때 듣는 사람이 성령 하나님의 내적 부르심에 저항할 수 없습니다. 성령 하나님의 내적 부르심은 불가항력적입니다.

요컨대 말씀 사역과 관련한 루터파와 개혁파의 차이를 요약하면 이러합니다. 말씀 자체에 은혜를 주시는 능력이 내재되어 있는가에 대하여 루터파는 그렇다고 여기고 개혁파는 그렇지 않다고 합니다. 또 루터파는 말씀과 항상 함께하는 성령 하나님의 사역이 가항력적이라고 생각하고, 개혁파는 성령 하나님께서 말씀을 자유롭게 주권적으로 사용하시며 그러할 때 성령 하나님의 내적 부르심은 불가항력적이라고 판단합니다. 오늘 읽은 신앙고백서의 "이 믿음의 은혜는 그리스도의 성령께서 이들 마음 안에서 행하시는 일이며"라는 표현은 개혁파의 견해를 잘 드러냅니다.

말씀 사역에 더하여 성령 하나님께서 사용하시는 다른 외적 수단이 있습니다. 그것은 성례와 기도입니다. 성례를 시행하고 기도하는 일은 믿음을 일으키는 일이 아니라 세워진 믿음이 증가하고 강화되게 합니다. 이 점이 성례와 기도가 믿음과 관련한 사역에 있어서 말씀과는 다른 점입니다. 이처럼 차이가 나는 근본적인 이유는 성례와 기도는 말씀 사역을 토대로 시행되는 것이기 때문입니다. 성례는 말씀으로 전달되는 믿음의 대상인 그리스도와 그의 의의 사역을 세례와 성찬이라는 표지로 가리킵니다. 곧 그리스도와 그분의 의가 실체이며 세례와 성찬은 표지입니다. 실체를 전달하고 이를 깨닫고 받아들이고 의지하는 믿음은 말씀 사역으로 이루어지며, 이렇게 말씀 사역으로 인하여 이루어지는 믿음의 눈으로 표지를 바라보면서 또한 실체를 바라봄으로 그 믿음이 증가하고 강화되는 것입니다. 기도도 그리스도의 이름으로 하나님께 올리는 것입니다. 따라서 기도란 말씀 사역에 의하여 그리스도를 받아들이고 의지하는 믿음이 있을 때 비로소 이루어집니다. 그리고 죄를 자백하고, 용서를 베풀어 주시는 하나님의 긍휼을 찬송하며 감사의 헌신을 드리는 기도의 내용은 오직 그리스도를 믿음으로 이루어지는 것입니다. 따라서 믿음은 그리스도와 그분의 완전한 의를 전하는 말씀 사역으로 일어나는 것이며, 성례와 기도는 이렇게 일어난 믿음이 증가하고 강화되는 수단인 것입니다. 물론 믿음을 일으키는 말씀 사역은 믿음이 증가하고 강화되는 일에도 당연히 적절하며 필수적입니다. 그리고 구원하는 믿음과 관련한 이 모든 은혜의 수단은 그 자체만으로 효과를 나타내는 것이 아니라, 성령 하나님께서 이것을 사용하시어 행하실 때 각각 효과와 유익이 실현됩니다.

적용 질문

1. 복음의 말씀을 듣고 그리스도와 그분의 의를 믿는 구원받는 믿음이

믿는 사람 자신에게서 비롯되는 것이 아니라 성령 하나님의 주권적인 내적 부르심에 의한 것이라는 점에 동의하시나요? 과연 그렇다는 것을 여러분 자신이나 주변의 경험에 비추어 설명하실 수 있습니까?

2. 성령 하나님께서 믿음을 일으키실 때 사용하는 통상적인 수단은 하나님의 말씀의 사역입니다. 여러분의 믿음은 어떻게 시작되었습니까? 전에도 들었던 하나님의 말씀이 특별하게 마음에 들어와 믿음을 고백하게 된 경우가 있습니까?

3. 여러분은 하나님의 말씀을 가지고 성령 하나님께서 믿음을 여러분의 마음에 일으키실 때 이를 저항할 수 있다고 생각합니까? 하나님의 말씀을 들어도 믿지 않았던 경우들을 생각할 때 사람이 내적 부르심에 저항할 수 있는 것 아닐까요? 불가항력적 은총에 대한 여러분의 판단과 경험은 어떠합니까?

4. 성령 하나님께서 말씀 사역 외에 사용하시는 외적 수단은 무엇입니까? 이것은 믿음을 일으키는 것이 아니라 증가시키고 강화하는 효과를 준다는 설명이 납득되십니까? 이점과 관련하여 말씀 사역과 다른 외적 수단의 차이는 무엇이겠습니까?

5월
30일

구원하는 믿음의 성질과 반응

신앙고백서 14.2

신앙고백서
14.2

이 믿음에 의하여 그리스도인은 성경에서 말씀하시는 하나님 그분의 권위 때문에 성경 말씀에 계시된 것은 무엇이든지 다 참되다고 믿는다.[1] 그리고 말씀의 각 구절이 담고 있는 바에 따라 달리 반응하는데, 곧 명령에는 순종하고,[2] 경고에는 두려워 떨며,[3] 금생과 내생에 대한 하나님의 약속을 가슴에 품는다.[4] 그러나 구원하는 믿음의 주요 활동은 은혜언약에 힘입어 의롭다 하심, 거룩하게 하심 그리고 영원한 생명을 위하여 그리스도만을 인정하고 영접하며 의지하는 것이다.[5]

1) 요 4:42; 살전 2:13; 요일 5:10; 행 24:14.

신앙고백서
14.2

2) 롬 16:26.

3) 사 66:2.

4) 히 11:13; 딤전 4:8.

5) 요 1:12; 행 16:31; 갈 2:20; 행 15:11.

말씀 요절

요 4:42 "그 여자에게 말하되 이제 우리가 믿는 것은 네 말로 인함이 아니니 이는 우리가 친히 듣고 그가 참으로 세상의 구주신 줄 앎이라 하였더라"

행 24:14 "그러나 이것을 당신께 고백하리이다 나는 그들이 이단이라 하는 도를 따라 조상의 하나님을 섬기고 율법과 선지자들의 글에 기록된 것을 다 믿으며"

롬 16:26 "이제는 나타내신 바 되었으며 영원하신 하나님의 명을 따라 선지자들의 글로 말미암아 모든 민족이 믿어 순종하게 하시려고 알게 하신 바 그 신비의 계시를 따라 된 것이니 이 복음으로 너희를 능히 견고하게 하실"

사 66:2 "나 여호와가 말하노라 내 손이 이 모든 것을 지었으므로 그들이 생겼느니라 무릇 마음이 가난하고 심령에 통회하며 내 말을 듣고 떠는 자 그 사람은 내가 돌보려니와"

히 11:13 "이 사람들은 다 믿음을 따라 죽었으며 약속을 받지 못하였으되 그것들을 멀리서 보고 환영하며 또 땅에서는 외국인과 나그네임을 증언하였으니"

갈 2:20 "내가 그리스도와 함께 십자가에 못 박혔나니 그런즉 이제는 내가 사는 것이 아니요 오직 내 안에 그리스도께서 사시는 것이라 이제 내가 육체 가운데 사는 것은 나를 사랑하사 나를 위하여 자기 자신을 버리신 하나님의 아들을 믿는 믿음 안에서 사는 것이라"

교리 해설

5월 28일에 소요리문답 86항을 읽으면서 예수 그리스도에 대한 믿음은 하나님께서 베푸시는 구원의 은혜임을 학습했습니다. 그리고 이 믿음은 복음을 듣고 구원을 얻기 위해 오직 그리스도만을 받아들이고 의지하는 것임을 살펴보았습니다. 오늘은 신앙고백서를 14.2를 읽으면서 믿음의 성질이 어떠한지를 살피고 말씀이 교훈하는 바에 대하여 믿음을 가진 자가 보이는 반응에 대해 공부합니다.

구원받는 참믿음을 가진 자는 무엇보다도 믿음을 일으키기 위하여 성령 하나님께서 사용하시는 말씀에 대한 깊은 신뢰를 갖습니다. 곧 하나님의 말씀이 계시하고 있는 바가 다 참되다고 받아들입니다. 그러한 믿음의 근거는 교회의 증언이나 사람들의 논증이나 추론에 있지 않고 성경 말씀의 저자이신 하나님의 권위에 있습니다. 성경에 이른 바처럼, "모든 성경은 하나님의 감동으로 된 것"(딤후 3:16)입니다. 그러하기에 "이러므로 우리가 하나님께 끊임없이 감사함은 너희가 우리에게 들은 바 하나님의 말씀을 받을 때에 사람의 말로 받지 아니하고 하나님의 말씀으로 받음이니 진실로 그러하도다 이 말씀이 또한 너희 믿는 자 가운데에서 역사하느니라"(살전 2:13)라는 말씀에서 보듯이 참믿음을 가진 신자는 하나님의 말씀을 받을 때 사람의 말이 아니라 하나님의 말씀으로 받으며 그 말씀이 계시하는 바는 다 참되다고 믿습니다. 이러한 믿음을 아브라함에게서 바로 볼 수 있습니다. "아브라함은 백세나 되어 자기 몸이 죽은 것 같고 사라의 태가 죽은 것 같음을 알고도 … 믿음이 없어 하나님의 약속을 의심하지 않고 믿음으로 견고하여져서 하나님께 영광을 돌리며 약속하신 그것을 또한 능히 이루실 줄을 확신하였으니"(롬 4:19-21). 아브라함은 그에게 주신 하나님의 말씀을 의심하지 않고 참되게 믿었습니다. 이것을 하나님께서 의로 여기셨습니다(롬 4:22). 곧 구원받는 믿음임을 확증하셨습니다.

하나님 말씀의 신적 권위에 근거하여 성경에 계시된 말씀이 참되다고 믿는 신자는 "명령에는 순종하고, 경고에는 두려워 떨며, 금생과 내생에 대한 하나님의 약속을 가슴에" 품습니다. 믿음이란 단지 말씀에 대한 단순한 지식이 아닙니다. 믿음은 말씀이 담고 있는 여러 다른 내용에 합당한 반응을 나타냅니다. 말씀이 명령을 제시하면 순종하고, 경고를 보여주면 자신이 경고에 어긋나지 않았는지를 살피며 두려워 떱니다. 이는 성경에 "나 여호와가 말하노라 내 손이 이 모든 것을 지었으므로 그들이 생겼느니라 무릇 마음이 가난하고 심령에 통회하며 내 말을 듣고 떠는 자 그 사람은 내가 돌보려니와"(사 66:2)라고 하신 말씀에서 보는 바와 같습니다. 구체적으로 노아는 "아직 보이지 않는 일에 경고하심을 받아 경외함으로 방주를 준비하여 그 집을 구원하였으니 이로 말미암아 세상을 정죄하고 믿음을 따르는 의의 상속자"(히 11:7)가 되었습니다. 성경은 노아가 경고에 대한 경외심의 순종을 다름 아닌 "믿음으로" 행하였다고 말씀합니다(히 11:7). 요시야의 경우를 봅니다. 요시야는 성전에서 발견한 율법책의 말을 듣고 곧 그의 옷을 찢었습니다(왕하 22:11). 이러한 요시야에 대하여 하나님께서는 "네가 듣고 마음이 부드러워져서 여호와 앞 곧 내 앞에서 겸비하여 옷을 찢고 통곡하였으므로"(왕하 22:19)라고 말씀하셨습니다. 참믿음의 성도는 하나님의 경고에 가난한 마음과 통회하는 심령을 가지고 깊은 경외심으로 하나님께 나아갑니다.

그리고 가장 중요하게는 금생과 내생에 대한 하나님의 약속을 가슴에 품는 것입니다. 이것은 신자의 전 신앙 여정의 성격을 규정하며 이끌어가는 힘입니다. 이를테면 히브리서 11장에 나오는 모든 믿음의 사람들은 공통적으로 복음의 약속을 의지하고 확신하면서 믿음을 따라 살다가 믿음을 따라 죽는 신앙의 여정을 걸었습니다. "이 사람들은 다 믿음을 따라 죽었으며 약속을 받지 못하였으되 그것들을 멀리서 보고 환영하며 또 땅에서는 외국인과 나그네임을 증언하였으니"(히 11:13).

이러한 여러 반응을 보이는 믿음은 구원받기에 합당한 활동으로 오직 그리스도만을 인정하고 영접하며 의지합니다. 그리하여 은혜언약에서 약속되고 있는 의롭다 하심, 거룩하게 하심, 그리고 영원한 생명을 받아 누리게 됩니다.

적용 질문

1. 여러분은 그리스도인들에게서 하나님의 말씀이 계시하는 모든 것이 참되다고 믿지 않는 사람을 본 적이 있습니까? 성경에서 자신이 참이라고 생각하는 것만을 믿는 사람의 신앙은 구원하는 믿음의 성질에 합당하겠습니까?

2. 성경에 계시된 모든 말씀이 참되다는 믿음의 근거는 무엇이어야 합니까? 교회의 증언이나 사람의 논증이 충분한 근거가 되겠습니까? 하나님의 말씀에 대한 참믿음의 증거를 아브라함은 어떻게 보이고 있습니까?

3. 하나님의 말씀이 제시하는 명령에는 순종하고, 경고에 대해서는 두려워 떠는 믿음에 대해서 성경 인물의 예를 들어 설명하시기 바랍니다. 여러분의 신앙생활에서 이러한 적용이 어떻게 나타납니까?

4. 구원받는 참믿음을 지닌 사람은 모두 믿음을 따라 살다가 믿음을 따라 죽었습니다. 이들이 이러한 믿음의 여정을 걸을 수 있었던 이유는 무엇이겠습니까? 이 질문에 대한 답변에 비추어 여러분의 신앙을 어떻게 표현하시겠습니까?

5월

31일

구원하는 믿음의 정도

신앙고백서 14.3

신앙고백서
14.3

이 믿음은 정도에 차이가 있어 약하거나 강하다.[1] 그렇기에 종종 여러 방식으로 공격당하고 약화될 수도 있지만 그럼에도 마침내 승리한다.[2] 믿음의 창시자이며 완성자이신 그리스도[3]로 말미암아 충만한 확신에 이르기까지 여러 면에서 자라난다.[4]

1) 히 5:13~14; 롬 4:19~20; 마 6:30; 8:10.

2) 눅 22:31~32; 엡 6:16; 요일 5:4~5.

3) 히 12:2.

4) 히 6:11~12; 10:22; 골 2:2.

말씀 요절

히 5:13-14 “이는 젖을 먹는 자마다 어린 아이니 의의 말씀을 경험하지 못한 자요 단단한 음식은 장성한 자의 것이니 그들은 지각을 사용함으로 연단을 받아 선악을 분별하는 자들이니라”

요일 5:4-5 “무릇 하나님께로부터 난 자마다 세상을 이기느니라 세상을 이기는 승리는 이것이니 우리의 믿음이니라 예수께서 하나님의 아들이심을 믿는 자가 아니면 세상을 이기는 자가 누구냐”

히 12:2 “믿음의 주요 또 온전하게 하시는 이인 예수를 바라보자 그는 그 앞에 있는 기쁨을 위하여 십자가를 참으사 부끄러움을 개의치 아니하시더니 하나님 보좌 우편에 앉으셨느니라”

히 6:11-12 “우리가 간절히 원하는 것은 너희 각 사람이 동일한 부지런함을 나타내어 끝까지 소망의 풍성함에 이르러 게으르지 아니하고 믿음과 오래 참음으로 말미암아 약속들을 기업으로 받는 자들을 본받는 자 되게 하려는 것이니라”

골 2:2 “이는 그들로 마음에 위안을 받고 사랑 안에서 연합하여 확실한 이해의 모든 풍성함과 하나님의 비밀인 그리스도를 깨닫게 하려 함이니”

교리 해설

오늘 읽는 신앙고백서는 구원하는 믿음이 정도에 차이가 있어 강하기도

하고 약하기도 하다고 교훈합니다. 어제 살핀 바와 같이 아브라함의 믿음은 확실히 견고합니다. 그는 "백세나 되어 자기 몸이 죽은 것 같고 사라의 태가 죽은 것 같음을 알고도 … 믿음이 없어 하나님의 약속을 의심하지 않고 믿음으로 견고하여져서 하나님께 영광을" 돌리었습니다(롬 4:19-20). 또한 예수님께서 이만한 믿음을 가진 사람을 본 적이 없다고 칭찬하신 가버나움의 백부장을 생각해 보겠습니다. 예수님께서는 말씀만으로도 자신의 하인이 낫겠다고 하는 백부장의 말을 들으시고 이르시기를, "내가 진실로 너희에게 이르노니 이스라엘 중 아무에게서도 이만한 믿음을 보지 못하였노라"(마 8:10)라고 하셨습니다. 하지만 모든 사람이 다 이렇게 강한 믿음을 가진 것은 아닙니다. 이를테면 배가 물결에 덮이게 되었을 때 배에서 주무시는 예수님을 깨우며 죽게 되었다고 구원을 요청한 제자들에게 예수님께서는 "어찌하여 무서워하느냐 믿음이 작은 자들아"라고 말씀하셨습니다. 예수님 손의 못 자국에 자기 손가락을 넣고, 옆구리에 자기 손을 넣어 보지 않고는 믿지 아니하겠다고 한 도마의 경우도 약한 믿음의 예가 될 것입니다.

약한 믿음이나 강한 믿음이나 모두 구원하는 믿음입니다. 구원하는 믿음이 여러 방식으로 공격당하게 되면 약화될 수 있습니다. 그럼에도 마침내 승리합니다. 무릇 하나님께로부터 난 자마다 세상을 이기기 때문입니다(요일 5:4). 이를테면 보디발의 아내의 유혹을 이겨낸 요셉의 경우(창 39장), 불타는 풀무 불에 던져질 위협 속에서도 하나님 외에 어떤 신에게도 절하지 않겠다고 왕의 명령에 불순종한 다니엘의 세 친구의 경우(단 3장), 또 왕 외에 다른 신이나 사람에게 기도하면 사자 굴에 던져진다는 조서에도 불구하고 예루살렘을 향해 하루 세 번씩 하나님께 기도한 다니엘의 경우(단 6장)를 생각해 볼 수 있습니다.

믿음은 멈추어 있는 정적인 것이 아닙니다. 참믿음을 가진 신자라도 그 믿음의 충만한 확신에 이르지 못할 수가 있으며, 여러 면에서 성장이 필요합니다. 하지만 참믿음은 약해질 수 있지만 결코 사멸되지 않습니다. 대표적인 인물이 베드로일 것입니다. 베드로는 세 번이나 주님을 부인하였습니다. 그러나 예수님께서는 베드로를 미리 보시고 "시몬아, 시몬아, 보라 사탄이 너희를 밀 까부르듯 하려고 요구하였으나 그러나 내가 너를 위하여 네 믿음이 떨어지지 않기를 기도하였노니 너는 돌이킨 후에 네 형제를 굳게 하라"라고 하셨습니다(눅 22:31-32). 예수님의 말씀은 베드로가 연약하여 넘어질 것이지만 돌이킬 것이고 그 후에는 형제들을 굳게 하는 사역을 맡을 정도로 믿음이 성장할 것임을 보여줍니다.

믿음에는 정도의 차이가 있다는 오늘의 교훈은 우리가 더욱 믿음의 진보를 위하여 성령 하나님의 도우심을 구하며 경건의 노력을 다하여야 할 것을 권면합니다. "우리가 마음에 뿌림을 받아 악한 양심으로부터 벗어나고 몸은 맑은 물로 씻음을 받았으니 참 마음과 온전한 믿음으로 하나님께 나아가자"(히 10:22).

적용 질문

1. 구원받는 믿음임에도 그 믿음에 정도의 차이가 있다는 것은 무엇을 뜻합니까? 그것은 구원을 받을 만한 수준에 이른 믿음인가 그렇지 못한 믿음인가의 차이와 어떻게 다릅니까?

2. 믿음이 견고한 사례와 연약한 사례를 성경에서 살펴 제시해 보시기 바랍니다. 여러분은 주변에서 믿음이 연약하였으나 실족하지 않고 도리어 견고하여진 경우를 보신 적이 있습니까? 어떠한 사례인지 설명해주시기 바랍니다.

3. 믿음의 정도에 차이가 있다는 것은 신자에게 어떠한 교훈을 줍니까? 구원받은 믿음이라도 약해질 수 있다면 신자는 어떻게 하여야 하겠습니까? 믿음이 약해지지도 않고 강해지지도 않고 정체해 있다는 것이 실제로 가능하겠습니까?

4. 여러분의 믿음은 약해지고 있습니까? 아니면 성장하고 있습니까? 어차피 구원받은 믿음인데 믿음의 성장을 위하여 노력할 필요가 있겠습니까?

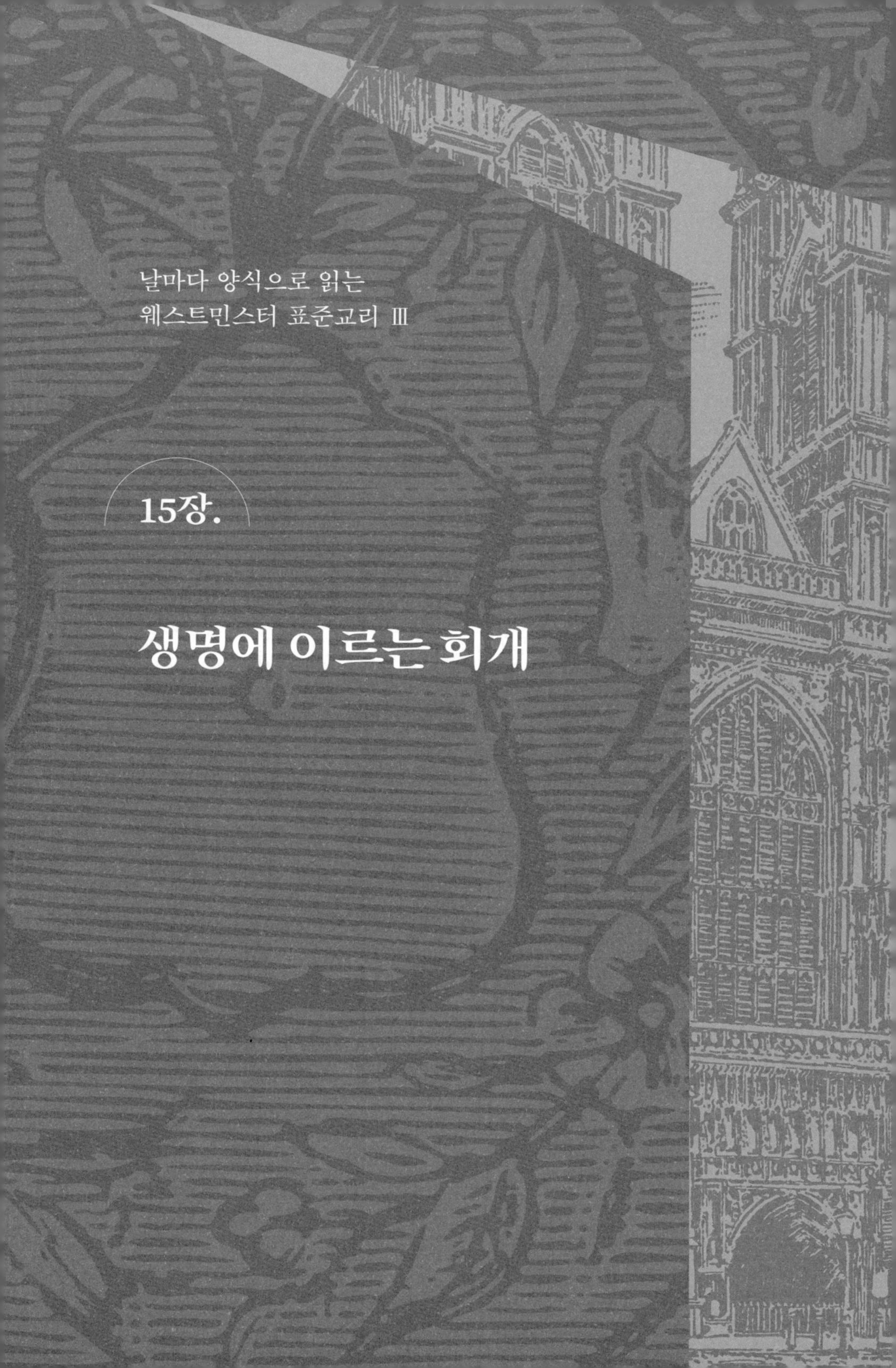

날마다 양식으로 읽는
웨스트민스터 표준교리 Ⅲ

15장.

생명에 이르는 회개

6월

1일

생명에 이르는 회개의 의미

소요리문답 87

대요리문답 76

신앙고백서 15.2

소요리문답 87:

문87. 생명에 이르는 회개는 무엇입니까?

답. 생명에 이르는 회개는 구원의 은혜입니다.[1] 이로 말미암아 죄인은 자기 죄에 대해 참으로 자각하고,[2] 그리스도 안에서 베푸시는 하나님의 긍휼을 깨닫습니다.[3] 따라서 자신의 죄를 몹시 슬퍼하고 미워하며, 모든 죄에서 하나님께로 돌이켜[4] 새롭게 순종하기로 의도하고 애씁니다.[5]

1) 행 11:18 2) 행 2:37~38.

3) 욜 2:12; 렘 3:22. 4) 렘 31:18~19; 겔 36:31.

5) 고후 7:11; 사 1:16~17.

대요리문답 76:

문76. 생명에 이르는 회개는 무엇입니까?

답. 생명에 이르는 회개는 성령 하나님과[1] 말씀이[2] 죄인의 마음속에 일으키신 구원의 은혜입니다.[3] 이로써 죄인은 자신의 죄가 위험할 뿐만 아니라,[4] 더럽고 혐오스럽다는 것을 보고 자각하며,[5] 또한 참회하는 자에게 그리스도 안에서 베푸시는 하나님의 긍휼을 깨닫습니다.[6] 따라서 자신의 죄를 몹시 슬퍼하며[7] 미워하고,[8] 모든 죄에서 하나님께로 돌이켜[9] 새로운 순종의 모든 길에 끊임없이 하나님과 동행하기로 의도하고 애씁니다.[10]

1) 슥 12:10.

2) 행 11:18, 20~21.

3) 딤후 2:25.

4) 겔 18:28, 30, 32: 눅 15:17~18; 호 2:6~7.

5) 겔 36:31; 사 30:22.

6) 욜 2:12~13.

7) 렘 31:18~19.

8) 고후 7:11.

9) 행 26:18; 겔 14:6; 왕상 8:47~48.

10) 시 119:6, 58, 128; 눅 1:6; 왕하 23:25.

신앙고백서 15.2

회개를 통해 죄인은 자신의 죄가 하나님의 거룩한 본성과 의로운 율법에 반대되는 것으로 위험할 뿐만 아

신앙고백서 15.2

니라 더럽고 혐오스럽다는 것을 보고 자각함으로써, 그리고 참회하는 자들을 향한 그리스도 안에 있는 하나님의 긍휼을 깨달음으로써, 자신의 죄를 몹시 슬퍼하며 미워하고 모든 죄에서 하나님께로 돌이켜[1] 그분의 모든 계명의 길에 그분과 동행하기를 의도하고 애쓴다.[2]

1) 겔 36:31; 사 30:22; 시 51:4; 렘 31:18~19; 욜 2:12~13; 암 5:15; 시 119:128; 고후 7:11.

2) 시 119:6, 59, 106; 눅 1:6; 왕하 23:25.

말씀 요절

딤후 2:25 "거역하는 자를 온유함으로 훈계할지니 혹 하나님이 그들에게 회개함을 주사 진리를 알게 하실까 하며"

겔 36:31 "그 때에 너희가 너희 악한 길과 너희 좋지 못한 행위를 기억하고 너희 모든 죄악과 가증한 일로 말미암아 스스로 밉게 보리라"

욜 2:12-13 "여호와의 말씀에 너희는 이제라도 금식하고 울며 애통하고 마음을 다하여 내게로 돌아오라 하셨나니 너희는 옷을 찢지 말고 마음을 찢고 너희 하나님 여호와께로 돌아올지어다 그는 은혜로우시며 자비로우시며 노하기를 더디하시며 인애가 크시사 뜻을 돌이켜 재앙을 내리지 아니하시나니"

렘 31:18-19 “에브라임이 스스로 탄식함을 내가 분명히 들었노니 주께서 나를 징벌하시매 멍에에 익숙하지 못한 송아지 같은 내가 징벌을 받았나이다 주는 나의 하나님 여호와이시니 나를 이끌어 돌이키소서 그리하시면 내가 돌아오겠나이다 내가 돌이킨 후에 뉘우쳤고 내가 교훈을 받은 후에 내 볼기를 쳤사오니 이는 어렸을 때의 치욕을 지므로 부끄럽고 욕됨이니이다 하도다”

시 119:128 “그러므로 내가 범사에 모든 주의 법도들을 바르게 여기고 모든 거짓 행위를 미워하나이다”

왕하 23:25 “요시야와 같이 마음을 다하며 뜻을 다하며 힘을 다하여 모세의 모든 율법을 따라 여호와께로 돌이킨 왕은 요시야 전에도 없었고 후에도 그와 같은 자가 없었더라”

교리 해설

지금까지 의롭다 하심, 양자 삼으심, 거룩하게 하심, 그리고 그리스도를 믿는 믿음을 주심이 하나님께서 값없이 베푸시는 구원의 은혜들임을 살폈습니다. 오늘 읽는 교리에서는 하나님께서 구원을 위하여 베푸시는 은혜를 이전에 배운 것에 더하여 새롭게 배웁니다. 그것은 생명에 이르는 회개입니다. 이것 또한 구원의 은혜입니다. 사람이 스스로 뉘우쳐 회개하는 것 같으나 그렇지 않고 하나님께서 베푸시는 은혜로 회개합니다. 이 까닭은 회개란 단지 자책하는 것과 다르기 때문입니다. 이를테면 예수님을 판 가룟 유다는 예수님께서 정죄됨을 보고 “스스로 뉘우쳐” 대제사장에게 받은 은 삼십을 도로 갖다 주고, “내가 무죄한 피를 팔고 죄를 범하였도다"(마 27:3-4)라고 말하였습니다. 이것은 생명에 이르는 회개가 아닙니다. 유다는 뉘우쳤고 슬픔을 표했고 죄를 고백하였으며 돈을 돌려주었습니다. 이것은 참으로 회개하는 자에게서도 볼 수 있는 것입니다. 그러나 유다의 자책이 생명의 회개가 아닌 결정적인 이유는 하나님의 긍휼 앞에 나가서 하나님의 용서를 구하지 않는 데에 있습니다. 스스로 목숨을 끊음으로써 자신을 정죄하고 심판하는 데에서 모든 것을 끝냈습니다. 베드로는 달랐습니다. 그는 예수님을 부인한 죄로 인하여 심히 통곡하였고(눅 22:61-62) 이것은 구원으로 인도하는 회개였습니다(고후 7:10). 예수님의 긍휼을 의지하는 믿음으로 용서받고 주님께서 맡기신 목양의 일에 헌신하도록 부르심의 은혜를 새롭게 받았습니다(요 21:15-17).

오늘 읽는 표준문서들은 생명에 이르는 회개란 어떠한 것인지를 몇 가지 특징을 들어 제시합니다. 하나는 "자신의 죄가 위험할 뿐만 아니라, 더럽고 혐오스럽다는 것을 보고 자각하며"(대요리문답 76)라는 진술에서 보듯이 죄의 위험성과 더럽고 혐오스러움에 대한 자각입니다. 이러한 자각은 마음을 찢고 울며 애통하는 모습으로 나타납니다. 하나님께서는 이스라엘이 회복될 때 그들이 하나님께 받은 형벌 때문이 아니라 그들이 범한 죄의 혐오스러움을 부끄러워할 것이라고 말씀하셨습니다. 곧 "그 때에 너희가 너희 악한 길과 너희 좋지 못한 행위를 기억하고 너희 모든 죄악과 가증한 일로 말미암아 스스로 밉게 보리라"(겔 36:31)라는 말씀이 이를 보여줍니다. 죄의 가증함을 선명하게 보여주는 사례를 선지자 이사야에게서 볼 수 있습니다. "그 때에 내가 말하되 화로다 나여 망하게 되었도다 나는 입술이 부정한 사람이요 나는 입술이 부정한 백성 중에 거주하면서 만군의 여호와이신 왕을 뵈었음이로다 하였더라"(사 6:5).

다른 하나는 하나님의 긍휼에 대한 깨달음입니다. 생명에 이르는 회개를 하는 자는 참회함과 동시에 그리스도만을 의지하며 하나님의 긍휼을 바라며 나갑니다. 하나님의 긍휼을 의지하지 않는다면 그 사람의 회개는 죄로 인한 형벌에 대한 두려움으로 하는 행위에 그치고 맙니다. 애초부터 회개란 하나님께서 자신의 긍휼 안에서 주시는 것입니다. "거역하는 자를 온유함으로 훈계할지니 혹 하나님이 그들에게 회개함을 주사 진리를 알게 하실까 하며"(딤후 2:25)라는 말씀이나 "혹 네가 하나님의 인자하심이 너를 인도하여 회개하게 하심을 알지 못하여 그의 인자하심과 용납하심과 길이 참으심이 풍성함을 멸시하느냐"(롬 2:4)라는 말씀은 회개가 하나님의 긍휼을 토대로 한다는 점을 보여줍니다. 탕자가 아버지 앞에 나아와 엎드리며 회개하였을 때, 그의 회개는 아버지의 긍휼을 그 크기와 깊이만큼 알지 못하였을 것입니다. 왜냐하면 탕자는 "아버지 내가 하늘과 아버지께 죄를 지었사오니 지금부터는 아버지의 아들이라 일컬음을 감당하지 못하겠나이다"(눅 15:21)라는 말로 회개를 표현하고 있기 때문입니다. 그의 회개는 죄를 지었다는 행위로 인하여 아버지의 아들이라는 신분을 인정받을 자격이 없다는 의미를 담고 있습니다. 그러나 아버지는 탕자를 크게 영접하며 그의 아들 신분을 흔들림 없이 오히려 확인하여 줍니다. 아버지는 이렇게 말합니다. "이 내 아들은 죽었다가 다시 살아났으며 내가 잃었다가 다시 얻었노라"(눅 15:24). 이 일 후에 탕자는 아버지의 용서하시는 긍휼에 넘치는 사랑 앞에서 참 회개로 들어갔을 것은 자명합니다. 예수님께서 가르치시는 탕자의 비유는 아버지의 사랑을 받은 은혜로 인하여 일어나는 회개를 가르쳐 줍니다.

하나님의 긍휼을 그리스도 안에서 깨달은 사람은 이제 자신의 죄를 슬퍼하고 미워하는 것에 그치지 않습니다. 모든 죄에서 하나님께로 돌이켜 순종의 길을 이전과 달리 새롭게 하여 계명의 모든 길에서 하나님과 동행하기를 의도하고 애를 씁니다. 이러한 원리를 따라 "또 내 영을 너희 속에 두어 너희로 내 율례를 행하게 하리니 너희가 내 규례를 지켜 행할지라"(겔 36:27)라고 말씀하십니다. 회개하는 자는 자신에게 임한 구원의 은혜로 이제 자신 안에 임하여 있는 영을 따라 하나님의 율례와 규례를 지켜 행하는 일을 감사함으로 행합니다. 하나님의 은혜의 복음을 들었으니 이제 너희 몸을 하나님께서 기뻐하시는 거룩한 산 제물로 드리라는 성경의 말씀은 이 원리를 그대로 적용하여 권면합니다. "그러므로 형제들아 내가 하나님의 모든 자비하심으로 너희를 권하노니 너희 몸을 하나님이 기뻐하시는 거룩한 산 제물로 드리라 이는 너희가 드릴 영적 예배니라"(롬 12:1). 자신의 몸을 제물로 내어드리는 회개, 곧 회개의 순종은 하나님의 자비로움을 얻기 위한 것이 아닙니다. 회개의 순종은 오히려 하나님의 자비로움 때문에 이루어집니다.

적용 질문

1. 사람이 자신의 잘못을 뉘우치는 회개가 하나님께서 주시는 은혜이겠습니까? 스스로 자신의 잘못을 크게 슬퍼하고 양심의 고통을 강하게 느끼는 사람의 뉘우침이 생명에 이르는 구원의 회개가 아닐 수 있다면 무엇이 부족하기 때문입니까?

2. 생명에 이르는 회개가 나타내는 영적 특징들은 어떠한 것들입니까?

3. 어떤 사람이 스스로 행한 잘못이나 죄로 인하여 수치스러워하고 괴로워하지만 끝내 절망 가운데서 일어나지 못하는 경우에 여러분은 그 사람에게 뭐라고 무엇을 주겠습니까?

4. 생명에 이르는 회개를 보여주는 사례를 성경에서 찾아보시기 바랍니다. 또한 여러분은 이러한 회개를 행하셨다고 생각합니까? 주변에서 이러한 회개에 이른 사람을 보았습니까? 어떤 모습을 보고 참 회개에 이른 자라고 판단하십니까?

6월
2일

생명에 이르는 회개와 설교

신앙고백서 15.1

신앙고백서 15.1

생명에 이르는 회개는 복음의 은혜이다.[1] 모든 복음 사역자는 그리스도를 믿는 믿음의 교리뿐만 아니라 회개의 교리도 설교해야 한다.[2]

1) 슥 12:10; 행 11:18.

2) 눅 24:47; 막 1:15; 행 20:21.

말씀 요절

슥 12:10 "내가 다윗의 집과 예루살렘 주민에게 은총과 간구하는 심령을 부어 주리니 그들이 그 찌른 바 그를 바라보고 그를 위하여 애통하기를 독자를 위하여 애통하듯 하며 그를 위하여 통곡하기를 장자를 위하여 통곡하듯 하리로다"

행 11:18 "그들이 이 말을 듣고 잠잠하여 하나님께 영광을 돌려 이르되 그러면 하나님께서 이방인에게도 생명 얻는 회개를 주셨도다 하니라"

눅 24:47 "또 그의 이름으로 죄 사함을 받게 하는 회개가 예루살렘에서 시작하여 모든 족속에게 전파될 것이 기록되었으니"

행 20:21 "유대인과 헬라인들에게 하나님께 대한 회개와 우리 주 예수 그리스도께 대한 믿음을 증언한 것이라"

교리 해설

오늘 읽는 교리는 짧은 두 문장으로 구성되어 있습니다. 하나는 생명에 이르는 회개가 복음의 은혜라는 진술입니다. 이것은 어제 학습한 표준 문서들을 통하여 살펴보았습니다. 오늘은 회개가 복음의 은혜라면 이것은 마땅히 설교되어야 한다는 사실을 다루겠습니다.

목사는 하나님의 은혜인 그리스도의 복음을 설교해야 합니다. 복음을 전한다는 것은 단지 그리스도를 믿음으로 의롭다 함을 받는 은혜만을 전하는 것이 아닙니다. 왜냐하면 하나님께서 선택받은 자들을 구원하시기 위하여 베푸시는 값없는 은혜는 의롭다 하심만이 아니라 양자 삼으심, 거룩하게 하심, 그리스도를 믿는 믿음을 일으키심, 그리고 생명에 이르는 회개를 하게 하심으로 이어지는 일련의 일들을 모두 포함하기 때문입니다. 하나님의 은혜가 이방인에게도 미치어 생명 얻는 회개가 이들에게 나타났다는 사실은(행 11:18) 생명 얻는 회개를 선포해야 할 이유를 보여줍니다.

교회는 생명에 이르는 회개를 처음 복음을 듣는 자에게만 전하는 것이 아닙니다. 회개는 처음 믿을 때 하나님께로 돌이키는 회심의 모습에서 볼 수 있게 나타납니다. 이렇게 시작되는 회개는 또한 하나님의 긍휼에 따른 그리스도의 사랑 안에서 거룩하게 하시는 과정을 따라 계속됩니다. 그러하기에 그리스도의 복음을 따라 살아가며 구원의 복을 누리는 모든 성도에게 회개를 가르치고 실천을 명하는 것은 꼭 필요한 일입니다. 회개는 아직 믿지 않은 자에게뿐만 아니라 이미 믿어 구원의 신앙 가운데 있는 성도에게도 여전히 선포하여야 하는 것입니다. 모든 설교는 그리스도를 말하며 그리스도의 은혜 안에 있는 하나님의 자비하심으로 죄에서 하나님에게로 돌이켜 그분의 계명을 순종하며 하나님과 동행하기를 가르쳐야 합니다.

과연 성경은 종종 믿음과 회개를 병행하여 말씀하고 있음도 회개를 설교해야 할 이유를 제시합니다. “이르시되 때가 찼고 하나님의 나라가 가까이 왔으니 회개하고 복음을 믿으라 하시더라”(막 1:15)라는 말씀, 또 “유대인과 헬라인들에게 하나님께 대한 회개와 우리 주 예수 그리스도께 대한 믿음을 증언한 것이라”(행 20:21)라는 말씀이 이 사실을 교훈합니다.

목사가 그리스도를 믿는 믿음의 교리만을 말하지 않고 회개의 교리도 설교해야 하는 이유에는 목회 상황적 고려가 반영됩니다. 의롭다 하심이 믿음으로만 주어지는 것임을 설교하는 것은 아무리 강조해도 지나치지 않습니다. 그러나 오늘 학습하는 교리가 가르치는 바대로 생명에 이르는 회개 또한 설교하지 않으면, 값싼 복음이라고 흔히 일컫는 방종한 신앙생활이 야기될 수 있습니다. 죄를 더럽고 혐오스럽게 여기어 죄에서 돌이키는 일을 소홀히 하면서 하나님 앞에 태연히 나가는 일이 있게 됩니다. 마치 죄를 짓는 일을 계속하면서도 그리스도를 믿음으로 구원에 이를 것처럼 여기는 왜곡된 정서를 문제 삼지 않게 됩니다. 믿음으로 의롭다 하심의 은혜를 얻게 된다는 교훈은 죄를 지어도 괜찮다는 허가를 내어주는 것이 아니라 죄로부터 끌어내어 구원에 이르게 하는 것입니다. 5월 25일에 대요리문답 77항을 읽으면서 이신칭의의 은혜는 성화의 은혜와 분리되지 않으면서도 구별되는 것임을 배웠습니다. 회개를 설교하지 않는 경우 이러한 이해의 균형은 깨지게 됩니다.

또한 교회 안에 구원에 대한 거짓된 확신이 만연해질 위험성이 나타납니다. 그리스도를 믿는다고 하면서 회개하지 않는 자는 의롭다 하심을 받는 믿음을 단지 지적으로 동의하는 것만으로 여기는 잘못을 범하는 것입니다. 왜냐하면 구원받는 믿음은 단순한 지적 동의만이 아니며, 감정적 수용만도 아닙니다. 구원받는 믿음은 두 가지 요소를 포함하면서 반드시 그리스도의 복음에 대한 신뢰를 포함합니다. 신뢰는 마음 깊은 곳에서부터 하나님께로 돌이키는 것에서 나타납니다. 이것은 바로 회개의 한 측면을 반영합니다. 이러한 점이 바르게 가르쳐지지 않으면 교회는 회심하지 않은 명목상의 그리스도인으로 상당 부분 채워질 수가 있음에 유의해야 합니다.

오늘 학습한 신앙고백서 15.1은 목사에게 "그리스도를 믿는 믿음의 교리뿐만 아니라 회개의 교리도 설교해야" 함을 선포하면서, 목사를 포함하는 모든 신자에게는 성경 말씀, "너희는 믿음 안에 있는가 너희 자신을 시험하고 너희 자신을 확증하라 예수 그리스도께서 너희 안에 계신 줄을 너희가 스스로 알지 못하느냐 그렇지 않으면 너희는 버림 받은 자니라"(고후 13:5)라는 실천적 교훈을 적용점으로 제시합니다.

적용 질문

1. 교회가 그리스도를 믿는 은혜의 복음을 전해야 한다고 할 때, 그것이 회개의 설교를 배척하지 않아야 하며 도리어 강조해야 한다는 사실에 동의하십니까? 회개의 교리가 설교되지 않을 때 나타나는 목회적 문제점은 무엇입니까?

2. 하나님의 교훈에 불순종하며 영적으로 방종한 생활을 계속 하면서도 믿음으로 의롭다 하심을 받았다고 거짓된 확신에 갇히는 일이 없도록 회개의 필요가 설교되어야 한다고 강조할 때, 역으로 일종의 공로주의나 율법주의의 멍에가 신자에게 내려질 위험은 없겠습니까?

3. 회개가 믿음과 함께 선포되어야 함을 보여주는 성경의 사례를 제시해보기 바랍니다. 회개는 구원의 믿음이 성숙된 신자에게 요구될 뿐이며 처음 믿는 신자에게는 단지 믿음으로 값없이 주시는 구원을 선포해야만 한다는 주장에 대해 여러분은 어떻게 판단하십니까?

4. 인정될만한 합당한 수준의 회개의 열매가 나타나지 않으면 구원받지 못한 것이라는 주장에 대한 여러분의 판단은 어떠합니까? 회개의 열매의 수준은 누가 어떻게 정할 수 있습니까?

6월
3일

회개의 필요성

신앙고백서 15.3

신앙고백서
15.3

죄의 용서는 그리스도 안에 있는 하나님의 값없는 은혜의 행위이므로[1] 회개를 죄에 대한 속상이나 죄 용서의 원인으로 신뢰해서는 안 된다.[2] 그럼에도 회개는 모든 죄인에게 반드시 필요하므로 누구도 회개하지 않고는 용서를 기대할 수 없다.[3]

1) 호 14:2, 4; 롬 3:24; 엡 1:7.

2) 겔 36:31~32; 16:61~63.

3) 눅 13:3, 5; 행 17:30~31.

말씀 요절

호 14:2, 4 "너는 말씀을 가지고 여호와께로 돌아와서 아뢰기를 모든 불의를 제거하시고 선한 바를 받으소서 우리가 수송아지를 대신하여 입술의 열매를 주께 드리리이다 … 내가 그들의 반역을 고치고 기쁘게 그들을 사랑하리니 나의 진노가 그에게서 떠났음이니라"

겔 36:31-32 "그 때에 너희가 너희 악한 길과 너희 좋지 못한 행위를 기억하고 너희 모든 죄악과 가증한 일로 말미암아 스스로 밉게 보리라 주 여호와의 말씀이니라 내가 이렇게 행함은 너희를 위함이 아닌 줄을 너희가 알리라 이스라엘 족속아 너희 행위로 말미암아 부끄러워하고 한탄할지어다"

눅 13:3, 5 "너희에게 이르노니 아니라 너희도 만일 회개하지 아니하면 다 이와 같이 망하리라 … 너희에게 이르노니 아니라 너희도 만일 회개하지 아니하면 다 이와 같이 망하리라"

행 17:30-31 "알지 못하던 시대에는 하나님이 간과하셨거니와 이제는 어디든지 사람에게 다 명하사 회개하라 하셨으니 이는 정하신 사람으로 하여금 천하를 공의로 심판할 날을 작정하시고 이에 그를 죽은 자 가운데서 다시 살리신 것으로 모든 사람에게 믿을 만한 증거를 주셨음이니라 하니라"

교리 해설

회개는 성령 하나님과 말씀이 구원받는 사람의 마음에 일으키신 구원의 은혜입니다. 교회는 구원의 은혜를 전하는 일에 힘을 다해야 합니다. 따라서 교회는 생명에 이르는 회개의 교리를 의롭다 하심을 받는 믿음의 교리와 더불어 설교해야 합니다. 회개를 가리켜서 "생명에 이르는"이라고 표현하는 것은 회개가 없는 믿음의 고백은 실상 의롭다 하심을 받기에 합당한 믿음이 아니기 때문입니다. 회개가 믿음과 함께할 때 그 믿음은 의롭다 하심을 받는 올바른 수단이 됩니다.

동시에 유념할 것은 회개가 단 한 번의 돌이킴으로 완성되는 것이 아니라는 점입니다. 회개는 거룩하게 하심의 은혜에 따른 신앙과 마찬가지로 계속해서 진행됩니다. 이 사실은 5월 21일에 읽은 대요리문답 75항과 6월 1일에 읽은 대요리문답 76항을 비교하면 바로 알 수 있습니다. 거룩하게 하심에 대하여 교훈하는 75항은 "이들의 마음속에 거하는 생명에 이르는 회개의 씨들과 다른 모든 구원하는 은혜들로 말미암아, 그리고 이 은혜들이 일으켜지고, 증가되며, 강화됨으로써 이들은 점점 더 죄에 대하여 죽고 새 생명으로 살아갑니다"라고 진술합니다. 거룩하게 하시는 은혜가 신자에게 이루어지는 과정은 "마음속에 거하는 생명에 이르는 회개의 씨들"로 말미암아 점점 더 죄에 대하여 죽고 새 생명으로 살아가는 은혜가 증가되며 강화되는 성장으로 실현됩니다. 이것은 생명에 이르는 회개의 은혜가 바로 거룩하게 하시는 은혜를 실행하는 핵심적인 방식임을 가르칩니다. 과연 회개를 교훈하는 76항은 "따라서 자신의 죄를 몹시 슬퍼하며 미워하고, 모든 죄에서 하나님께로 돌이켜 새로운 순종의 모든 길에 끊임없이 하나님과 동행하기로 의도하고 애씁니다"라고 진술하고 있는데, 여기서 "순종"과 "하나님과 동행"은 "점점 더 죄에 대하여 죽고 새 생명으로 살아가는" 성화와 내용적으로 동일합니다. 이것은 회개가 거룩하게 하심의 은혜를 받은 신자의 생활을 구성하는 필수적인 부분임을 잘 드러냅니다. 의롭다 하심이 믿음으로 단 한 번에 받는 것이지만 그 믿음은 믿는 그때 한 번으로 그치는 것이 아니라 계속되는 것이듯이, 회개도 회심의 때에 한 번에 그치는 것이 아니라 거룩한 삶을 살아가는 은혜 가운데 있는 신자의 삶 속에 계속되며 또한 깊어지고 자라갑니다.

앞서 5월 21일에 거룩하게 하심(성화)의 의미에 대해 학습하면서 거룩하게 하시는 은혜로 인하여 이루어지는 신자의 거룩한 삶이 의롭다 하심을 받기 위한 근거를 세우는 공로가 아니라는 점을 살펴보았습니다. 성화가 그러하듯이 성화의 한 부분인 회개 또한 결코 공로의 의미를 갖지 못한다는 점을 유념해야 합니다. 하나님께서 죄인에게 의롭다 하시는 은혜를 베푸실 때 공의에 따라 요구하시는 속상이 있습니다. 이 속상은 오직 예수 그리스도의 순종과 속량으로만 이루어집니다. 이것은 5월 13일에 읽은 신앙고백서 11.3의 "그리스도께서 자신의 순종 그리고 죽음으로 이렇게 의롭다 하심을 받는 모든 사람의 빚을 완전히 청산하셨으며, 이들을 대신하여 하나님 아버지의 공의를 합당하고 참되며 완전하게 만족시키셨다"라는 진술에서 확인한 바와 같습니다. 죗값을 치르는 일, 곧 속상을 행함에 있어서 회개는 어떤 역할을 하지 못합니다. 율법주의자들은 마치 회개가 속상을 위한 공로가 되거나, 최소한 그리스도의 순종과 죽음을 대신하거나 이에 보탬을 주는 어떤 것이 되는 듯이 말합니다. 그러나 이는 잘못입니다.

또한 회개는 죄 용서를 받는 원인도 아닙니다. 죄 용서의 원인이라는 말은 하나님께서 죄를 용서하시는 이유를 말합니다. 하나님께서 죄를 용서하시는 은혜를 베푸시는 이유는 그리스도께서 죄에 대한 속상을 이루셨기 때문입니다. 회개는 죄 용서를 받는 근거나 공로가 결코 아닙니다. 이것은 5월 10일에 읽은 신앙고백서 11.1에서 믿음이 의롭다 하심을 받는 근거나 공로가 아님을 학습한 것과 같습니다. 신앙고백서가 진술하는 일부는 이러합니다. "하나님께서 효과 있게 부르시는 사람들을 또한 값없이 의롭다 하신다 … 이것은 이들 안에 이루어진 어떤 것이나 이들이 행한 어떤 것 때문이 아니라, 오직 그리스도 때문이다. 또한 이것은 믿음 자체나 믿는 행위, 또는 어떤 다른 복음적 순종을 이들의 의로 이들에게 전가하심으로써가 아니라 … 오직 그리스도의 순종과 속상을 이들에게 전가하심으로써 이루어진다"(11.1). 동일한 내용이 5월 13일에 읽은 대요리문답 73항에서도 그대로 확인되고 있습니다. "또한 믿음의 은혜나 믿음에서 오는 어떤 행위가 칭의를 위해 죄인에게 전가되는 방식으로도 아닙니다."

이처럼 믿음이 의롭다 하심을 받는 근거나 공로가 아니지만, 그럼에도 "그리스도와 그분의 의를 받아들이고 의지하는 믿음은 의롭다 하심을 받는 유일한 수단"입니다(신앙고백서 11.2; 대요리문답 73). 이와 마찬가지로 오늘 읽는 신앙고백서 15.3은 회개가 죄 용서를 받는 공로나 근거가 아니지만, 그럼에도 죄 용서를 받는 일에 반드시 요구되는 필수적인 일임을 진술합니다. "그럼에도 회개는 모든 죄인에게 반드시 필요하므로 누구도 회개하지 않고는 용서를 기대할 수 없다." 여기서 주의할 점은 믿음이 의롭다 하시는 은혜를 받는 수단이지만 회개는 믿음과 같은 수단이 아니라 참믿음의 증거라는 점입니다. 회개는 믿음을 참되게 고백하는 사람에게서 기대되는 증거이며 열매입니다. 회개가 믿음과 같은 수단이 아니라는 사실을 오해하여 율법폐기론자들의 주장처럼 의롭다 하심은 믿음으로 받는 것이기 때문에 회개하지 않는 사람도 그리스도를 믿을 때 의롭다 하심을 받을 수 있다고 말하는 것은 잘못입니다. 참으로 믿는 사람은 회개의 열매를 맺습니다.

끝으로 오늘 읽는 신앙고백서는 천주교회의 고해성사와 관련하여 참회(contritio)에 대한 잘못된 이해를 교정합니다. 고해성사에 있어서 참회는 죄의 고백(confessio)과 보속(satisfactio)과 함께 죄의 용서를 받고 하나님과 화목하게 되는 원인으로 작용합니다. 천주교회는 참회가 은혜 없이 되는 것은 아님을 인정합니다. 그래서 참회가 그 자체로는 공로가 아닙니다. 하지만 은혜로 인하여 가능하게 된 것으로 죄인이 죄 용서를 받는 데 도움을 준다는 의미에서 공로성을 가집니다. 이것은 하나님의 공의라기보다는 자비로움에 근거하여 인정되는 공로성입니다. 이러한 공로를 재량공로(meritum de congruo)라 합니다. 참고로 공의에 의하여 그 자체로 용서를 얻기에 필요한 엄격한 공로성을 가진 것은 적정공로(meritum de condigno)라 합니다. 개혁교회는 이러한 주장을 모두 부정합니다. 오직 그리스도의 공로만이 죄인을 의롭다 하시는 데 있어서 유일한 근거이며, 믿음만이 그리스도의 의를 전가받는 수단이고, 회개는 이러한 믿음에 항상 동반하는 필요한 회심의 열매입니다.

적용 질문

1. 여러분 생각에 회개는 한 번이면 충분할까요? 이미 의롭다 하심을 받고 있으면서도 신자가 계속된 회개 생활을 하고 있다면, 이것은 의롭다 하심의 은혜를 깨닫지 못하고 있거나 누리지 못하고 있는 것이 아닐까요?

2. 회개 생활과 거룩한 신자의 생활은 어떻게 연결이 된다고 생각하십니까? 서로 구별되면서도 공통점은 무엇일까요? 신자의 믿음에 이 두 가지 측면은 반드시 있어야 할까요? 이런 생활이 불분명한 사람의 믿음에 대해서는 어떻게 판단하여야 합니까?

3. 회개를 열심히 하고 또 간절하게 하는 만큼 더 의롭다 하심을 확실하게 받는다고 생각하는 신자에게 여러분이 해 주실 답은 무엇이겠습니까?

4. 의롭다 하심을 받는 믿음은 구원받는 믿음으로서 항상 회개가 동반합니다. 그렇다면 믿음과 함께 회개도 의롭다 하시는 은혜를 받는 수단이라고 할 수 있겠습니까?

6월 4일

회개에 주어지는 은혜

신앙고백서 15.4

신앙고백서 15.4

정죄 받지 않아도 되는 작은 죄가 없듯이,[1] 참으로 회개한 자를 정죄할 큰 죄도 없다.[2]

1) 롬 6:23; 5:12; 마 12:36.

2) 사 55:7; 롬 8:1; 사 1:16, 18.

말씀 요절

롬 5:12 "그러므로 한 사람으로 말미암아 죄가 세상에 들어오고 죄로 말미암아 사망이 들어왔나니 이와 같이 모든 사람이 죄를 지었으므로 사망이 모든 사람에게 이르렀느니라"

롬 6:23 "죄의 삯은 사망이요 하나님의 은사는 그리스도 예수 우리 주 안에 있는 영생이니라"

마 12:36 "내가 너희에게 이르노니 사람이 무슨 무익한 말을 하든지 심판 날에 이에 대하여 심문을 받으리니"

사 55:7 "악인은 그의 길을, 불의한 자는 그의 생각을 버리고 여호와께로 돌아오라 그리하면 그가 긍휼히 여기시리라 우리 하나님께로 돌아오라 그가 너그럽게 용서하시리라"

롬 8:1 "그러므로 이제 그리스도 예수 안에 있는 자에게는 결코 정죄함이 없나니"

사 1:16, 18 "너희는 스스로 씻으며 스스로 깨끗하게 하여 내 목전에서 너희 악한 행실을 버리며 행악을 그치고 … 여호와께서 말씀하시되 오라 우리가 서로 변론하자 너희의 죄가 주홍 같을지라도 눈과 같이 희어질 것이요 진홍 같이 붉을지라도 양털 같이 희게 되리라."

교리 해설

오늘 읽는 신앙고백서는 죄를 용서하시는 하나님의 긍휼이 얼마나 크신지를 회개와 연결하여 교훈합니다. 먼저 알 것은 정죄 받지 않아도 되는 작은 죄는 없다는 사실입니다. 작은 죄라면 영원한 형벌의 정죄는 받지 않을 것이라고 생각하는 사람을 종종 봅니다. 이것은 죄의 무게를 알지 못하여 하는 말입니다. 죄를 사람이 생각하는 관점에서 보는 오류입니다. 유념할 것은 죄는 거룩하시며 전능하신 창조주 하나님께 대하여 범하는 것이므로 죄의 무게는 하나님의 존엄에 비추어 정하여진다는 사실입니다. 신앙고백서의 첫 문장은 하나님께 범하는 죄들 가운데 가벼운 죄 또는 소죄가 있고 무거운 죄 또는 대죄가 있다는 식으로 구별하는 천주교회의 가르침을 부정합니다. 신앙고백서는 어떤 죄라도 정죄를 받으며 저주받을 영원한 형벌을 초래한다고 분명하게 진술합니다. 이 말은 범죄들 사이에 죄악의 정도 차이가 전혀 없다는 것을 뜻하지는 않습니다. 8월 28일에 다루게 될 소요리문답 83항과 대요리문답 150항에서 알 수 있듯이 죄악성에 있어서 어떤 죄는 다른 죄보다 더 악화된 것일 수 있으며 하나님 보시기에 더 흉악한 것일 수 있습니다. 그러나 이러한 차이로 인하여 죄 중에 영원한 정죄를 받지 않아도 되는 가벼운 죄가 있고 영원한 정죄를 받아야 하는 무거운 죄가 있다고 말하는 것은 잘못입니다. 하나의 계명을 지키지 않아도 그것은 온 계명들을 다 지키지 않은 것과도 같습니다. "누구든지 온 율법을 지키다가 그 하나를 범하면 모두 범한 자가 되나니"(약 2:10). 그리고 그렇게 범한 죄로 치러야 하는 삯은 모든 죄에 대하여 예외 없이 다음과 같이 말할 수 있습니다. "죄의 삯은 사망이요 하나님의 은사는 그리스도 예수 우리 주 안에 있는 영생이니라"(롬 6:23). 그러므로 율법에 기록된 모든 것, 큰 것과 작은 것을 가리지 않는 모든 것을 지키지 않는 자는 죽음으로 값을 치러야 하는 저주받은 자들입니다. "무릇 율법 행위에 속한 자들은 저주 아래에 있나니 기록된 바 누구든지 율법 책에 기록된 대로 모든 일을 항상 행하지 아니하는 자는 저주 아래에 있는 자라 하였음이라"(갈 3:10).

그렇지만 하나님께서는 그 크신 긍휼로 구원을 베푸십니다. 회개하고 그리스도와 그분의 의를 믿는 자를 의롭다 하시고 죄의 용서를 베풀어

주십니다. 신앙고백서는 "참으로 회개한 자를 정죄할 큰 죄도 없다"라고 진술합니다. 상한 심령으로 회개하는 죄인에게 이처럼 커다란 위로는 없을 것입니다. 참된 회개는 결코 헛되지 않습니다. 하나님의 용서의 약속이 주어져 있기 때문입니다. 이를테면 "너희는 스스로 씻으며 스스로 깨끗하게 하여 내 목전에서 너희 악한 행실을 버리며 행악을 그치고 … 여호와께서 말씀하시되 오라 우리가 서로 변론하자 너희의 죄가 주홍 같을지라도 눈과 같이 희어질 것이요 진홍 같이 붉을지라도 양털 같이 희게 되리라"(사 1:16, 18), 그리고 "악인은 그의 길을, 불의한 자는 그의 생각을 버리고 여호와께로 돌아오라 그리하면 그가 긍휼히 여기시리라 우리 하나님께로 돌아오라 그가 너그럽게 용서하시리라"(사 55:7), 또한 그리고 "만일 우리가 우리 죄를 자백하면 그는 미쁘시고 의로우사 우리 죄를 사하시며 우리를 모든 불의에서 깨끗하게 하실 것이요"(요일 1:9)와 같은 말씀입니다. 회개하는 자에게 약속하신 용서는 예수 그리스도의 의에 근거합니다. "그러므로 이제 그리스도 예수 안에 있는 자에게는 결코 정죄함이 없나니"(롬 8:1)라는 말씀에 따라서 회개하는 자의 어떤 죄라도 정죄 받지 않습니다.

적용 질문

1. 그리스도를 믿는 자는 의롭다 하심을 받았다고 하며 죄를 짓는 일을 심상히 여기는 사람에 대하여 오늘의 학습이 주는 교훈은 무엇입니까?

2. 여러분은 사소한 죄를 영원한 형벌로 심판하시는 것은 공의롭지 못하다고 생각하신 적은 없습니까? 그러한 주장을 하는 사람에게 무엇이

라 답을 하시겠습니까?

3. 너무 죄가 커서 결코 용서를 받지 못할 것이라 크게 낙심하고 두려움에 떠는 사람에게 여러분은 무엇이라고 말씀해주시겠습니까?

4. 세례받기 이전에 지은 죄는 믿음으로 용서를 받지만, 세례를 받은 후에 중대한 죄, 이를테면 배도, 간음, 살인, 우상숭배, 신성모독과 같은 죄를 범하면 용서를 받을 수가 없다는 주장을 들어본 적이 있습니까? 이러한 주장이 오늘의 가르침에 비추어 볼 때 정당하겠습니까?

회개의 구체성

신앙고백서 15.5

신앙고백서 15.5

어떤 사람도 막연한 회개로 만족해서는 안 된다. 자신의 특정한 죄를 낱낱이 회개하기를 힘쓰는 것은 각 사람의 의무이다.[1)]

1) 시 19:13; 눅 19:8; 딤전 1:13, 15.

말씀 요절

시 19:13 "또 주의 종에게 고의로 죄를 짓지 말게 하사 그 죄가 나를 주장하지 못하게 하소서 그리하면 내가 정직하여 큰 죄과에서 벗어나겠나이다"

눅 19:8 "삭개오가 서서 주께 여짜오되 주여 보시옵소서 내 소유의 절반을 가난한 자들에게 주겠사오며 만일 누구의 것을 속여 빼앗은 일이 있으면 네 갑절이나 갚겠나이다"

딤전 1:13, 15 "내가 전에는 비방자요 박해자요 폭행자였으나 도리어 긍휼을 입은 것은 내가 믿지 아니할 때에 알지 못하고 행하였음이라 … 미쁘다 모든 사람이 받을 만한 이 말이여 그리스도 예수께서 죄인을 구원하시려고 세상에 임하셨다 하였도다 죄인 중에 내가 괴수니라"

교리 해설

오늘 읽은 신앙고백서는 회개를 막연하게 하는 것에 대해서 충분하지 않다고 교훈합니다. 그저 "저는 죄인입니다"라는 일반적인 인정만을 하는 것은 피상적인 얕은 회개에 불과합니다. 성경이 모든 경건 활동이 형식주의에 빠지는 것을 경고하는 것과 마찬가지로, 회개에 대하여 신앙고백서는 강조하여 진술합니다. 이것은 천주교회에서처럼 단순히 미사에 참여하는 의식주의에 따른 예배를 하는 경우에도 죄 사함이 베풀어진다는 식의 잘못된 관행을 지적합니다. 종교개혁 당시에 중세 후기를 거쳐 오면서 천주교회가 주장하는 여러 성례에 참여하고 미사에 참여하면 그것 자체만으로 일정한 성례의 효과가 나타난다고 믿는 종교 관행이 있었습니다. 종교개혁자들은 이것이 미신적이며 기계적인 구원관이라고 비판하는 한편 마음을 새롭게 하는 참된 신앙의 중요성을 강조했습니다. 오늘날 천주교회는 여전히 성례에 참여하는 그 자체의 효과를 강조합니다. 다만 참여자가 회개의 심령으로 참여할 때 그 은혜가 참으로 열매를 맺을 것이라고 말합니다. 이러한 형식주의와 정반대의 위치에 있으나 실상은 동일한 결과를 나타내는 경우가 있습니다. 곧 율법폐기론이 낳는 폐해입니다. 율법폐기론자는 애초부터 그리스도의 의롭다 하심을 앞세워 죄에 대한 회개의 중요성과 실행을 축소하기 때문에 죄의 고백도 피상적으로 행하거나 아예 그 필요성을 부정합니다. 이에 대하여 신앙고백서는 막연한 회개로 만족해서는 안 될 것임을 분명하게 진술합니다.

회개할 때에는 죄를 구체적으로 낱낱이 고백하여야 합니다. 이것은 회개하는 자에게는 수치스럽고 아픈 일이겠지만, 용서를 구하는 심령이라면 마땅한 일입니다. 신앙고백서는 "자신의 죄를 낱낱이 회개하기를 힘쓰는 것은 각 사람의 의무이다"라고 진술하여 그 뜻을 확실하게 합니다. 삭개오의 회개는 구체적입니다. "삭개오가 서서 주께 여짜오되 주여 보시옵소서 내 소유의 절반을 가난한 자들에게 주겠사오며 만일 누구의 것을 속여 빼앗은 일이 있으면 네 갑절이나 갚겠나이다"(눅 19:8). 이처럼 회개하는 일이 무엇인지를 분명하게 지목하여 고백하는 것이 필요합니다. 그러할 때 회개가 두루뭉술하고 모호하게 하지 않게 됩니다. 그리고 "낱낱이" 회개하기를 힘써야 한다는 것은 회개할 죄를 구체적으로 하는 것에 더하여 주의를 기울여 사려 깊게 생각하며 할 것을 교훈합니다. 대략 얼버무리는 듯이 할 수가 없도록 "낱낱이"라는 표현을 덧붙이고 있습니다.

그런데 기억나지 않는 죄들이나 자각하지 못하고 있는 죄들이 있을 터인데, 어떻게 특정한 죄를 낱낱이 회개할 수 있겠습니까? 따라서 오늘 읽는 신앙고백서는 현실적으로 불가능한 일을 지나치게 강요하는 것이 아닐까요? 이 질문의 답은 신앙고백서가 모든 죄를 빠짐없이 다 말해야 하는 것을 요구하지 않고 있다는 점을 환기시키는 것입니다. 사람은 전지하지 않습니다. 따라서 잊을 수 있고 자각하지 못하는 것이 있을 수 있습니다. 사람이 알지 못하는 죄를 고백할 수는 없습니다. 그러나 기억나고 있고 인지하고 있는 죄를 감추고서 회개했다고 말할 수는 없습니다. 회개는 하나님 앞에서 정직해야 합니다. 자신을 돌아보고 살펴서 인지되고 자각되는 죄를 감추지 말고 회개할 것을 말합니다. "너희는 믿음 안에 있는가 너희 자신을 시험하고 너희 자신을 확증하라"(고후 13:5). 또 "하나님이여 나를 살피사 내 마음을 아시며 나를 시험하사 내 뜻을 아옵소서 내게 무슨 악한 행위가 있나 보시고 나를 영원한 길로 인도하소서"(시 139:23-24)라는 말씀은 오늘 읽은 신앙고백서를 잘 해설합니다.

회개하는 것은 "각 사람의 의무"라는 진술은 신자가 금생 동안 계속해서 회개 생활을 하며 지내야 할 것을 말합니다. 이것은 음울하고 고통스러운 것이 아닙니다. 오히려 그 반대입니다. 회개는 그것이 깊어질수록 그리스도 안에서 하나님과 화목하게 되는 기쁨과 자유와 또한 확신을 누리는 영적 활동입니다. 흔히 회개를 단지 자책으로 인한 슬픔과 일종의 자기혐오라고만 생각하기도 합니다. 그러나 이것은 그리스도 안에서 누리는 용서의 은혜를 생각하지 않는 잘못입니다. 올바른 회개는 그리스도를 믿는 신자로 하여금 하나님과의 화목으로 인도하므로 회개하지 않고 자신의 허물과 죄로 인한 수치를 오히려 침묵할 때 더욱 심령은 음울함과 고통으로 들어갑니다. "내가 입을 열지 아니할 때에 종일 신음하므로 내 뼈가 쇠하였도다 주의 손이 주야로 나를 누르시오니 내 진액이 빠져서 여름 가뭄에 마름 같이 되었나이다 (셀라)"(시 32:3-4). 그러나 회개한 이후에는 기쁨으로 나아갑니다. "내가 이르기를 내 허물을 여호와께 자복하리라 하고 주께 내 죄를 아뢰고 내 죄악을 숨기지 아니하였더니 곧 주께서 내 죄악을 사하셨나이다 (셀라)"(시 32:5). 이 기쁨의 회복을 바라며 회개를 통해 간구합니다. "주의 구원의 즐거움을 내게 회복시켜 주시고 자원하는 심령을 주사 나를 붙드소서"(시 51:12).

적용 질문

1. 여러분에게 있어 회개 생활은 어떠합니까? 무엇을 회개하십니까? 어떤 태도와 마음으로 회개하십니까?

2. 자신이 죄인이라는 일반적인 진술을 인정하는 것이 회개라고 생각하는 사람의 오류는 무엇입니까?

3. 오늘 신앙고백서는 자신이 범한 특정한 죄를 낱낱이 진지하고 주의 깊게 고백하는 것이 신자의 의무라고 가르칩니다. 이런 회개 생활을 해야 한다면, 여러분은 하루하루 살아가는 내내 기쁨과 즐거움의 신앙을 누리며 살아가실 수 있겠습니까?

4. 사람이 자신이 지은 죄를 다 인지하지 못하고 있는 경우가 많을 텐데, 오늘의 신앙고백서가 신자의 의무라고 가르치는 바대로 어떻게 특정한 죄를 낱낱이 고백할 수 있겠습니까? 신앙고백서가 뜻하는 바는 무엇입니까? 이에 비추어 여러분의 회개는 어떠합니까?

6월
6일

회개의 실행 방식

신앙고백서 15.6

신앙고백서
15.6

각 사람은 자신의 죄에 대해 사적으로 하나님께 고백해야 하며, 이것을 용서받기 위해 기도해야 한다.[1] 이렇게 하면서 죄를 떠나면 긍휼을 얻게 될 것이다.[2] 그렇듯이 자신의 형제나 그리스도의 교회를 실족하게 한 사람은 사적으로 또는 공적으로 자신의 죄를 고백하고 슬퍼함으로써 상처받은 사람들에게 자신의 회개를 기꺼이 밝혀야만 한다.[3] 이런 일이 있을 때 상처받은 이들은 회개하는 사람과 화해하고 사랑 안에서 용납해야 한다.[4]

1) 시 51:4~5, 7, 9, 14; 32:5~6.

2) 잠 28:13; 요일 1:9.

신앙고백서 15.6	3) 약 5:16; 눅 17:3~4; 수 7:19; 시 51:1~19. 4) 고후 2:8.

말씀 요절

시 32:5-6 “내가 이르기를 내 허물을 여호와께 자복하리라 하고 주께 내 죄를 아뢰고 내 죄악을 숨기지 아니하였더니 곧 주께서 내 죄악을 사하셨나이다 (셀라) 이로 말미암아 모든 경건한 자는 주를 만날 기회를 얻어서 주께 기도할지라 진실로 홍수가 범람할지라도 그에게 미치지 못하리이다”

요일 1:9 “만일 우리가 우리 죄를 자백하면 그는 미쁘시고 의로우사 우리 죄를 사하시며 우리를 모든 불의에서 깨끗하게 하실 것이요”

약 5:16 “그러므로 너희 죄를 서로 고백하며 병이 낫기를 위하여 서로 기도하라 의인의 간구는 역사하는 힘이 큼이니라”

눅 17:3-4 “너희는 스스로 조심하라 만일 네 형제가 죄를 범하거든 경고하고 회개하거든 용서하라 만일 하루에 일곱 번이라도 네게 죄를 짓고 일곱 번 네게 돌아와 내가 회개하노라 하거든 너는 용서하라 하시더라”

고후 2:8 “그러므로 너희를 권하노니 사랑을 그들에게 나타내라”

회개는 어떻게 실행하는 것일까요? 회개할 때 제일 먼저 할 일은 하나님께 죄를 고백하는 것입니다. 신앙고백서는 여기에 “사적으로”라는 말을 덧붙입니다. 이것은 죄의 고백은 공적으로 하지 말고 사적으로만 하라는 것을 말하기 위함이 아닙니다. 공적으로 죄를 고백해야 하는 경우도 있기 때문입니다. 이 진술이 의미하는 바는 대략 세 가지 맥락에 비추어 설명할 수 있습니다. 하나는 천주교회의 관행에 대한 비판입니다. 이것은 “사적으로”라는 표현을 이어지는 “하나님께”와 연결하여 이해하면 쉽게 이해가 됩니다. 이때 죄의 고백은 “사적으로 하나님께” 하라는 진술은 죄의 사적인 고백을 하나님께 하는 것이지 “사제에게” 하는 것이 아니라는 것을 교훈합니다. 천주교회는 사제에게 사적인 죄를 고백하도록 합니다. 이것을 흔히 “귀에 대고 하는 고백”(auricular confessio)이라고 합니다. 고해성사를 하는 고해소를 본 적이 있을 것입니다. 그때 다른 칸막이에 앉은 사제의 귀에 고백하는 행위를 가리키는 말입니다. 이것이 필요한 이유는 이것을 들은 사제가 사죄 선언을 하는 것을 받기 위함입니다. 그러나 이런 것은 성경에서 가르치는 고백이 아닙니다. 우리가 죄를 고백할 분은 하나님이시며 우리의 죄를 사하실 분은 그리스도 한 분이십니다.

다음으로 늘 그러하듯이 율법폐기론자에 대한 경계의 뜻을 살펴봅니다. 이들은 신자가 의롭다 하심을 받은 후에 죄를 고백할 필요를 부정합니다. 이에 대하여 신앙고백서는 “각 사람은 자신의 죄에 대해 사적으로 하나님께 고백해야 하며, 이것을 용서받기 위해 기도해야 한다”라고 명확하게 진술합니다. 의롭다 하심을 받은 신자가 죄를 용서받기 위해 사적으로 하나님께 고백하고 기도해야 하는 것은 의롭다 하심을 받기 위한 것이 아닙니다. 이미 의롭다 하심을 받왔기 때문입니다. 이때 구하는 용서는 의롭다 하심을 받은 자가 하나님 앞에서 하나님의 자녀로 살아야 할 친밀한 경건의 관계를 죄를 지음으로 해치고 은혜에 합당한 감사를 드리지 못한 일을 회개하는 것입니다. 말하자면 자녀로서 하나님 아버지와 관계를 회복하기 위한 것입니다. 이러한 자녀로서 누려야 할 평안의 관계 회복과 경건을 통해 거룩하게 자라가기 위하여 회개의 생활이 필요합니다.

끝으로 재침례파의 신앙 관행에 비추어 신앙고백서의 교훈을 생각할 수 있습니다. 이들은 교회 회원으로 가입된 자는 주의 성찬에 참여하기 이전에 공동체의 거룩함을 위하여 자신이 죄를 공적으로 엄격하게 고백하여야 한다고 주장합니다. 이들은 이러한 공적 고백이 거듭난 참 신자들로 구성되는 교회의 거룩함을 지켜나가는 데 필요하다는 것을 믿습니다. 그러나 신앙고백서는 죄의 고백이 사적으로 하나님께 하는 것이라고 진술하면서 공적으로 고백할 경우를 제한하여 밝힙니다. 그것은 "자신의 형제나 그리스도의 교회를 실족하게" 한 경우입니다. 이 경우에는 사적으로 고백함은 물론이며 공적으로도 해야 합니다. 이 죄로 인하여 상처받은 사람들이 공동체이기 때문에 그러해야 합니다. 이처럼 공적으로 고백하게 하는 것은 공개적으로 수치스럽게 만들어 공동체에서 내보내기 위함이 아닙니다. 오히려 다시 회복하게 하기 위함이므로, 죄를 고백하는 사람을 공동체는 사랑으로 받아주어야 합니다. 공적 징계를 받은 자에 대하여 성경은 "이러한 사람은 많은 사람에게서 벌 받는 것이 마땅하도다 그런즉 너희는 차라리 그를 용서하고 위로할 것이니 그가 너무 많은 근심에 잠길까 두려워하노라 그러므로 너희를 권하노니 사랑을 그들에게 나타내라"(고후 2:6-8)라는 교훈을 계시합니다. 이것에 대하여 신앙고백서는 "사적으로 또는 공적으로 자신의 죄를 고백하고 슬퍼함으로써 상처받은 사람들에게 자신의 회개를 기꺼이 밝히는 사람과 화해하고 사랑 안에서 용납해야 한다"라고 정리합니다.

적용 질문

1. 여러분은 자신이 지은 죄를 하나님께 용서받기 위해 고백하고 기도하십니까? 이미 의롭다 하심을 받은 신자가 하나님께 사적으로 자신의 죄를 고백해야 할 필요성은 무엇입니까?

2. 죄의 고백과 관련하여 잘못된 신앙 관행들에는 어떠한 것이 있습니까? 여러분은 이러한 관행들에 의하여 영향을 받은 것이 있습니까? 그러한 것이 있다면 오늘 학습이 주는 유익은 무엇입니까?

3. 어떤 신앙 단체는 공적인 집회에서 사적인 죄를 공개적으로 고백하는 일을 그 공동체가 거룩하다는 것을 보여주는 증거로 삼으며 자랑합니다. 교회와 얼마나 다른가를 물으며 교회는 타락한 곳이고 자신들의 공동체는 거룩하다고 주장합니다. 그리고 그러한 공적 회개의 자리에 나올 것을 요구하고, 이렇게 하는 사람이야말로 참으로 구원받은 자라고 주장합니다. 여러분은 어떻게 판단하십니까?

4. 공동체에 해를 끼친 사람은 회개를 위하여 자신의 죄를 어떻게 고백하여야 합니까? 이러한 자를 교회는 어떻게 대하여야 합니까? 여러분은 이와 관련한 어떤 경험이 있습니까?

16장.

선행

6월 7일

선행의 의미

신앙고백서 16.1

신앙고백서 16.1

선행은 오직 하나님께서 그분 자신의 거룩한 말씀에서 명하신 것이다.[1] 맹목적인 열심에서 또는 어떤 선한 의도를 핑계로 사람들이 성경의 근거 없이 고안해 낸 것들은 선행이 아니다.[2]

1) 미 6:8; 롬 12:2; 히 13:21.

2) 마 15:9; 사 29:13; 벧전 1:18; 롬 10:2; 요 16:2; 삼상 15:21~23.

말씀 요절

미 6:8 “사람아 주께서 선한 것이 무엇임을 네게 보이셨나니 여호와께서 네게 구하시는 것은 오직 정의를 행하며 인자를 사랑하며 겸손하게 네 하나님과 함께 행하는 것이 아니냐”

롬 12:2 “너희는 이 세대를 본받지 말고 오직 마음을 새롭게 함으로 변화를 받아 하나님의 선하시고 기뻐하시고 온전하신 뜻이 무엇인지 분별하도록 하라”

히 13:21 “모든 선한 일에 너희를 온전하게 하사 자기 뜻을 행하게 하시고 그 앞에 즐거운 것을 예수 그리스도로 말미암아 우리 가운데서 이루시기를 원하노라 영광이 그에게 세세무궁토록 있을지어다 아멘”

마 15:9 “사람의 계명으로 교훈을 삼아 가르치니 나를 헛되이 경배하는도다 하였느니라 하시고”

롬 10:2 “내가 증언하노니 그들이 하나님께 열심이 있으나 올바른 지식을 따른 것이 아니니라”

요 16:2 “사람들이 너희를 출교할 뿐 아니라 때가 이르면 무릇 너희를 죽이는 자가 생각하기를 이것이 하나님을 섬기는 일이라 하리라”

사 29:13 “주께서 이르시되 이 백성이 입으로는 나를 가까이 하며 입술로는 나를 공경하나 그들의 마음은 내게서 멀리 떠났나니 그들이 나를 경외함은 사람의 계명으로 가르침을 받았을 뿐이라”

신자가 선행을 해야 한다는 것은 누구라도 인정할 진술입니다. 그런데 선행이란 무엇인가에 대한 기준을 어디에서 찾아야 할까요? 하나님을 부인하는 사람이라면 이성에 의한 도덕적 분별과 양심에서 찾습니다. 그러나 신앙고백서는 신자라면 선행은 "오직 하나님께서 그분 자신의 거룩한 말씀에서 명하신 것"이라고 진술합니다. 하나님께서 성경에서 계시하신 교훈과 명령을 통해서 선한 것을 분별합니다. 이를테면 성경에 이르기를 "사람아 주께서 선한 것이 무엇임을 네게 보이셨나니 여호와께서 네게 구하시는 것은 오직 정의를 행하며 인자를 사랑하며 겸손하게 네 하나님과 함께 행하는 것이 아니냐"(미 6:8)라고 하신 것이나, "너희는 이 세대를 본받지 말고 오직 마음을 새롭게 함으로 변화를 받아 하나님의 선하시고 기뻐하시고 온전하신 뜻이 무엇인지 분별하도록 하라"(롬 12:2)라고 하신 것은 선행의 기준이 창조주 하나님의 뜻에서 오는 것임을 가르칩니다.

이처럼 자명한 내용을 진술하는 까닭은 사람들이 성경의 근거 없이 고안해 낸 것을 선행이라고 주장하는 잘못된 관행이 있기 때문입니다. 이를테면 천주교회는 성경의 도덕적 교훈이나 명령이 아닌 종교 규율을 만들어 놓고 이를 행하는 것이 수준 높은 고상한 선행이라고 주장합니다. 이를테면 수도사들의 서원, 성지 순례, 독신 서약과 같은 것입니다. 이것들은 하나님께서 모든 신자가 행하도록 명하신 것이 아니기 때문에 일반 교인들에게는 부과되지 않는 종교 규율입니다. 그런데 성인들은 이것들을 행하여 특별한 공로를 인정받는다는 것이 천주교회의 주장입니다. 이 특별한 공로를 소위 잉여 또는 초과공로(supererogatio)라고 하며 성인들은 이 공로를 연옥에서 받아야 하는 벌을 면하게 하는 목적으로 나누어 줄 수 있다고 주장합니다. 신앙고백서는 선행에 대한 이러한 천주교회의 잘못된 개념을 지적하며 이러한 것은 선행이 아니라고 가르칩니다. 따라서 이러한 것들을 행함으로 잉여 또는 초과공로를 획득하여 이것을 소위 "공로의 보고"(thesaurus meritorum)라는 곳에 저장해 두고 이것의 사용을 위임받은 교회가 면벌부를 발행함으로 연옥에서 형벌을 감면받을 수 있도록 분배할 수 있다는 천주교회의 교리를 정면으로 반박합니다.

초기 기독교회의 이단인 펠라기우스주의자들은 아담의 원죄를 부인합니다. 그러하기에 사람이 본성에 따라서 선행을 할 수 있다고 주장합니다. 이들에게 있어서 선행은 사람이 자유선택의 의지에 따라 행하여야 하는 도덕적 본성에 따른 요구입니다. 그들은 사람이 자유선택의 의지를 사용하여 본성에 기초한 도덕을 따라 행하면 하나님의 법에 일치하는 결과를 낳는다고 주장합니다. 그러나 신앙고백서는 사람의 부패한 본성에 기초한 도덕적 판단이나 양심에 따라 행하는 것이 선행이라고 말하지 않습니다. 사람이 자유선택 의지에 따라 맹목적으로 열심히 또는 선한 의도로 행하는 것은 성경에서 말씀하는 선행이 아닙니다. 이것과 관련해 성경은 이르기를 "사람의 계명으로 교훈을 삼아 가르치니 나를 헛되이 경배하는도다 하였느니라 하시고"(마 15:9), 또한 "주께서 이르시되 이 백성이 입으로는 나를 가까이 하며 입술로는 나를 공경하나 그들의 마음은 내게서 멀리 떠났나니 그들이 나를 경외함은 사람의 계명으로 가르침을 받았을 뿐이라"(사 29:13)라고 하신 바에서 보듯이 "사람의 계명"일 뿐입니다.

적용 질문

1. 사람들이 일반적으로 도덕적 선행이라고 하는 것들은 무엇을 기준으로 판단합니까? 이것이 성경에서 말씀하는 선행과 어떤 점에서 일치하며 또 다릅니까?

2. 사람이 착한 마음을 가지고 무엇인가를 열심히 행하면 그것의 의도가 선하므로 그 행위를 선행이라 할 수 있겠습니까?

3. 천주교회가 잉여 또는 초과공로를 얻는 특별선행이라고 규정한 것들은 무엇입니까? 이것과 관련한 잘못된 교리들은 무엇입니까? 이러한 것들이 특별선행이기는 고사하고 선행일 수는 있겠습니까?

4. 여러분은 성경에 계시하지 않은 내용을 담은 어떤 규율을 교회가 정하고 그것을 지키는 교인들을 하나님께 선행을 한 것으로 칭찬하는 사례를 본 적이 있습니까? 오늘 학습한 것에 비추어 볼 때 이러한 일들에 대해서는 어떻게 판단을 하여야 하겠습니까?

6월
8일

선행 - 믿음의 증거, 그것의 가치

신앙고백서 16.2

신앙고백서
16.2

하나님의 계명에 순종하여 행하는 이러한 선행은 참되고 살아있는 믿음의 열매이며 증거이다.[1] 신자는 선행으로 감사를 표현하고,[2] 확신을 강화하며,[3] 형제들의 덕을 세우고,[4] 복음의 고백을 아름답게 하며,[5] 대적자들의 입을 막고,[6] 하나님을 영화롭게 한다.[7] 신자는 거룩함에 이르는 열매를 맺으며 그 마지막인 영생을 얻도록[8] 그리스도 예수 안에서 선한 일을 위하여 지으심을 받은 하나님의 작품이다.[9]

1) 약 2:18, 22.

2) 시 116:12~13; 벧전 2:9.

3) 요일 2:3, 5; 벧후 1:5~10.

신앙고백서
16.2

4) 고후 9:2; 마 5:16.

5) 딛 2:5, 9~12; 딤전 6:1.

6) 벧전 2:15.

7) 벧전 2:12; 빌 1:11; 요 15:8.

8) 롬 6:22.

9) 엡 2:10.

말씀 요절

약 2:18, 22 "어떤 사람은 말하기를 너는 믿음이 있고 나는 행함이 있으니 행함이 없는 네 믿음을 내게 보이라 나는 행함으로 내 믿음을 네게 보이리라 하리라 … 네가 보거니와 믿음이 그의 행함과 함께 일하고 행함으로 믿음이 온전하게 되었느니라"

시 116:12-13 "내게 주신 모든 은혜를 내가 여호와께 무엇으로 보답할까 내가 구원의 잔을 들고 여호와의 이름을 부르며"

요일 2:3 "우리가 그의 계명을 지키면 이로써 우리가 그를 아는 줄로 알 것이요"

마 5:16 "이같이 너희 빛이 사람 앞에 비치게 하여 그들로 너희 착한 행실을 보고 하늘에 계신 너희 아버지께 영광을 돌리게 하라"

딤전 6:1 "무릇 멍에 아래에 있는 종들은 자기 상전들을 범사에 마땅히 공경할 자로 알지니 이는 하나님의 이름과 교훈으로 비방을 받지 않게 하려 함이라"

벧전 2:12 "너희가 이방인 중에서 행실을 선하게 가져 너희를 악행한다고 비방하는 자들로 하여금 너희 선한 일을 보고 오시는 날에 하나님께 영광을 돌리게 하려 함이라"

롬 6:22 "그러나 이제는 너희가 죄로부터 해방되고 하나님께 종이 되어 거룩함에 이르는 열매를 맺었으니 그 마지막은 영생이라"

엡 2:10 "우리는 그가 만드신 바라 그리스도 예수 안에서 선한 일을 위하여 지으심을 받은 자니 이 일은 하나님이 전에 예비하사 우리로 그 가운데서 행하게 하려 하심이니라"

교리 해설

선행은 하나님께서 그분 자신의 거룩한 말씀에서 명하신 것입니다. 오늘 읽는 신앙고백서는 선행이 믿음의 열매이며 증거라고 진술합니다. 의롭다 하심의 은혜를 받기에 합당한 믿음이라면 그 믿음은 5월 12일 신앙고백서 11.2에서 읽은 바와 같이 여러 은혜를 항상 동반합니다. 이로 인하여 그 믿음은 사랑이라는 열매를 맺고 이로써 그 믿음이 죽은 믿음이 아니라 살아있는 믿음이라는 증거를 보입니다. 선행은 의롭다 하심을 받는 근거나 공로가 아니며 단지 그것의 열매이며 증거입니다.

오늘의 신앙고백서는 이러한 선행을 함으로 신자가 행하거나 누리는 6가지 특징 또는 가치들을 제시합니다. 이것들은 다음과 같습니다. 첫째는 감사를 표현하는 일입니다. "그러나 너희는 택하신 족속이요 왕 같은 제사장들이요 거룩한 나라요 그의 소유가 된 백성이니 이는 너희를 어두운 데서 불러 내어 그의 기이한 빛에 들어가게 하신 이의 아름다운 덕을 선포하게 하려 하심이라"(벧전 2:9). 둘째로 확신을 강화합니다. "우리가 그의 계명을 지키면 이로써 우리가 그를 아는 줄로 알 것이요"(요일 2:3). 셋째로 형제들의 덕을 세웁니다. "이같이 너희 빛이 사람 앞에 비치게 하여 그들로 너희 착한 행실을 보고 하늘에 계신 너희 아버지께 영광을 돌리게 하라"(마 5:16). 넷째로 복음의 고백을 아름답게 합니다. "무릇 멍에 아래에 있는 종들은 자기 상전들을 범사에 마땅히 공경할 자로 알지니 이는 하나님의 이름과 교훈으로 비방을 받지 않게 하려 함이라"(딤전 6:1). 다섯째로 대적자들의 입을 막습니다. "곧 선행으로 어리석은 사람들의 무식한 말을 막으시는 것이라"(벧전 2:15). 여섯째로 하나님을 영화롭게 합니다. "너희가 이방인 중에서 행실을 선하게 가져 너희를 악행한다고 비방하는 자들로 하여금 너희 선한 일을 보고 오시는 날에 하나님께 영광을 돌리게 하려 함이라"(벧전 2:12).

이러한 일들이 이루어지도록 선행을 하지만 선행을 함에 있어서 가장 중요한 것은 거룩함에 이르는 열매를 맺음으로써 그 마지막인 영생을 얻도록 하는 것입니다. "그러나 이제는 너희가 죄로부터 해방되고 하나님께 종이 되어 거룩함에 이르는 열매를 맺었으니 그 마지막은 영생이라"(롬 6:22). 이 모든 것을 통하여 본래 있었으나 잃어버렸던 신자들의 정체성이 확인됩니다. 그것은 신자가 하나님께서 지으신 작품으로서 그리스도 안에서 창조함을 받은 자들이라는 것입니다. "우리는 그가 만드신 바라 그리스도 예수 안에서 선한 일을 위하여 지으심을 받은 자니 이 일은 하나님이 전에 예비하사 우리로 그 가운데서 행하게 하려 하심이니라"(엡 2:10).

적용 질문

1. 믿음으로 의롭다 하심의 은혜를 받은 신자는 더 이상 죄책과 형벌에 대하여 두려워할 이유가 없습니다. 그럼에도 선행과 믿음은 어떤 관련성을 갖기에 신자는 선행을 하여야 합니까?

2. 선행을 행할 때 신자는 선행으로 무엇을 행하는 것이 됩니까? 여섯 가지를 말씀해 보시기 바랍니다.

3. 여러분은 선행으로 실행하는 여섯 가지 사항들을 보면서 과연 이러한 것들을 여러분의 신앙생활에서 찾아볼 수 있습니까? 주변 신자들의 신앙생활을 볼 때는 어떠합니까?

4. 오늘 여러분에게 들려오는 교회에 대한 여러 소식은 오늘의 가르침에 비추어 볼 때 교회에 대해 긍정적이며 고무적인 판단을 줍니까? 아니면 그 반대입니까? 반대일 경우 어떻게 하는 것이 답이 되겠습니까?

6월 9일

선행의 능력

신앙고백서 16.3

신앙고백서 16.3

선행을 행하는 자들의 능력은 결코 자신에게서가 아니라 전적으로 그리스도의 성령에게서 오는 것이다.[1] 그리고 이들이 선행을 할 수 있기 위해서는, 이미 받은 은혜에 더하여 그분의 기쁘신 뜻을 따르기를 원하고 행하도록 이들 안에서 일하시는 성령 하나님의 실제적인 감화가 요구된다.[2] 그렇다고 해서 성령 하나님의 특별한 역사가 없다면 아무런 의무를 행하지 않아도 되는 양 나태에 빠져서는 안 된다. 도리어 부지런하여 자신 안에 있는 하나님의 은혜를 불 일 듯하게 해야 한다.[3]

1) 요 15:4, 6; 겔 36:26~27.

신앙고백서 16.3

2) 빌 2:13; 4:13 고후 3:5.

3) 빌 2:12; 히 6:11~12; 벧후 1:3, 5, 10~11; 사 64:7; 딤후 1:6; 행 26:6~7; 유 20~21절.

말씀 요절

요 15:4, 6 "내 안에 거하라 나도 너희 안에 거하리라 가지가 포도나무에 붙어 있지 아니하면 스스로 열매를 맺을 수 없음 같이 너희도 내 안에 있지 아니하면 그러하리라 … 사람이 내 안에 거하지 아니하면 가지처럼 밖에 버려져 마르나니 사람들이 그것을 모아다가 불에 던져 사르느니라"

빌 2:12-13 "그러므로 나의 사랑하는 자들아 너희가 나 있을 때뿐 아니라 더욱 지금 나 없을 때에도 항상 복종하여 두렵고 떨림으로 너희 구원을 이루라 너희 안에서 행하시는 이는 하나님이시니 자기의 기쁘신 뜻을 위하여 너희에게 소원을 두고 행하게 하시나니"

빌 4:13 "내게 능력 주시는 자 안에서 내가 모든 것을 할 수 있느니라"

히 6:11-12 "우리가 간절히 원하는 것은 너희 각 사람이 동일한 부지런함을 나타내어 끝까지 소망의 풍성함에 이르러 게으르지 아니하고 믿음과 오래 참음으로 말미암아 약속들을 기업으로 받는 자들을 본받는 자 되게 하려는 것이니라"

벧후 1:10-11 “그러므로 형제들아 더욱 힘써 너희 부르심과 택하심을 굳게 하라 너희가 이것을 행한즉 언제든지 실족하지 아니하리라 이같이 하면 우리 주 곧 구주 예수 그리스도의 영원한 나라에 들어감을 넉넉히 너희에게 주시리라”

유 1:20-21 “사랑하는 자들아 너희는 너희의 지극히 거룩한 믿음 위에 자신을 세우며 성령으로 기도하며 하나님의 사랑 안에서 자신을 지키며 영생에 이르도록 우리 주 예수 그리스도의 긍휼을 기다리라”

교리 해설

“사람은 타락하여 죄의 상태에 빠짐으로 구원에 관련된 영적 선을 행할 모든 의지력을 완전히 잃어버렸다”(신앙고백서 9.3a). 4월 22일에 학습한 내용입니다. 이에 일치하여 오늘 읽는 신앙고백서 16.3은 “선행을 행하는 자들의 능력은 결코 자신에게서가 아니라”고 진술합니다. 그러면 어디로부터 그 능력이 오는 것일까요? 5월 4일에 읽은 신앙고백서 10.2는 사람이 전적으로 수동적이어서 오직 성령 하나님에 의하여 살아나고 새롭게 된 후에라야 비로소 하나님 말씀의 부르심에 응답할 수 있다고 진술합니다. 이와 일치하여 오늘 읽는 신앙고백서는 선을 행하는 자들의 능력이 “전적으로 그리스도의 성령에게서 오는 것”이라고 진술합니다. 이것은 중생한 자들에게도 마찬가지입니다. 중생한 자들도 선을 행할 능력을 자율적으로 가지고 있지 못합니다. 그들이 행하는 선행의 능력은 거룩하게 하시는 은혜로 인하여 내주하시는 성령 하나님에게서 오는 것입니다(신앙고백서 13.1; 대요리문답 75; 소요리문답 30).

그런데 선행의 능력이 그리스도의 성령에게서 온다는 것은 실제로 선행을 할 때 성령 하나님의 감화가 필요함을 의미합니다. 선행을 하기 위하여 먼저 있어야 하는 은혜가 있습니다. 그것은 의롭다 하심, 양자 삼으심, 또한 거룩하게 하심의 은혜입니다. 여기서 거룩하게 하시는 은혜로 인한 활동은 단 한 번에 이루어지는 것이 아니라 계속적으로 진행되며 점점 더 자라나는 것이므로 선행을 위하여서는 최소한 거룩하게 하시는 은혜의 시작이 있어야 합니다. 그렇지만 이러한 은혜들만으로 선행이 실행되지 않습니다. 이것들에 더하여 신자의 마음 안에 하나님의 말씀을 따르고자 하는 소원을 두시고 이를 행하도록 하시는 성령 하나님의 일하심, 곧 실제적인 감화가 있어야 선행이 실행됩니다. "너희 안에서 행하시는 이는 하나님이시니 자기의 기쁘신 뜻을 위하여 너희에게 소원을 두고 행하게 하시나니"(빌 2:13). 다시 말하면 선행을 행하고자 하는 소원과 이를 행하는 일에 있어서 그때그때마다 성령 하나님의 감화하시는 도움이 필요합니다. 의롭다 하심을 받은 신자가 선행을 스스로 하도록 그에게 단순히 맡겨지는 것이 아닙니다.

그렇다면 어차피 성령 하나님의 사역이므로 사람이 책임 맡을 일은 없을 것이라고 생각하여 선행의 의무를 행하지 않아도 되는 양 나태에 빠져서는 안 됩니다. 이것은 율법폐기론자가 흔히 빠지는 잘못입니다. 또한 신비주의자들도 선행은 성령 하나님의 사역이므로 성령 하나님의 특별한 감동과 움직이는 힘이 추가적으로 주어야 선행을 할 수 있다는 식으로 선행의 의무를 약화하거나 소홀히 합니다. 그러나 이러한 반응들은 모두 잘못입니다. 성경은 "모든 사람과 더불어 화평함과 거룩함을 따르라 이것이 없이는 아무도 주를 보지 못하리라"(히 12:14)라고 하심으로 사람이 적극적으로 화평함과 거룩함을 따라야 할 인격적 책임이 있음을 보여줍니다. 더 나아가 적극적인 노력의 필요성을 강조합니다. "너희가 죄와 싸우되 아직 피흘리기까지는 대항하지 아니하고"(히 12:4)라는 말씀이나 "그러므로 내가 나의 안수함으로 네 속에 있는 하나님의 은사를 다시 불일듯 하게 하기 위하여 너로 생각하게 하노니"(딤후 1:6)라는 말씀은 사람이 부지런히 은혜를 구하며 이것을 불일듯하게 해야 할 필요성의 원리를 보여줍니다. 신앙고백서는 사람이 선행을 위하여 성령 하나님의 감화에 의존한다는 점에서 수동적임을 가르칩니다. 그러나 전적으로 수동적이기만 하지 않고 능동적이며 적극적으로 하나님의 은혜에 참여해야 할 의무를 아울러 강조합니다.

적용 질문

1. 여러분이 행하는 선행의 능력은 여러분 자신에게서입니까? 아니면 그리스도의 성령에게서 입니까?

2. 신자는 믿음으로 의롭다 하심을 받고 또한 양자로 삼으시는 은혜를 받았습니다. 이러한 은혜로 인하여 의인이며 자녀의 신분을 받은 사람은 거룩하게 하시는 은혜를 또한 받습니다. 그러면 신자는 이제 스스로 선행을 실행할 능력을 가지고 있다고 할 수 있겠습니까?

3. 신앙고백서는 선행의 능력과 실행이 있기 위해서는 그때그때마다 성령 하나님의 감화가 필요하다고 교훈합니다. 여러분은 선행을 하기 위하여 어떤 노력을 하셨습니까? 그 노력은 오늘 학습에 비추어 어떤 의미를 갖습니까? 불필요한 것은 아니었습니까?

4. 신자가 선행을 행하고자 할 때 기도로 구하여야 할 것은 무엇입니까? 그렇게 구하는 것은 선행의 능력을 부으시고 그것을 행하고자 하는

소원을 일으키는 주체가 누구임을 인정하는 것입니까?

6월
10일

선행 수준의 불완전성

신앙고백서 16.4

신앙고백서
16.4

순종에 있어서 이 생애에서 도달할 수 있는 가장 높은 수준에 이른 사람일지라도 마땅히 행해야 하는 의무에 한참 미치지 못한다. 하물며 잉여공로를 쌓거나 하나님께서 요구하시는 것보다 결코 더 많이 행할 수는 없다.[1)]

1) 눅 17:10; 느 13:22; 욥 9:2~3; 갈 5:17.

말씀 요절

눅 17:10 "이와 같이 너희도 명령 받은 것을 다 행한 후에 이르기를 우리는 무익한 종이라 우리가 하여야 할 일을 한 것뿐이라 할지니라"

느 13:22 "내가 또 레위 사람들에게 몸을 정결하게 하고 와서 성문을 지켜서 안식일을 거룩하게 하라 하였느니라 내 하나님이여 나를 위하여 이 일도 기억하시옵고 주의 크신 은혜대로 나를 아끼시옵소서"

욥 9:2-3 "진실로 내가 이 일이 그런 줄을 알거니와 인생이 어찌 하나님 앞에 의로우랴 사람이 하나님께 변론하기를 좋아할지라도 천 마디에 한 마디도 대답하지 못하리라"

갈 5:17 "육체의 소욕은 성령을 거스르고 성령은 육체를 거스르나니 이 둘이 서로 대적함으로 너희가 원하는 것을 하지 못하게 하려 함이니라"

교리 해설

신자는 성령 하나님의 도움을 구하며 선행의 의무를 실행하기 위해 애를 써야 합니다. 그리고 이를 위하여 자신 안에 있는 하나님의 은혜를 불일 듯하게 해야 하며, 나태에 빠져서는 안 됩니다. 이렇게 성령 하나님의 실제적인 감화를 구하여 받고 실행한 선행은 어떠한 가치를 갖는 것일까요? 오늘 신앙고백서는 이와 더불어 천주교회의 잘못된 인식과 관행을 바로 잡는 교훈을 줍니다. 먼저 첫 문장이 "순종에 있어서 이 생애에서 도달할 수 있는 가장 높은 수준에 이른 사람일지라도"라고 진술하는데 여기에 해당하는 사람으로는 누구를 생각할 수 있겠습니까? 아마도 성경의 인물로는 애굽의 총리였던 요셉, 모세, 사도 요한, 바울, 또는 바나바 등을 생각할 수 있지 않을까요? 이러한 분들은 확실히 신자들 가운데 가장 경건하며 하나님을 정직하게 섬긴 분들일 것입니다.

신앙고백서는 이러한 분들이라도 하나님께서 요구하시는 의무에 한참 미치지 못한다고 진술합니다. 이들도 마음을 다하고 목숨을 다하고 뜻을 다하여 하나님을 사랑하는 의무에는 한참 미치지 못한 사람들입니다(신 6:5; 마 22:37-40). 거룩한 성도로서 이들이 살아온 삶의 고매함을 인정하더라도 이들은 여전히 죄 아래 있으며 순종에 있어 불완전합니다. "오호라 나는 곤고한 사람이로다 이 사망의 몸에서 누가 나를 건져내랴"(롬 7:24)라고 탄식하는 바울은 자신의 속에 선한 것이 거하지 않아, 자신이 "원하는 바 선은 행하지 아니하고 도리어 원하지 아니하는 바 악을"(롬 7:19) 행하는 자임을 고백합니다. 그러한 만큼 이들은 하나님께서 요구하시는 것보다 결코 더 많이 행할 수는 없는 자들이며, 또한 천주교회에서 주장하는 바와 같은 어떠한 잉여 또는 초과공로를 쌓는다는 것도 불가능한 일입니다. 그뿐 아니라 더욱이 잉여 또는 초과공로란 애초부터 성경에서 인정되는 것일 수가 없습니다. 6월 7일 신앙고백서 16.1에서 살핀 바와 같이 수도사들의 서원, 성지 순례, 독신 서약과 같은 것을 만들어, 이것들이 일반 성도들에게는 부과되지 않고 오직 수도사들에게 주어진다고 말하며, 이것을 행하는 수도사들은 초과공로를 세운다는 것은 성경에 없는 규례를 사람이 임의로 설정한 것에 불과합니다. 이러한 것을 행하여 공로를 쌓는다는 것은 사람이 만든 생각일 뿐입니다.

가장 높은 수준에 도달한 사람일지라도 역시 원죄 아래 있는 죄인이라는 사실을 기억하는 것이 중요합니다. 사람은 보이는 것을 높이고 그것을 우상으로 섬기는 죄의 성향이 있습니다. 그러하기에 고작해야 사람일 뿐인 자를 높이면서 잉여 또는 초과공로를 쌓거나 하나님께서 요구하시는 것 이상을 행하여 공로를 세운 자라고 평가합니다. 그리고 이들에게 의지하여 이들이 쌓아놓은 공로의 도움을 받고자 하는 혐오스러운 성정으로 왜곡된 신앙 인식과 종교 관행을 만들어 냅니다. 2월 24, 26, 29일에 읽은 신앙고백서는 6장에서 아담이 타락한 이후에 죄 가운데 죽었으며 부패한 본성이 후손에게 전달되었고(3절), 이 원초적 부패로부터 모든 자범죄가 나오며(4절), 이 본성의 부패는 중생한 사람에게도 생애 내내 남아 있음을 밝히고 있습니다(5절). 가장 높은 수준의 선행을 실천하는 사람도 이러한 상태에 머물러 있습니다. 그런데 하나님의 법이 요구하는 수준은 "인격적으로, 완전히, 정확하게, 그리고 영속적으로 순종"하는 의무입니다(신앙고백서 19.1). 다른 사람의 공로에 의지하지 않고 스스로 직접, 어느 한 계명이라도 빠짐이 없이, 명하신 바를 그대로, 항상, 그리고 외적으로만이 아니라 마음을 다하여 순종해야 합니다. 가장 높은 수준의 사람이라도 이 의무를 날마다 완전히 이룰 수 없습니다. 5월 23, 23일에 읽은 신앙고백서 13장에서 보았듯이, 하나님께서 베푸시는 거룩하게 하시는 은혜를 받은 중생한 신자에게도 "이생에서는 불완전하고, 각 부분마다 부패가 얼마간 여전히 남아" 있어서, 육체의 소욕과 성령 사이에 "화해 불가능한 전쟁"이 일어납니다(2절). 심지어는 이 전쟁에서, "남아 있는 부패가 한동안은 상당히 지배"하는 경우조차 있기도 합니다. 그러나 하나님의 은혜로 성도는 "하나님을 두려워하는 가운데서 거룩함을 온전히 이루며 은혜 안에서" 자라갑니다(3절; 고후 7:1). 여기서 "거룩함을 온전히 이루며"라는 문구는 성도가 완전한 성화를 이룬다는 것을 뜻하지 않습니다. 이것은 하나님을 경외하는 가운데 거룩해지는 과정을 지속적으로 이루어가며 성장해 간다는 것을 뜻합니다. 가장 높은 수준에 도달한 사람으로 성경에서 꼽아 보았던 사람들은 모두 거룩함을 온전히 "은혜 안에서" 이루며 자라가는 과정에 있는 분들입니다. 신자의 선행은 칭찬받을 일이지만 공로는 아닙니다.

적용 질문

1. 여러분은 하나님의 계명을 순종하는 일에 있어서 가장 높은 수준에 도달한 사람으로 누구를 말하시겠습니까?

2. 여러분이 생각한 그분들은 하나님께서 명하신 계명의 요구를 다 성취하였다고 판단하십니까? 그분들처럼 훌륭한 분이라도 성취하지 못한다면 그 이유는 무엇입니까?

3. 천주교회에서 소위 성인을 공경(dulia)하며, 마리아를 "특별 공경"(hyperdulia)합니다. 특별히 마리아에 대해 하나님께만 드리는 흠숭(Latria)을 돌린다고 말하지는 않지만, 마리아를 "은총이 가득하신 분"이라고 높이며, 비공식적으로는 그리스도와 함께하시는 공동 구속자(Co-Redemptrix)로 일컫기도 합니다. 오늘 학습한 내용에 따를 때, 이러한 신앙 인식과 종교 행위에 대해 어떻게 판단하여야 옳겠습니까?

4. 여러분은 다른 사람보다 더 많은 공로를 쌓을 수 있다고 생각하는 신앙 환경에 속해 보신 적은 없습니까? 착하고 충성된 종이라는 칭찬은 어떻게 해석해야 할까요?

6월
11일

선행과 공로

신앙고백서 16.5

신앙고백서
16.5

우리는 최선의 선행으로도 죄의 용서나 영원한 생명을 하나님의 손에서 공로로 얻을 수 없다. 왜냐하면 선행은 다가올 영광과 족히 비교할 수 없으며, 우리와 하나님 사이에는 무한한 간격이 있기 때문이다. 우리의 선행으로는 하나님을 유익하게 할 수 없으며 이전 죄들의 값을 속상(贖償, satisfaction)할 수도 없다.[1] 우리가 할 수 있는 모든 것을 행했을 때라도 단지 우리가 해야 할 것을 행한 것뿐이며, 무익한 종일 따름이다.[2] 왜냐하면 선행은 선한 것인 만큼 성령 하나님에게서 나온 것이기 때문이며,[3] 또한 우리가 행한 것인 만큼 오염되고, 많은 연약함 및 불완전함과 혼합되어 있어서 하나님의 심판의 엄정함을 견딜 수

신앙고백서 16.5

없기 때문이다.[4]

1) 롬 3:20; 4:2, 4, 6; 엡 2:8~9; 딛 3:5~7; 롬 8:18; 시 16:2; 욥 22:2~3; 35:7~8.

2) 눅 17:10.

3) 갈 5:22~23.

4) 사 64:6; 갈 5:17; 롬 7:15, 18; 시 143:2; 130:3.

말씀 요절

롬 3:20 "그러므로 율법의 행위로 그의 앞에 의롭다 하심을 얻을 육체가 없나니 율법으로는 죄를 깨달음이니라"

엡 2:8-9 "너희는 그 은혜에 의하여 믿음으로 말미암아 구원을 받았으니 이것은 너희에게서 난 것이 아니요 하나님의 선물이라 행위에서 난 것이 아니니 이는 누구든지 자랑하지 못하게 함이라"

딛 3:5-7 "우리를 구원하시되 우리가 행한 바 의로운 행위로 말미암지 아니하고 오직 그의 긍휼하심을 따라 중생의 씻음과 성령의 새롭게 하심으로 하셨나니 우리 구주 예수 그리스도로 말미암아 우리에게 그 성령을 풍성히 부어 주사 우리로 그의 은혜를 힘입어 의롭다 하심을 얻어 영생의 소망을 따라 상속자가 되게 하려 하심이라"

눅 17:10 "이와 같이 너희도 명령 받은 것을 다 행한 후에 이르기를 우리는 무익한 종이라 우리가 하여야 할 일을 한 것뿐이라 할지니라"

갈 5:22-23 "오직 성령의 열매는 사랑과 희락과 화평과 오래 참음과 자비와 양선과 충성과 온유와 절제니 이같은 것을 금지할 법이 없느니라"

롬 7:15, 18 "내가 행하는 것을 내가 알지 못하노니 곧 내가 원하는 것은 행하지 아니하고 도리어 미워하는 것을 행함이라 … 내 속 곧 내 육신에 선한 것이 거하지 아니하는 줄을 아노니 원함은 내게 있으나 선을 행하는 것은 없노라"

교리 해설

어제 신앙고백서 16.4를 읽으면서 순종에 있어서 가장 높은 수준에 도달한 사람이 행하는 순종일지라도 그것은 하나님께서 명하신 요구에 한참 미치지 못한다는 것을 학습했습니다. 이것의 마땅한 결과로 오늘 신앙고백서 16.5를 통해서 사람이 최선을 다해 행하는 어떤 선행도 그것을 공로로 하여 죄의 용서나 영원한 생명을 하나님의 손에서 얻기에는 합당하지 않으며 무가치한 것들임을 배웁니다. 그 까닭에 대해서 우선 두 가지 사실을 지적합니다. 하나는 사람의 불완전하고 유한한 선행의 가치가 다가올 영광의 무한한 가치와 도무지 비교할 수가 없기 때문입니다. 이 세상에서의 순종, 그것도 제한되고 유한한 순종으로는 영원한 보상을 구할 공로의 가치를 세울 수가 없습니다. 다른 하나는 처음부터 하나님과 사람 사이에는 무한한 간격이 있기 때문입니다. 하나님께서는 창조주이시며 무한하시고 스스로 충분하신 분이십니다. 피조물에 불과한 사람이 제아무리 완전한 선행을 행한다고 하더라도 그러하신 하나님께 어떤 공로를 주장할 수는 없습니다. 더구나 거룩하신 하나님 앞에서 죄인에 불과한 사람으로서는 더욱더 그러할 수가 없습니다.

신앙고백서는 이처럼 사람이 공로를 세워서 죄의 용서나 영원한 생명을 하나님의 손에서 거둘 수 없는 두 가지 이유를 말하고 나서, 이제 사람이 행한 선행이 하나님께 유익이 될 수도 없으며 이전에 지은 죗값을 속상할 수도 없는 이유를 말합니다. 그것은 사람이 모든 것을 다 했을 때라도 단지 "해야 할 것을 행한 것일 뿐"이기 때문입니다. 곧 사람이 자신의 의무를 행하였을 뿐인데 그것으로 이전에 범한 죗값을 속상할 수가 없는 것입니다. 그리고 자신의 의무로 행하는 선행조차, 6월 9일에 신앙고백서 16.3에서 읽은 바처럼, 실상은 자신에게서 비롯된 것이 아니며 오직 선하시고 한 분이신 하나님, 특별히 성령 하나님에게서 나온 것입니다. 성령 하나님께서 실제적으로 감화하실 때에 하나님의 뜻을 따르기로 원하고 행하는 일이 이루어집니다. 그리고 오늘 읽는 신앙고백서가 더해주는 중요한 진리는 사람의 선행이 선한 까닭은 그것이 성령 하나님에게서 나온 것이라는 점이며, 또한 선행은 그것을 행한 주체가 사람인만큼 "오염되고 많은 연약함 및 불완전함과 혼합되어" 있다는 점입니다. 그렇기 때문에 사람이 행한 "최선의 선행"이라 할지라도 "죄의 용서나 영원한 생명을 하나님의 손에서 공로로 얻을 수" 있기는 커녕, 도리어 "하나님의 심판의 엄정함을 견딜 수"가 없습니다. 이것이야말로 오늘 읽는 신앙고백서가 교훈하는 결정문입니다. 신앙고백서는 이렇게 확정된 진술로 천주교회가 말하는 은혜 안에서 이루어진 선행은 적정공로(meritum de condigno)가 되어 비록 그 자체의 가치는 아니지만 하나님의 약속 위에 서 있는 공의에 따라 영원한 생명을 얻을 수 있다는 주장을 배척합니다.

그러면 죄의 용서와 영원한 생명을 하나님의 손에서 얻을 수 있는 공로는 어디에서 찾을 수 있겠습니까? 하나님의 심판의 엄정함을 견딜 수 있으며 하나님의 손에서 죄의 용서와 영원한 생명을 얻을 수 있는 공로는 오직 예수 그리스도의 공로뿐입니다. 신앙고백서 8장에서 보았듯이, 예수 그리스도께서는 신성을 따라서 참 하나님이시므로 예수님과 하나님 사이에는 무한한 간격이 없습니다(2절). 예수님께서는 또한 사람의 본성을 취하셨으며 동시에 이것에 속한 모든 본질적인 속성과 일반적인 연약성을 함께 취하셨지만 죄가 없으십니다(2절). 예수님께서는 성령 하나님의 기름 부음을 한량없이 받으신 분이시며, 그분 자신 안에 지혜와 지식의 모든 보화가 충만합니다(3절). 그리스도께서는 율법 아래 나셔서 율법을 완전하게 성취하셨으며(4절), 완전한 순종과 그분 자신을 드린 희생제사로 말미암아 성부 하나님의 공의를 완전히 만족시키셨습니다(5절). 예수 그리스도께서는 이러한 분이시므로 그분의 의의 순종과 희생으로 인한 공로는 최선의 사람이 세운 최선의 선행과는 족히 비교할 수 없습니다. 이것이 바로 오직 예수님만이 한 분 그리스도이시며 하나님과 사람 사이의 유일한 중보자이신 이유입니다.

적용 질문

1. 사람이 행한 최선의 선행으로도 죄의 용서나 영원한 생명을 하나님의 손에서 공로로 얻을 수 없는 두 가지 이유를 오늘 읽는 신앙고백서에서 찾아 제시하실 수 있으시겠습니까?

2. 사람이 행한 선행이 하나님께 유익이 될 수도 없으며 이전에 지은 죗값을 속상할 수도 없는 이유는 무엇입니까?

3. 사람의 선행이 성령 하나님에게서 나온 것이라는 점과 선행을 행하는 주체가 사람이라는 점이 선행에 대해 어떤 특징을 각각 부여합니까?

4. 사람의 선행에 대하여 오늘 학습한 내용에 비추어, 오직 예수님만이 한 분 그리스도이시며 하나님과 사람 사이의 유일한 중보자이신 이유를 설명하실 수 있겠습니까?

6월
12일

선행과 상 주심

신앙고백서 16.6

신앙고백서
16.6

그럼에도 신자들 자신이 그리스도로 말미암아 기쁘게 받아들여졌으므로 이들의 선행도 그리스도 안에서 기쁘게 받아들여지지만,[1] 이 생애에서 하나님 보시기에 비난받거나 책망받을 것이 전혀 없기 때문은 아니다.[2] 비록 이것들이 많은 연약함과 불완전함을 수반할지라도, 하나님께서 이것들을 그분 자신의 아들 안에서 바라보시기 때문에 신실한 선행을 기꺼이 받으시고 상 주시기를 기뻐하신다.[3]

1) 엡 1:6; 벧전 2:5; 출 28:38; 창 4:4; 히 11:4.

2) 욥 9:20; 시 143:2.

3) 히 13:20~21; 고후 8:12; 히 6:10; 마 25:21, 23.

말씀 요절

엡 1:6 "이는 그가 사랑하시는 자 안에서 우리에게 거저 주시는 바 그의 은혜의 영광을 찬송하게 하려는 것이라"

벧전 2:5 "너희도 산 돌 같이 신령한 집으로 세워지고 예수 그리스도로 말미암아 하나님이 기쁘게 받으실 신령한 제사를 드릴 거룩한 제사장이 될지니라"

히 11:4 "믿음으로 아벨은 가인보다 더 나은 제사를 하나님께 드림으로 의로운 자라 하시는 증거를 얻었으니 하나님이 그 예물에 대하여 증언하심이라 그가 죽었으나 그 믿음으로써 지금도 말하느니라"

시 143:2 "주의 종에게 심판을 행하지 마소서 주의 눈 앞에는 의로운 인생이 하나도 없나이다"

히 13:20-21 "양들의 큰 목자이신 우리 주 예수를 영원한 언약의 피로 죽은 자 가운데서 이끌어 내신 평강의 하나님이 모든 선한 일에 너희를 온전하게 하사 자기 뜻을 행하게 하시고 그 앞에 즐거운 것을 예수 그리스도로 말미암아 우리 가운데서 이루시기를 원하노라 영광이 그에게 세세무궁토록 있을지어다 아멘"

마 25:21, 23 "다섯 달란트 받았던 자는 다섯 달란트를 더 가지고 와서 이르되 주인이여 내게 다섯 달란트를 주셨는데 보소서 내가 또 다섯 달란트를 남겼나이다 … 그 주인이 이르되 잘하였도다 착하고 충성된 종아 네가 적은 일에 충성하였으매 내가 많은 것을 네게 맡기리니 네 주인의 즐거움에 참여할지어다 하고"

교리 해설

사람의 최선의 선행조차도 그것을 행한 사람을 구원하기에는 어떠한 공로적 가치도 없습니다. 그렇다면 선행을 굳이 행할 이유가 무엇이겠습니까? 이에 대한 답은 이미 6월 9일 신앙고백서 16.3에서 선행의 "의무를 행하지 않아도 되는 양 나태에 빠져서는 안된다"라고 주어졌습니다. 선행을 행하기 위하여 "도리어 부지런히 자신 안에 있는 하나님의 은혜를 불 일 듯하게 해야" 합니다. 왜냐하면 신앙고백서 16.2에서 밝히고 있듯이 선행은 "참되고 살아있는 믿음의 열매이며 증거"이기 때문입니다. 더욱이 선행은 신자가 하나님께 받은 구원의 은혜를 감사하는 표현이며, 하나님께 받은 구원의 확신을 강화하며, 형제들의 덕을 세우고, 복음의 고백을 아름답게 하며, 대적자들의 입을 막고, 하나님을 영화롭게 하는 방식입니다. 이러하므로 선행은 구원받은 신자에게 있어서 참된 믿음을 보여주는 증거이며 열매로서 가치를 가지며 신자의 생활을 복되고 평안하게 합니다.

오늘 읽는 신앙고백서 16.6은 신자의 선행이 믿음의 증거이며 열매가 되고 많은 영적 유익을 주는 것으로 인정되고 사용되는 이유를 해설합니다. 그것은 신자들이 그리스도로 말미암아 하나님 아버지께 기쁘게 받아들여졌다는 사실에 있습니다. 신자들 자신이 기쁘게 받아들여졌으므로, 이들이 행하는 선행 또한 그리스도로 말미암아 기쁘게 받아들여집니다. 신자가 받아들여지는 것이 신자 자신들로 인한 것이 아니듯이, 신자의 선행도 그것 자체의 가치 때문이 아닙니다. 그것은 오직 그리스도로 말미암아 그러합니다. "이는 그가 사랑하시는 자 안에서 우리에게 거저 주시는 바 그의 은혜의 영광을 찬송하게 하려는 것이라"(엡 1:6). 또 "너희도 산 돌 같이 신령한 집으로 세워지고 예수 그리스도로 말미암아 하나님이 기쁘게 받으실 신령한 제사를 드릴 거룩한 제사장이 될지니라"(벧전 2:5)라는 말씀이 이것을 가르칩니다.

이렇게 설명하는 오늘의 신앙고백서는 가장 높은 수준의 선행이라 할지라도 사람이 마땅히 행할 의무에 한참 미치지 못한다는 것(16.4)과 또한 그것이 오염되고 많은 연약함 및 불완전함과 혼합되어 있어서 하나님의 심판의 엄정함을 견딜 수 없다는 것을(16.5) 약화시키거나 부인하는 것이 결코 아닙니다. 왜냐하면 신자의 선행이 받아들여지는 것은 "이 생애에서 하나님 보시기에 비난받거나 책망받을 것이 전혀 없기 때문"이 아니며, 오히려 "많은 연약함과 불완전함을 수반"하고 있음을 분명하게 밝히고 있기 때문입니다. 이는 "주의 종에게 심판을 행하지 마소서 주의 눈 앞에는 의로운 인생이 하나도 없나이다"(시 143:2)라는 말씀이 교훈하는 바에 따릅니다.

신앙고백서 16.6이 진술하는 초점은 이러한 선행일지라도 하나님께서는 그분 자신의 아들 안에서 바라보신다는 점에 있습니다. 그러하실 때 하나님께서는 신실한 선행들을 기꺼이 받으시고 상 주시기를 기뻐하신다고 진술합니다. 이를테면 "양들의 큰 목자이신 우리 주 예수를 영원한 언약의 피로 죽은 자 가운데서 이끌어 내신 평강의 하나님이 모든 선한 일에 너희를 온전하게 하사 자기 뜻을 행하게 하시고 그 앞에 즐거운 것을 예수 그리스도로 말미암아 우리 가운데서 이루시기를 원하노라 영광이 그에게 세세무궁토록 있을지어다 아멘"(히 13:20-21)이라는 말씀에서 보듯이 하나님께서는 하나님의 교훈을 신실하게 행하는 자들을 예수 그리스도로 말미암아 기뻐하십니다. 결국 사람의 선행은 그 자체로는 하나님이 보시기에 공로적 가치를 갖지 못하지만, 그것은 신자의 믿음에 불필요하거나 상관없는 것이 아니며, 오히려 그리스도 안에서 참으로 받아들여지고 상이 주어집니다. 이것이 하나님께서 은혜로 구원하신 자를 향해 가지시는 선하시고 기뻐하시고 온전하신 뜻입니다. 이 뜻을 분별하여 이 세대를 본받지 말고 새로운 마음으로 따르는 것은 하나님께서 기뻐하시는 일입니다.

오늘의 교훈을 통해서 살펴보건대, 그리스도 안에 있는 신자는 자신의 선행을 자랑하거나 이를 근거로 자신의 의를 높여서는 안 됩니다. 선행은 오직 그리스도 안에서 받아들여지는 것이기 때문입니다. 그리스도 안에서 받아들여진다는 것은 신자에게 커다란 위안을 줍니다. 신자의 연약한 순종도 하나님께서 기쁘게 받아주신다는 것을 의미하기 때문입니다. 따라서 신자는 불완전한 순종으로 의기소침할 것이 아니라 계속적으로 순종하기에 부지런함을 다하는 것이 필요합니다.

적용 질문

1. 사람의 최선의 선행조차도 구원을 위한 공로적 가치가 없다면 선행을 행할 이유가 무엇이겠습니까?

2. 하나님께서 신자들의 선행을 기쁘시게 받아들이시는 까닭은 무엇입니까? 그리스도와 관련하여 답을 제시하시기 바랍니다.

3. 선행을 행하기에 열심을 가진 어떤 신자가 자신의 선행을 자부심으로 삼고 그렇지 못한 다른 신자를 판단한다면 어떤 잘못을 범하는 것입니까?

4. 하나님께서 신자의 선행을 받아들이시는 일이 그리스도로 말미암은 것이라는 사실은 선행을 완전하게 하지 못하고 이로 인해 의기소침하고 있는 신자에게 어떠한 교훈을 줍니까?

중생하지 않은 자들의 행위

신앙고백서 16.7

신앙고백서 16.7

중생하지 않은 사람들이 행한 일들은 그 내용이 하나님께서 명령하신 것일 수 있고, 이들 자신뿐만 아니라 다른 사람들에게도 상당히 유익할 수 있다.[1] 그럴지라도 이 일들은 믿음으로 정결해진 마음에서 나온 것이 아닐뿐더러,[2] 하나님의 말씀에 따라 올바른 방식으로 행해진 것도 아니며,[3] 또한 하나님의 영광이라는 올바른 목적을 위한 것이 아니다.[4] 그러므로 이것들은 죄 된 것이며 하나님을 기쁘시게 하지 못하고, 또한 사람을 하나님에게서 은혜 받기에 합당한 자로 만들지 못한다.[5] 그럼에도 중생하지 않은 사람들이 이러한 일들을 무시하는 것은 더욱 죄 된 것이고 하나님을 더욱 노엽게 하는 것이다.[6]

신앙고백서
16.7

1) 왕하 10:30~31; 왕상 21:27, 29; 빌 1:15~16, 18.

2) 창 4:5; 히 11:4, 6.

3) 고전 13:3; 사 1:12.

4) 마 6:2, 5, 16.

5) 학 2:14; 딛 1:15; 암 5:21~22; 호 1:4; 롬 9:16; 딛 3:5.

6) 시 14:4; 36:3; 욥 21:14~15; 마 25:41~43, 45; 23:23.

말씀 요절

빌 1:15-16, 18 "어떤 이들은 투기와 분쟁으로, 어떤 이들은 착한 뜻으로 그리스도를 전파하나니 이들은 내가 복음을 변증하기 위하여 세우심을 받은 줄 알고 사랑으로 하나 … 그러면 무엇이냐 겉치레로 하나 참으로 하나 무슨 방도로 하든지 전파되는 것은 그리스도니 이로써 나는 기뻐하고 또한 기뻐하리라"

히 11:4, 6 "믿음으로 아벨은 가인보다 더 나은 제사를 하나님께 드림으로 의로운 자라 하시는 증거를 얻었으니 하나님이 그 예물에 대하여 증언하심이라 그가 죽었으나 그 믿음으로써 지금도 말하느니라 … 믿음이 없이는 하나님을 기쁘시게 하지 못하나니 하나님께 나아가는 자는 반드시 그가 계신 것과 또한 그가 자기를 찾는 자들에게 상 주시는 이심을 믿어야 할지니라"

고전 13:3 "내가 내게 있는 모든 것으로 구제하고 또 내 몸을 불사르게 내줄지라도 사랑이 없으면 내게 아무 유익이 없느니라"

마 6:2 "그러므로 구제할 때에 외식하는 자가 사람에게서 영광을 받으려고 회당과 거리에서 하는 것 같이 너희 앞에 나팔을 불지 말라 진실로 너희에게 이르노니 그들은 자기 상을 이미 받았느니라"

딛 1:15 "깨끗한 자들에게는 모든 것이 깨끗하나 더럽고 믿지 아니하는 자들에게는 아무 것도 깨끗한 것이 없고 오직 그들의 마음과 양심이 더러운지라"

시 14:4 "죄악을 행하는 자는 다 무지하냐 그들이 떡 먹듯이 내 백성을 먹으면서 여호와를 부르지 아니하는도다"

교리 해설

신자의 선행이 하나님께 받아들여지는 것이 그리스도로 말미암는 것이라면, 중생하지 않은 사람들의 행위는 어떠한 판단을 받게 될까요? 일반적으로 도덕적인 것으로 여겨질 만한 행위가 이들 가운데 있을 때, 이것도 어제 살펴본 신자의 선행과 같이 하나님께서 기꺼이 받으시고 상 주시기를 기뻐하신다고 보아야 할까요? 오늘 읽는 신앙고백서 16.7은 이에 대하여 교훈합니다. 먼저 "중생하지 않은 사람들이 행한 일들은 그 내용이 하나님께서 명령하신 것일 수 있고, 이들 자신뿐만 아니라 다른 사람들에게도 상당히 유익할 수" 있습니다. 이를테면 가난한 사람들에게 구제하거나, 도움이 필요하거나 약한 사람들을 돌보아 주거나, 거짓을 말하지 않거나, 다른 사람의 재산이나 생명을 보호하여 주거나 하는 등의 도덕적 행동들은 하나님께서 명령하신 것과 내용적으로 일치합니다. 실제로 자신뿐만 아니라 다른 사람들에게도 상당한 유익을 줄 수 있으며 사회의 선한 질서와 문화에 기여합니다. 북 왕국 이스라엘의 악한 왕이었던 아합에게서도 하나님께서 명령하신 것과 같은 모습이 나타났었습니다. 아합은 엘리야로부터 아합의 집에 재앙을 내리시겠다는 하나님의 뜻을 듣고서, 회개의 표를 나타내었습니다. "아합이 이 모든 말씀을 들을 때에 그의 옷을 찢고 굵은 베로 몸을 동이고 금식하고 굵은 베에 누우며 또 풀이 죽어 다니더라"(왕상 21:27). 이러한 모습을 보신 하나님께서는 엘리야에게 이렇게 말씀하셨습니다. "아합이 내 앞에서 겸비함을 네가 보느냐 그가 내 앞에서 겸비하므로 내가 재앙을 저의 시대에는 내리지 아니하고 그 아들의 시대에야 그의 집에 재앙을 내리리라 하셨더라"(왕상 21:29). 아합은 외적으로 회개의 표를 보였고, 잠시 동안 하나님 앞에서 겸비한 태도를 취하였습니다. 하나님께서는 이러한 아합의 태도를 보시고 심판의 시점을 연기하실 것을 말씀하셨습니다. 이것은 하나님께서 진노의 시기를 미루시는 긍휼을 베푸심을 보여주시고 아합으로 하여금 핑계할 수 없게 하시는 일반적인 선의 행하심입니다. 그러나 아합은 구원에 이르는 회개를 하지 않았습니다. 그가 잠시 동안은 겸비한 태도를 보였다고 할지라도 나중에는 멸망에 이르는 악행을 행하였습니다.

중생하지 않은 사람들이 행하는 일들은 내적으로는 "정결한 마음"에서 나온 것이 아니며 하나님의 말씀에 따라 올바른 방식으로 행해진 것도 아니고, 하나님의 영광을 목적으로 행해진 것도 아닙니다. 중생하지 않은 사람들의 이러한 행동은 겉보기에만 도덕적 행동일 뿐입니다. 이를테면 가인은 하나님께서 자신이 드린 땅의 소산의 제물을 받지 아니하시니 몹시 분하여 안색이 변하였습니다. 이것은 그가 정결한 마음에서 하나님께 제물을 드리지 않았음을 잘 드러냅니다. 이스라엘 백성이 하나님의 언약 아래 있음에도 하나님께서 말씀하신 바에 따라 제사를 드리지 않은 것은 그들이 올바른 방식으로 하나님을 섬기지 않고 있음을 보여줍니다. 사람들에게 보이려고 의를 행한 것은 하나님의 영광을 위한 일이 아닙니다. 이를테면 "그러므로 구제할 때에 외식하는 자가 사람에게서 영광을 받으려고 회당과 거리에서 하는 것 같이 너희 앞에 나팔을 불지 말라 진실로 너희에게 이르노니 그들은 자기 상을 이미 받았느니라"(마 6:2)라는 말씀에서 보는 바와 같습니다.

이처럼 외적으로는 도덕적 모양을 충분히 가졌지만 실상은 "죄 된 것이며 하나님의 기쁘시게 하지 못하고 또한 사람을 하나님에게서 은혜 받기에 합당한 자로 만들지" 못합니다. 중생하지 않은 사람의 행위는 비록 형태로는 도덕적이지만 그것의 근원과 뿌리는 죄성에 놓여 있습니다. 따라서 하나님께서 기뻐하실 일이 아닙니다. 또한 그것은 하나님 보시기에 합당하지 않을 뿐만 아니라, 하나님의 은혜를 받기에도 합당하지 않습니다. 이것을 얻기에 필요한 어떤 공로도 이루지를 못합니다.

그런다 하더라도 중생하지 않은 사람들이 겉보기로만 도덕적일지라도 이것을 소홀히 하는 것은 더욱 죄 된 것이며 하나님을 더욱 노엽게 합니다. 이를테면 "죄악을 행하는 자는 다 무지하냐 그들이 떡 먹듯이 내 백성을 먹으면서 여호와를 부르지 아니하는도다"(시 14:4)라는 말씀은 하나님의 도덕법의 정신과 권위를 거스르는 죄악을 행하는 자가 여호와를 부르지도 않는 죄로 인해 더욱 노여움 아래 있음을 교훈합니다. 오늘 살피는 신앙고백서는 겉보기에 동일한 도덕적 행위를 한다는 것만으로 이들에게도 구원이 은혜가 작용하고 있다는 식의 판단을 단호히 부정합니다.

적용 질문

1. 하나님을 믿지 않는 타 종교인들이나 이웃들이 성경에서 하나님께서 명하시는 바를 행하고 있는 경우를 본 적은 없으십니까? 사회에 유익을 끼치는 이러한 행위를 볼 때 여러분은 이들의 구원에 대해 어떠한 판단을 하게 됩니까?

2. 중생하지 않은 사람들이 겉보기에 도덕적 행위를 하지만 그것이 하나님을 기쁘시게 할 수 없는 이유는 무엇입니까?

3. 중생하지 않은 사람들이 자신과 다른 사람들에게 상당히 유익한 일을 무시한다면 이것에 대해 하나님께서는 어떻게 대응하십니까?

4. 여러분은 하나님께서 명하신 일을 하는 것에 있어서 중생한 사람과 중생하지 않은 사람 사이에 차이가 있다고 생각하십니까? 이 차이가 실제로 나타나고 있음을 본 적이 있습니까? 어떠할 때 그 차이를 발견합니까?

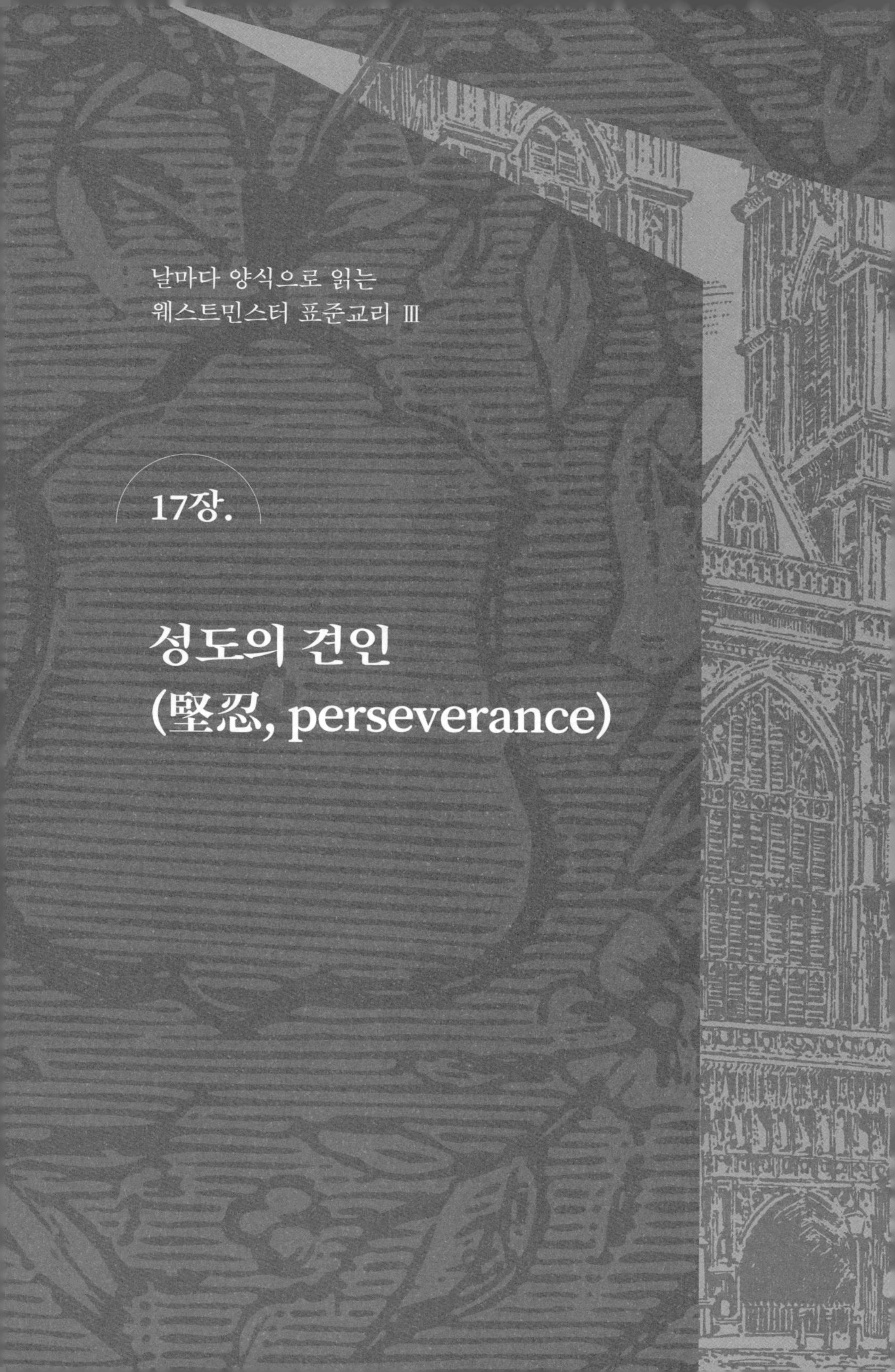

17장.

성도의 견인 (堅忍, perseverance)

6월
14일

참 신자와 은혜의 상태에서 떨어질 가능성

대요리문답 79

대요리문답 79:

문79. 참된 신자들이 자신의 불완전함과 자신을 압도하는 여러 가지 유혹과 죄 때문에 은혜의 상태에서 떨어질 수 있습니까?

답. 참된 신자들은 하나님의 변함없는 사랑,[1] 이들이 견인하게 하시는 하나님의 작정 및 언약,[2] 끊을 수 없는 그리스도와의 연합,[3] 이들을 위한 그리스도의 지속적인 간구,[4] 이들 안에 거하시는 성령님과 하나님의 씨로 인하여,[5] 은혜의 상태에서 완전히 그리고 최종적으로 떨어져 나갈 수 없을 뿐만 아니라,[6] 믿음을 통하여 구원에 이르도록 하나님의 능력으로 보존됩니다.[7]

대요리문답 79:

1) 렘 31:3.
2) 딤후 2:19; 히 13:20~21; 삼하 23:5.
3) 고전 1:8~9.
4) 히 7:25; 눅 22:32.
5) 요일 3:9; 2:27.
6) 렘 32:40; 요 10:28.
7) 벧전 1:5.

말씀 요절

렘 31:3 "옛적에 여호와께서 나에게 나타나사 내가 영원한 사랑으로 너를 사랑하기에 인자함으로 너를 이끌었다 하였노라"

딤후 2:19 "그러나 하나님의 견고한 터는 섰으니 인침이 있어 일렀으되 주께서 자기 백성을 아신다 하며 또 주의 이름을 부르는 자마다 불의에서 떠날지어다 하였느니라"

히 13:20-21 "양들의 큰 목자이신 우리 주 예수를 영원한 언약의 피로 죽은 자 가운데서 이끌어 내신 평강의 하나님이 모든 선한 일에 너희를 온전하게 하사 자기 뜻을 행하게 하시고 그 앞에 즐거운 것을 예수 그리스도로 말미암아 우리 가운데서 이루시기를 원하노라 영광이 그에게 세세무궁토록 있을지어다 아멘"

고전 1:8-9 "주께서 너희를 우리 주 예수 그리스도의 날에 책망할 것이 없는 자로 끝까지 견고하게 하시리라 너희를 불러 그의 아들 예수 그리스도 우리 주와 더불어 교제하게 하시는 하나님은 미쁘시도다"

히 7:25 "그러므로 자기를 힘입어 하나님께 나아가는 자들을 온전히 구원하실 수 있으니 이는 그가 항상 살아 계셔서 그들을 위하여 간구하심이라"

요일 3:9 "하나님께로부터 난 자마다 죄를 짓지 아니하나니 이는 하나님의 씨가 그의 속에 거함이요 그도 범죄하지 못하는 것은 하나님께로부터 났음이라"

요 10:28 "내가 그들에게 영생을 주노니 영원히 멸망하지 아니할 것이요 또 그들을 내 손에서 빼앗을 자가 없느니라"

벧전 1:5 "너희는 말세에 나타내기로 예비하신 구원을 얻기 위하여 믿음으로 말미암아 하나님의 능력으로 보호하심을 받았느니라"

교리 해설

오늘 읽는 대요리문답 79항은 참된 신자들이 불완전함에서 비롯되는 여러 유혹과 죄로 인하여 구원의 은혜에서 떨어질 수가 있는지를 살핍니다. 사람이 보기에는 확실하게 참된 신자로 여겨졌던 자가 신앙생활을 나태하게 하거나 이단에 빠지거나 심지어는 신앙을 부인하는 경우가 있습니다. 이들은 참된 신자였던 것일까요? 대요리문답은 참된 신자는 잠시 동안 심각한 죄에 빠져 있을 수 있지만 결코 완전히 최종적으로 은혜의 구원에서 떨어져 나가지 않는다고 교훈합니다. 만일 어떤 이가 완전히 최종적으로 떨어진다면, 그는 처음부터 참으로 중생한 자가 아닙니다. 중생한 자는 반드시 구원에 이르도록 하나님의 능력으로 보존되기 때문입니다.

성경의 사례들을 살펴봅니다. 예수님을 따르는 자이었고 교회에 속한 자이었지만 결국에 신앙의 길에서 떨어진 경우가 아닐까 싶은 자들이 있다면 어떤 자들이 있을까요? 그들은 참된 신자이었는데 은혜의 상태에서 떨어진 것일까요? 아니면 처음부터 참된 신자가 아니었던 것일까요? 구약성경에서 찾을 때 얼른 떠오르는 인물 가운데 사울을 꼽을 수 있습니다. 사울은 하나님의 언약 백성인 이스라엘의 왕이었으며 또한 하나님의 영을 받아 예언을 한 자이었습니다(삼상 10:10-11). 그러나 그는 사무엘이 정한 날에 오지 않자 제사장이 드려야 하는 제사를 자신이 임의로 드렸습니다. 이것은 하나님의 율법과 명령에 불순종한 행위였으며 사무엘은 그가 망령되이 행하였다고 책망하였습니다(삼상 13:8-9, 13-14). 또 하나님께서는 사울에게 아말렉과의 전쟁에서 승리를 주셨습니다. 이들을 진멸하라는 것이 하나님의 명령이었으나 사울은 임의로 아말렉 왕 아각을 살려두고 가장 좋은 가축을 남겨두었습니다. 사무엘에 의하여 불순종의 책망을 듣자 제사에 사용하려 한 것이라고 변명하였습니다. 그러나 사무엘은 유명한 말로 사울을 책망합니다. "여호와께서 번제와 다른 제사를 그의 목소리를 청종하는 것을 좋아하심같이 좋아하시겠나이까 순종이 제사보다 낫고 듣는 것이 숫양의 기름보다 나으니 이는 거역하는 것은 점치는 죄와 같고 완고한 것은 사신 우상에게 절하는 죄와 같음이라 왕이 여호와의 말씀을 버렸으므로 여호와께서도 왕을 버려 왕이 되지 못하게 하셨나이다"(삼상 15:22-23). 사울은 왕권만을 잃은 것일까요? 사울에게서는 회개의 모습을 찾을 수 없습니다. 성경은 이러한 사울을 보여주지 않습니다. 오히려 말년에 사울은 신접한 여인인 무당을 찾아 블레셋과의 전쟁의 결과를 묻는 불순종을 행합니다(삼상 28장). 사울의 죽음을 평가하면서 성경은 이렇게 정리합니다. "사울이 죽은 것은 여호와께 범죄하였기 때문이라 그가 여호와의 말씀을 지키지 아니하고 또 신접한 자에게 가르치기를 청하고 여호와께 묻지 아니하였으므로 여호와께서 그를 죽이시고 그 나라를 이새의 아들 다윗에게 넘겨 주셨더라"(대상 10:13-14). 성경은 사울과 관련하여 참 신자에게서 기대되는 회개와 믿음의 열매인 순종의 모습을 끝까지 보여주지 않습니다. 단정하기 어렵지만 그는 구원에 이른 믿음의 사람은 아니었다고 판단할 수 있습니다.

다른 예를 들어볼 때, 가룟 유다는 어떠할까요? 틀림없이 그는 신자의 무리 가운데 있었으나 은혜에서 떨어져 나간 자에 속하였을 것입니다. 그는 예수님께서 직접 부르신 열두 제자 가운데 한 사람이었습니다(마 10:4). 다른 제자들과 함께 귀신을 제어하며 병 고치는 능력과 권위를 받고 하나님 나라를 전파하는 일에 동참하였습니다(눅 9:1-2). 돈궤를 맡은 자이었으나 속으로는 도둑의 마음을 가진 자이었습니다. 결국 돈을 받고 예수님을 넘기었고 후에 가책을 받아 스스로 목매어 인생을 마친 자입니다(마 26:14-16; 27:5). 그는 처음부터 마귀에 속한 자이었던 것입니다(요 6:70-71). 또 사도행전 8장에 보면 시몬이라는 마술사는 많은 사람이 빌립의 전도를 받고 세례를 받자 자신도 믿고 세례를 받았습니다. 이후 그는 전심으로 빌립을 따라다니며 표적과 큰 능력을 보고 놀랐습니다. 그는 교회 안에 들어온 자로 보입니다. 그러한 그가 성령 받는 것을 돈으로 사려고 하자, 베드로는 그에게 은과 함께 망할 것이라 하고 하나님 앞에서 마음이 바르지 못하니 그리스도의 도에 관계도 없고 분깃도 없다고 말하며, "악독이 가득하며 불의에 매인" 자라고 판단을 내립니다(행 8:21-23). 시몬은 겉보기에 믿은 자이지만 하나님 앞에서 마음이 바르지 못하여 그리스도의 복음과 아무런 관계도 없고 분깃도 없는 자이었습니다.

그러면 이와 반대로 여러 가지 유혹과 죄 때문에 은혜의 상태에 떨어졌으나 결국에는 다시 회복하고 대요리문답 79항이 진술하듯이 "믿음을 통하여 구원에 이르도록 하나님의 능력으로 보존"된 사례로 어떤 자들을 성경에서 찾아볼 수 있겠습니까? 훌륭한 믿음의 선진 가운데 실수가 없었던 사람은 단 한 분도 없을 것입니다. 죽음을 보지 않고 하늘로 올라간 에녹의 경우(창 5:24)는 어떨까요? 그는 그리스도를 믿는 믿음으로 하나님을 기쁘시게 하는 자로서 구원을 받은 자이었습니다. 하나님께서는 죽음을 보지 않고 하늘로 옮기신 에녹을 통해서 그리스도를 믿는 모든 하나님의 자녀가 죽음에 대한 승리와 하늘의 기쁨을 누리게 될 것을 보여주신 것입니다. 에녹의 사건은 믿음의 사람이 누릴 영생의 복을 보여주는 특별한 표적인 것입니다.

경건한 믿음의 선진이면서도 실수와 죄를 범하였으나 회복된 사례들은 헤아릴 수도 없이 많습니다. 모든 사람에게 예외 없이 있는 일이기 때문입니다. 대표적으로 다윗과 솔로몬을 들어봅니다. 먼저 다윗은 골리앗과의 싸움에서 전적으로 여호와 하나님을 신뢰하는 믿음을 보여주었습니다(삼상 17:37, 45). 또한 자신의 목숨을 해하려는 사울을 죽일 기회가 있었지만 여호와의 기름 부음 받은 자를 치는 것은 하나님께서 금하는 것이라 하여 순종하고 그 기회를 포기하는 경건과 믿음의 모습을 보여주었습니다(삼상 24:6). 다윗은 하나님을 모시는 일을 경외하고 두려워하였습니다(삼하 6:9). 그러나 그는 여호와의 궤를 모시는 자리에서 기쁨으로 힘을 다하여 춤을 추었고 하나님께 번제와 화목제를 드렸습니다(삼하 6:14, 17). 다윗에게 있는 성전 건축의 열망은 그가 하나님의 언약 아래 살기를 기뻐하며 참 신자로 사는 자임을 잘 보여줍니다. 그러나 그러한 다윗도 타락하여 큰 죄를 범하였습니다. 사무엘하 11장은 다윗의 죄를 자세히 기록합니다. 그는 자신의 충실한 장수인 우리아의 아내인 밧세바와 간통합니다. 그런데 밧세바가 임신을 하게 되자, 이 죄를 덮으려 우리아를 전장에서 불러 동침하게 하지만 우리아의 충성심으로 인해 실패로 돌아가자, 그 충성된 우리아를 전투에서 죽게끔 계획을 꾸며 살인 교사의 죄를 범합니다. 다윗은 6계명과 7계명을 어긴 것이며, 하나님과의 언약 안에서 왕의 직무를 감당하여야 하는 신실함을 무너뜨렸습니다. 그럼에도 다윗은 은혜에서 최종적으로 완전히 떨어지지 않았습니다. 다윗은 회개하였고 하나님께서는 용서를 베풀어 주셨습니다. "다윗이 나단에게 이르되 내가 여호와께 죄를 범하였노라 하매 나단이 다윗에게 말하되 여호와께서도 당신의 죄를 사하셨나니 당신이 죽지 아니하려니와"(삼하 12:13). 이후 다윗은 밧세바와의 사이에 낳은 아이가 죽는 징계를 받습니다. 더욱 심각한 것은 영적이며 도덕적인 권위를 잃어버린 다윗의 집에는 큰 비극이 일어났다는 점입니다. 암논이 누이 다말을 겁탈한 일(삼하 13:14), 압살롬이 암논을 살해한 일(삼하 13:28-29), 압살롬이 다윗을 반역한 일(삼하 15-18장), 그리고 아도니야의 반역과 솔로몬에 의한 처단(왕상 1-2장)의 사건들을 겪습니다. 하나님께서는 징계로 다윗의 집안을 철저하게 무너뜨리는 재앙을 내리셨습니다. 다윗의 회개는 시편 51편에 잘 나타나 있습니다. "하나님이여 주의 인자를 따라 내게 은혜를 베푸시며 주의 많은 긍휼을 따라 내 죄악을 지워 주소서 … 내가 주께만 범죄하여 주의 목전에 악을 행하였사오니 주께서 말씀하실 때에 의로우시다 하고 주께서 심판하실 때에 순전하시다 하리이다 … 하나님이여 내 속에 정한 마음을 창조하시고 내 안에 정직한 영을 새롭게 하소서 … 주의 구원의 즐거움을 내게 회복시켜 주시고 자원하는 심령을 주사 나를 붙드소서 … 하나님께서 구하시는 제사는 상한 심령이라 하나님이여 상하고 통회하는 마음을 주께서 멸시하지 아니하시리이다"(1, 4, 10, 12, 17절). 이상의 몇 구절만이 아니라 시편 51편 전체는 참으로 회개하는 참 신자의 영적 상태를 잘 보여줍니다. 다윗은 회복의 은혜를 입고 믿음으로 열조에게 돌아갑니다. 그의 시편 32:1 "허물의 사함을 받고 자신의 죄가 가려진 자는 복이 있도다"라는 구절은 바울이 인용하면서 의롭다 하시는 은혜에 대한 증거로 제시하는 구절입니다.

솔로몬은 여호와를 사랑하고 다윗의 법도를 행한 자이었고(왕상 3:3), 겸손히 지혜를 구한 자이었으며(왕상 3:6-9) 성전을 건축하고 하나님의 언약에 충실한 헌신 깊은 봉헌기도를 드렸던 인물이었습니다(왕상 8:22-61). 그러한 솔로몬에게 하나님께서는 두 번이나 나타나셔서 복을 약속하셨습니다(왕상 3:5-14; 9:1-9). 그러나 이러한 솔로몬이 심각한 악을 범하여 타락의 길에 빠졌습니다. 열왕기상 11장의 기록에 보면, 솔로몬은 이방 여인을 사랑하였고(1절), 무려 후궁을 칠백 명, 첩을 삼백 명이나 두었으며(3절), 노년에 이 여인들에 의하여 마음을 돌려 다른 신들을 따르는 악을 행하였습니다(4, 6절). 더 나아가 아예 각종 이방 신들의 산당을 예루살렘 앞산에 지었고 그것들에게 분향하며 제사하는 악을 범하였습니다(7-8절). 여호와께서 솔로몬이 여호와의 명령을 지키지 않음으로 그에게 진노하셨습니다(9-10절). 그런데 솔로몬은 징계를 받았으나 버림을 당하지 않았습니다. 그는 나라를 빼앗깁니다. 하지만 자신의 당대에는 면함을 받고 그의 아들의 손에서 빼앗김을 당합니다(왕상 11:11-13). 그러면서도 솔로몬의 아들이 물려받은 나라에 하나님께서 자신의 이름을 두셔서 다윗과 맺은 언약을 계승하도록 하십니다(왕상 11:36; 삼하 7:14-15). 솔로몬은 돌이켜 회개하였나요? 솔로몬의 전도서는 솔로몬의 회개를 반영하고 있음을 시사합니다. 그는 전도서를 마무리하면서 마지막에 "일의 결국을 다 들었으니 하나님을 경외하고 그의 명령들을 지킬지어다 이것이 모든 사람의 본분이니라 하나님은 모든 행위와 모든 은밀한 일을 선악 간에 심판하시리라"(전 12:13-14)라는 문장으로 끝을 맺습니다. 솔로몬은 완전히 그리고 최종적으로 은혜에서 떨어지지 않았으며 하나님의 능력으로 믿음 가운데 보존되었습니다.

적용 질문

1. 신자들이 여러 유혹과 죄를 범하는 것을 주변에서 보십니까? 여러분은 이러한 경우를 볼 때 그러한 자들이 그럼에도 여전히 구원의 은혜 안에 있는 자라고 판단하시나요? 무엇으로 알 수 있을까요?

2. 유혹과 죄를 범하는 자는 참된 신자가 아니고, 그렇지 않은 자라야 참된 신자라는 생각에 대한 여러분의 판단은 어떠하십니까?

3. 성경에 나오는 인물 가운데 교리 해설에서 살펴본 사울과 가룟 유다 이외에 유혹과 죄에 빠져서 결국에 구원에 은혜에서 떨어져 나간 경우를 찾아보시기 바랍니다. 여러분은 왜 그 사람이 그러하다고 판단하십니까?

4. 성경에 나오는 인물 가운데 교리 해설에서 살펴본 다윗과 솔로몬 이외에 유혹과 죄에 빠졌으나 완전히 최종적으로 은혜에서 떨어져 나가지 않고 회복된 경우를 찾아보시기 바랍니다. 여러분은 왜 그 사람이 그러하다고 판단하십니까?

6월
15일

참 신자의 영원한 구원의 확실성

신앙고백서 17.1

신앙고백서
17.1

하나님께서 그분 자신이 사랑하시는 자 안에서 기쁘게 받으시고 자신의 성령으로 효과 있게 부르시고 거룩하게 하신 사람들은 은혜의 상태에서 완전히 또는 최종적으로 떨어져 나갈 수 없다. 오히려 은혜의 상태 안에서 마지막까지 확실히 견뎌낼 것이며, 영원히 구원받을 것이다.[1]

1) 빌 1:6; 벧후 1:10; 요 10:28~29; 요일 3:9; 벧전 1:5, 9.

말씀 요절

빌 1:6 "너희 안에서 착한 일을 시작하신 이가 그리스도 예수의 날까지 이루실 줄을 우리는 확신하노라"

벧후 1:10 "그러므로 형제들아 더욱 힘써 너희 부르심과 택하심을 굳게 하라 너희가 이것을 행한즉 언제든지 실족하지 아니하리라"

요 10:28-29 "내가 그들에게 영생을 주노니 영원히 멸망하지 아니할 것이요 또 그들을 내 손에서 빼앗을 자가 없느니라 그들을 주신 내 아버지는 만물보다 크시매 아무도 아버지 손에서 빼앗을 수 없느니라"

요일 3:9 "하나님께로부터 난 자마다 죄를 짓지 아니하나니 이는 하나님의 씨가 그의 속에 거함이요 그도 범죄하지 못하는 것은 하나님께로부터 났음이라"

벧전 1:5, 9 "너희는 말세에 나타내기로 예비하신 구원을 얻기 위하여 믿음으로 말미암아 하나님의 능력으로 보호하심을 받았느니라 … 믿음의 결국 곧 영혼의 구원을 받음이라"

교리 해설

대요리문답 79항에서 참 신자는 자신의 불완전함과 자신을 압도하는 여러 가지 유혹과 죄 때문에 은혜의 상태에서 완전히 그리고 최종적으로 떨어져 나갈 수 없음을 성경의 인물 사례를 살피면서 학습했습니다. 오늘은 신앙고백서 17.1을 읽으면서 참 신자가 이렇게 은혜의 상태에서 완전히 그리고 최종적으로 결코 떨어지지 않게 되는 영적 근거가 무엇인지를 살펴봅니다.

첫째로 참 신자는 하나님께서 그분 자신이 사랑하시는 자 안에서 기쁘시게 받은 자입니다. 여기서 "그분 자신이 사랑하시는 자"라는 표현은 에베소서의 말씀입니다. "이는 그가 사랑하시는 자 안에서 우리에게 거저 주시는 바 그의 은혜의 영광을 찬송하게 하려는 것이라"(엡 1:6). 하나님 아버지와 예수님의 관계는 영원히 나신 아들로 표현됩니다(신앙고백서 2.3). 아버지와 아들로서 계시는 관계성 안에서 아버지 하나님께서는 아들 하나님을 창세 전부터 사랑하십니다(요 17:24). 따라서 사람으로 오신 성자 하나님이신 예수님은 하나님 아버지가 몹시 기뻐하시며 사랑하시는 아들입니다. "하늘로부터 소리가 있어 말씀하시되 이는 내 사랑하는 아들이요 내 기뻐하는 자라 하시니라"(마 3:17).

그런데 이처럼 하나님께서 그분 자신이 사랑하시는 자 안에서 "기쁘시게 받은"이라는 표현은 사랑하시는 자가 이루신 공로와 관련합니다. 그리스도께서는 "사람의 모양으로 나타나사 자기를 낮추시고 죽기까지 복종하셨으니 곧 십자가에 죽으심이라"(빌 2:8)라는 말씀대로 하나님 아버지의 뜻에 순종하시고 또 모든 고난을 받으심으로 죄인을 구원하는 공로를 세우셨습니다. 이 공로로 인하여 그리스도 안에 있는 자는 의롭다 하시는 은혜로 말미암아 의인이 되고, 또 양자로 삼으심의 은혜로 말미암아 양자가 되어 하나님의 사랑하심을 받는 하나님 가족의 일원이 됩니다(신앙고백서 12.1). 곧 그리스도 안에 있는 자는 하나님의 값없는 은혜로 인하여 그리스도와 연합한 자이며, 그리스도는 하나님께서 기뻐하시는 자이므로 그리스도와 연합한 자들도 하나님께서 기뻐하십니다.

둘째로, 참 신자가 완전히 또는 최종적으로 은혜에서 떨어져 나갈 수가 없는 또 다른 이유는 성령 하나님의 사역 때문입니다. 5월 1일과 2일에 효과 있는 부르심에 대해 소요리문답 31항, 대요리문답 67항, 그리고 신앙고백서 10.1을 읽으면서 말씀과 성령을 통하여 선택하신 자들을 정하신 때에 예수 그리스도에게로 부르시는 하나님의 전능하신 능력과 은혜의 사역에 대하여 학습했습니다. 이 부르심은 하나님께서 생명에 이르도록 예정하신 모든 사람들만을 향하여 주어집니다. 그리고 그 부르심의 효과는 반드시 나타납니다. 성령 하나님으로 "효과 있게 부르시고"에 이어 "거룩하게 하신"이라는 표현은 참 신자의 중요한 증거를 지시합니다. 앞서 구원하는 믿음은 의롭다 하심을 받는 사람 안에 홀로 있지 않고 다른 모든 구원하는 은혜를 동반하며, 사랑으로 역사한다는 것을 학습했습니다(신앙고백서 11.2). 이러한 믿음을 가진 사람에게 하나님께서는 거룩하게 하시는 은혜를 베푸시어 그자로 하여금 효과 있는 부르심에 의하여 새롭게 창조된 새 마음과 새 영을 따라서 실제로 또 인격적으로 거룩하게 되도록 만드십니다(신앙고백서 13.1). 그리하여 이러한 신자는 하나님의 계명에 순종하여 선행을 행하며 참되고 살아 있는 믿음의 열매를 맺고 증거를 보입니다.

오늘 읽는 신앙고백서는 이러한 참 신자가 신앙의 여정 가운데 자신의 불완전함으로 인하여 유혹과 죄에 압도되는 경우를 당할 때가 있다 하더라도 "오히려 은혜의 상태에서 마지막까지 확실히 견뎌낼 것이며, 영원히 구원받을 것"이라고 진술합니다. 성도가 유혹과 죄와 싸워 견디어내면서 믿음의 길을 마지막까지 경주하는 일의 종착점은 영원한 구원입니다. 영원한 구원은 한시적인 것이 아니며 변질되는 것이 아닙니다. 확정된 구원입니다. 그리고 성도가 믿음으로 끝까지 견디어 결코 완전히 그리고 최종적으로는 믿음의 길에서 벗어나지 않을 수 있는 것은 5월 24일 신앙고백서 13.3에서 읽은 바대로 거룩하게 하시는 그리스도의 성령께서 중생한 소욕이 남아 있는 부패를 마침내 이기도록 힘을 계속 공급해 주시기 때문입니다. 그러하므로 참 신자가 마지막까지 확실히 견디내고, 영원히 구원받는 일은 "은혜의 상태" 안에서 이루어집니다.

적용 질문

1. 여러분은 그리스도와 그분의 의를 참으로 믿는 신자는 결코 구원에서 떨어져 나가지 않을 것이라고 생각하십니까? 이것이 여러분에게 적용되어 여러분도 구원에서 떨어져 나가지 않을 것이라고 믿으십니까?

2. 참된 신자가 은혜의 상태에서 완전히 또는 최종적으로 떨어져 나갈 수 없는 이유 두 가지를 오늘 읽은 신앙고백서 17.1에서 찾아 설명하시기 바랍니다.

3. 참된 신자가 유혹과 죄와 싸울 때 마지막까지 견디낼 수 있고 마침내 영원히 구원받을 수 있기 위하여 어떤 은혜가 계속해서 필요합니까?

4. 여러분은 영원히 구원받을 마지막까지 믿음의 여정을 확실히 견디낼 것을 확신하십니까? 오늘 학습한 내용이 시련 중이나 시험 가운데 있는 성도에게 어떤 권면과 위로를 줍니까?

6월 16일

성도의 견인의 근거

신앙고백서 17.2

신앙고백서 17.2

이 성도의 견인은 성도 자신의 자유의지에 달린 것이 아니다. 이것은 하나님 아버지께서 값없이 주시는 변함없는 사랑에서 흘러나오는 선택 작정의 불변성에,[1] 예수 그리스도의 공로와 간구의 유효성에,[2] 또한 이들 안에 성령 하나님과 하나님의 씨가 내주하심에,[3] 그리고 은혜 언약의 본질에 달린 것이다.[4] 견인의 확실성과 무오성은 이 모든 것에서 발생한다.[5]

1) 딤후 2:18~19; 렘 31:3.
2) 히 10:10, 14; 13:20~21; 9:12~15; 롬 8:33~39; 요 17:11, 24; 눅 22:32; 히 7:25.
3) 요 14:16~17; 요일 2:27; 3:9.

신앙고백서 17.2

4) 렘 32:40.

5) 요 10:28; 살후 3:3; 요일 2:19.

말씀 요절

딤후 2:18-19 "진리에 관하여는 그들이 그릇되었도다 부활이 이미 지나갔다 함으로 어떤 사람들의 믿음을 무너뜨리느니라 그러나 하나님의 견고한 터는 섰으니 인침이 있어 일렀으되 주께서 자기 백성을 아신다 하며 또 주의 이름을 부르는 자마다 불의에서 떠날지어다 하였느니라"

요 17:11, 24 "나는 세상에 더 있지 아니하오나 그들은 세상에 있사옵고 나는 아버지께로 가옵나니 거룩하신 아버지여 내게 주신 아버지의 이름으로 그들을 보전하사 우리와 같이 그들도 하나가 되게 하옵소서 … 아버지여 내게 주신 자도 나 있는 곳에 나와 함께 있어 아버지께서 창세 전부터 나를 사랑하시므로 내게 주신 나의 영광을 그들로 보게 하시기를 원하옵나이다"

요 14:16-17 "내가 아버지께 구하겠으니 그가 또 다른 보혜사를 너희에게 주사 영원토록 너희와 함께 있게 하리니 그는 진리의 영이라 세상은 능히 그를 받지 못하나니 이는 그를 보지도 못하고 알지도 못함이라 그러나 너희는 그를 아나니 그는 너희와 함께 거하심이요 또 너희 속에 계시겠음이라"

어제 학습한 내용을 기억해 봅니다. 하나님께서 그리스도 안에서 받으시고 성령으로 효과 있게 부르시고 거룩하게 하신 사람들은 은혜의 상태 안에서 마지막까지 믿음의 길을 견뎌내어 영원히 구원을 받을 것임을 배웠습니다. 이러한 모든 일은 "은혜의 상태 안에서" 이루어지는 일입니다. 오늘 읽는 신앙고백서 17.2은 은혜의 상태 안에서 이루어지는 성도의 견인의 근거가 무엇인지에 대해서 교훈합니다.

먼저 신앙고백서는 성도의 견인의 근거가 성도 자신의 자유의지에 달린 것이 아니라는 점을 진술합니다. 펠라기우스주의자나 아르미니우스주의자는 성도의 견인이 자유의지에 달렸다고 주장합니다. 원죄를 전자는 부인하고 후자는 인정하지만, 둘 다 사람이 중립적인 위치에서 영적인 선과 악, 순종과 불순종을 자유의지로 선택한다고 생각하는 점에서 일치합니다. 그러나 자유의지는 마음에 원하는 바를 행하는 데에 그 본질이 있습니다. 마음이 부패한 자는 부패한 마음을 따라 자원하여 행하며, 중생의 은혜를 받은 자는 성령의 인도함을 따라 자원하여 행합니다. 이 둘의 차이는 사람이 중립적인 위치에서 자신의 의지로 양자 가운데 하나를 선택한 결과가 아닙니다. 각각 자신의 마음의 성향을 따라 원하는 바를 선택한 차이로 나타나는 것입니다. 그러므로 성도가 자신의 불완전함에도 불구하고 "여러 가지 유혹과 죄"의 압박에 맞서 믿음의 여정을 끝까지 인내로 견뎌내어 마지막에 영원한 구원을 얻는 일은 성도의 중립적인 자유의지의 결과가 아닙니다. 그것은 사람이 성령 하나님께서 인도하시는 마음의 원함을 따라갈 때 비로소 이루어지는 것입니다.

오늘의 신앙고백서는 성도의 견인의 근거를 네 가지로 정리하여 바르게 제시해 줍니다. 첫 번째는 "하나님 아버지께서 값없이 주시는 변함없는 사랑에서 흘러나오는 선택 작정의 불변성"입니다. 하나님께서는 영원부터 변치 않게 작정하셨습니다(신앙고백서 3.1). 그리고 하나님께서는 인류 가운데 생명을 얻도록 예정된 사람들을 선택하셨습니다. 이 선택은 하나님께서 값없이 주시는 은혜와 사랑만으로 된 일입니다(신앙고백서 3.5). 이러한 작정은 사람이 믿거나 행할 것으로 보는 어떤 믿음이나 공로가 아니라, 오직 하나님 아버지의 사랑 안에서 비롯된 것입니다. 하나님의 사랑은 변함이 없습니다. "내가 확신하노니 사망이나 생명이나 천사들이나 권세자들이나 현재 일이나 장래 일이나 능력이나 높음이나 깊음이나 다른 어떤 피조물이라도 우리를 우리 주 그리스도 예수 안에 있는 하나님의 사랑에서 끊을 수 없으리라"(롬 8:38-39).

두 번째는 "예수 그리스도의 공로와 간구의 유효성"입니다. 이점에 대해서는 4월 17일에 읽은 대요리문답 55항의 답변 가운데 정확하게 진술이 제시되고 있습니다. "그리스도께서 간구하심은 땅에서 행하신 그 분의 순종과 희생 제사의 공로로, 하늘에서 성부 앞에 우리의 본성을 가지고 끊임없이 나타나시어, 그 공로가 모든 신자에게 적용되는 것이 자신의 뜻임을 선언하심입니다." 그리스도의 간구는 그분 자신의 공로에 근거합니다. 그분의 순종과 희생제사의 공로는 완전하므로 그리스도의 간구는 유효성을 갖습니다. "그러므로 자기를 힘입어 하나님께 나아가는 자들을 온전히 구원하실 수 있으니 이는 그가 항상 살아 계셔서 그들을 위하여 간구하심이라"(히 7:25).

세 번째는 "성도 안에 성령 하나님과 하나님의 씨가 내주하심"입니다. 성령 하나님께서는 신자 가운데 내주하십니다. "내가 아버지께 구하겠으니 그가 또 다른 보혜사를 너희에게 주사 영원토록 너희와 함께 있게 하리니 그는 진리의 영이라 세상은 능히 그를 받지 못하나니 이는 그를 보지도 못하고 알지도 못함이라 그러나 너희는 그를 아나니 그는 너희와 함께 거하심이요 또 너희 속에 계시겠음이라"(요 14:16-17). 이 말씀을 주신 예수님께서는 진리의 영이신 성령 하나님께서 영원토록 우리와 함께 계심을 약속하셨습니다. 하나님의 씨가 내주한다는 사실에 대해서는 "하나님께로부터 난 자마다 죄를 짓지 아니하나니 이는 하나님의 씨가 그의 속에 거함이요 그도 범죄하지 못하는 것은 하나님께로부터 났음이라"(요일 3:9)라는 말씀이 증언합니다.

네 번째는 "은혜 언약의 본질"입니다. 은혜 언약의 본질에 대한 이해는 3월 11일에 읽은 신앙고백서 7.3에서 설명되고 있습니다. 관련 진술은 "주님께서 죄인들에게 예수 그리스도에 의한 생명과 구원을 값없이 제안하셨으며, 구원받기 위하여 이들에게 그리스도를 믿을 것을 요구하셨고, 생명에 이르도록 작정된 모든 사람에게 그분의 성령을 주시어 이들이 믿기를 원하고 믿을 수 있게 해 주실 것을 약속하셨다"라고 되어 있습니다. 이것에 비추어 볼 때 은혜 언약의 요점은 하나님께서 제안하시어 이루어지는 것이며, 생명과 구원을 그리스도 안에서 값없이 받도록 하시는 것이고, 그리스도를 믿는 믿음을 성령을 주시는 것으로 정리됩니다.

이러한 네 가지 근거는 모두 성부 하나님, 성자 하나님, 성령 하나님의 구속 사역에 근거합니다. 요컨대 성도의 견인은 성도 자신의 자유의지에 달린 것이 아니라 삼위일체 하나님의 사랑과 은혜에 따른 구속 사역에 달린 것입니다. 그러므로 성도의 견인은 확실하며 무오합니다.

적용 질문

1. 사람이 스스로 자신의 믿음을 마지막까지 지켜서 영원한 구원을 얻는다면 여러분은 여러분의 믿음이 끝까지 견딜 것이라고 확신할 수 있습니까?

2. 오늘의 신앙고백서가 정리해 주는 성도의 견인의 근거는 무엇입니까? 그것 하나하나를 설명하실 수 있겠습니까?

3. 성도가 한평생을 살다가 마침내 주의 낙원에 이르게 되는 마지막 날까지 믿음을 끝까지 인내하고 견딜 수 있을 것이라고 틀림없이 확신할 수 있겠습니까? 어떻게 그럴 수가 있겠습니까?

4. 성도의 견인이 결국 은혜 언약에서 약속된 것이며 삼위일체 하나님의 사역에 근거한 것임을 설명하실 수 있습니까?

6월

17일

시험과 유혹으로 인한 은혜의 일시적 상실과 징계

신앙고백서 17.3

신앙고백서 17.3

그럼에도 성도는 사탄과 세상의 유혹으로 말미암아, 이들 안에 남아 있는 부패의 득세로 인해, 또한 자신들을 보존하는 방편들을 등한시함으로써 중대한 죄에 빠질 수 있으며,[1] 얼마 동안 그 죄에 계속 머물 수 있다.[2] 그리하여 이들은 하나님을 노여워하게 하며,[3] 성령 하나님을 근심케 하고,[4] 어느 정도의 은혜와 위로를 빼앗기게 되며,[5] 마음이 완고해지고,[6] 양심이 상처를 입게 된다.[7] 또한 다른 사람들에게 상처를 주고 걸려 넘어지게 하며,[8] 현세에서 받는 심판을 자초한다.[9]

1) 마 26:70, 72, 74.

신앙고백서 17.3

2) 시 51편 표제, 51:14.

3) 사 64:5, 7, 9; 삼하 11:27.

4) 엡 4:30.

5) 시 51:8, 10, 12; 계 2:4; 아 5:2~4, 6.

6) 사 63:17; 막 6:52; 16:14.

7) 시 32:3~4; 51:8.

8) 삼하 12:14.

9) 시 89:31~32; 고전 11:32.

말씀 요절

마 26:70, 72, 74 "베드로가 모든 사람 앞에서 부인하여 이르되 나는 네가 무슨 말을 하는지 알지 못하겠노라 하며 … 베드로가 맹세하고 또 부인하여 이르되 나는 그 사람을 알지 못하노라 하더라 … 그가 저주하며 맹세하여 이르되 나는 그 사람을 알지 못하노라 하니 곧 닭이 울더라"

시 51:14 "하나님이여 나의 구원의 하나님이여 피 흘린 죄에서 나를 건지소서 내 혀가 주의 의를 높이 노래하리이다"

삼하 11:27 "그 장례를 마치매 다윗이 사람을 보내 그를 왕궁으로 데려오니 그가 그의 아내가 되어 그에게 아들을 낳으니라 다윗이 행한 그 일이 여호와 보시기에 악하였더라"

엡 4:30 "하나님의 성령을 근심하게 하지 말라 그 안에서 너희가 구원의 날까지 인치심을 받았느니라"

계 2:4 "그러나 너를 책망할 것이 있나니 너의 처음 사랑을 버렸느니라"

사 63:17 "여호와여 어찌하여 우리로 주의 길에서 떠나게 하시며 우리의 마음을 완고하게 하사 주를 경외하지 않게 하시나이까 원하건대 주의 종들 곧 주의 기업인 지파들을 위하사 돌아오시옵소서"

시 32:3-4 "내가 입을 열지 아니할 때에 종일 신음하므로 내 뼈가 쇠하였도다 주의 손이 주야로 나를 누르시오니 내 진액이 빠져서 여름 가뭄에 마름 같이 되었나이다 (셀라)

삼하 12:14 "이 일로 말미암아 여호와의 원수가 크게 비방할 거리를 얻게 하였으니 당신이 낳은 아이가 반드시 죽으리이다 하고"

고전 11:32 "우리가 판단을 받는 것은 주께 징계를 받는 것이니 이는 우리로 세상과 함께 정죄함을 받지 않게 하려 하심이라"

교리 해설

참믿음을 고백하는 성도는 믿음의 여정에서 마지막 영생에 이르기까지 끝까지 믿음을 인내하며 지킵니다. 이러한 성도의 견인은 성도 자신의 자유의지에 달린 것이 아니라, 삼위일체 하나님의 구속 사역에 근거합니다. 곧 하나님 아버지의 선택 작정에, 또 예수 그리스도의 공로와 간구에, 성령 하나님과 하나님의 씨에 근거합니다. 작정은 불변하며 공로와 간구는 유효하고, 성령 하나님은 내주하시므로 삼위일체 하나님의 구속 사역은 은혜 언약에 약속된 모든 것을 확실히 그리고 무오하게 성취합니다. 이 은혜를 받는 모든 성도는 믿음의 길을 끝까지 인내로 경주합니다.

그러나 6월 14일에 대요리문답 79항을 읽을 때 성경의 인물 사례를 살펴본 바와 같이 구원에 이른 성도라 할지라도 은혜의 상태에서 일시적으로 떨어집니다. 오늘 읽는 신앙고백서 17.3은 이러한 상황과 관련한 교훈을 전합니다. 우선 신앙고백서는 성도가 중대한 죄에 빠질 수 있음을 진술합니다. 그것은 "그럼에도 성도는 사탄과 세상의 유혹으로 말미암아, 이들 안에 남아 있는 부패의 득세로 인해, 또한 자신들을 보존하는 방편들을 등한시함으로써 중대한 죄에 빠질 수 있으며, 얼마 동안 그 죄에 계속 머물 수 있다"라는 진술입니다. 성도가 죄에 빠지게 되는 상황을 일으키는 네 가지 사항을 지적합니다. 먼저 두 가지는 외적인 측면입니다. 하나는 사탄의 공격입니다. 성경은 이것을 경계하라고 말씀합니다. "마귀의 간계를 능히 대적하기 위하여 하나님의 전신 갑주를 입으라"(엡 6:11). 다른 하나는 세상의 유혹입니다. "이 세상이나 세상에 있는 것들을 사랑하지 말라 누구든지 세상을 사랑하면 아버지의 사랑이 그 안에 있지 아니하니 이는 세상에 있는 모든 것이 육신의 정욕과 안목의 정욕과 이생의 자랑이니 다 아버지께로부터 온 것이 아니요 세상으로부터 온 것이라"(요일 2:15-16). 세 번째는 성도 안에 남아 있는 부패입니다. 5월 23일에 신앙고백서 13.2와 대요리문답 78항을 읽으면서 성도에게는 이생에서 각 부분마다 부패가 얼마간 여전히 남아 있음을 학습했습니다. 그리고 이것은 2월 28/29일에 읽은 신앙고백서 6.5가 진술하고 있는 것처럼 중생한 사람들에게도 생애 내내 남아 있습니다. 앞서 살핀 두 가지 사항이 신자의 외적인 측면이라면 남아 있는 부패는 내적 측면입니다. 이것은 "내 속 곧 내 육신에 선한 것이 거하지 아니하는 줄을 아노니 원함은 내게 있으나 선을 행하는 것은 없노라"(롬 7:18).

네 번째는 위에서 언급한 세 가지 측면에서의 공격에 넘어져서 그 결과 자신들을 보존하는 방편들을 등한시하는 것입니다. 여기서 보존의 방편이란 5월 29일 신앙고백서 4.1에 "이 믿음의 은혜는 그리스도의 성령께서 이들 마음 안에서 행하시는 일이며 통상적으로 말씀 사역에 의해 이루어진다. 또한 말씀 사역에 의해, 그리고 성례의 시행과 기도에 의해 이 믿음이 증가되고 강화된다"라고 진술하고 있는 것에서 알 수 있듯이 말씀 사역, 성례의 시행과 기도를 말합니다.

이 네 가지가 나름의 상황과 원인이 되어 신자라도 중대한 죄에 빠질 수 있으며, 단지 한 번만이 아니라 얼마 동안 그 죄에 머물 수 있습니다. 그러나 참 신자는 이 죄에 영구적으로 머물지 않습니다. 머물러 있는 동안에 하나님께서 내리시는 징계로 인하여 돌이킵니다. 이 징계는 하나님의 노여워하심을 나타냅니다. 죄에 빠진 성도는 그들 안에 내주하시는 성령 하나님을 근심케 합니다. 다윗은 범죄한 후에 시편 51편에서 "나를 주 앞에서 쫓아내지 마시며 주의 성령을 내게서 거두지 마소서 주의 구원의 즐거움을 내게 회복시켜 주시고 자원하는 심령을 주사 나를 붙드소서"(11-12절)라고 간구함으로 성령 하나님을 근심케 함으로 오는 영적 상태를 보여줍니다. 이러한 자는 구원의 은혜와 위로를 어느 정도 빼앗깁니다. 더 나아가 진리의 말씀 앞에서 완고한 태도를 보이는 일조차 벌어지고, 양심이 상처를 받아 영적 감각이 무뎌집니다. 성도의 죄는 다른 사람들의 신앙에 상처를 주고 이들로 실족하게 하며 걸려 넘어지게 합니다. 그리고 현세에서 심판을 받는 일을 자초합니다. 이를테면 다윗이 받은 것과 같이 자식의 반란과 자식들 사이에 벌어진 비극, 또는 모세가 받은 것과 같이 가나안 땅에 들어가지 못하는 복의 상실, 또는 영적 침체, 평판과 영향력 상실 등입니다.

적용 질문

1. 성도가 중대한 죄에 빠지게 되고 또 얼마 동안 그 죄에 머물 수 있습니다. 여러분은 그러한 경우를 보신 적이 있습니까? 이러한 것에 대한 여러분의 판단은 어떠합니까?

2. 성도가 중대한 죄에 빠져 일정 기간 머물기도 하는 일이 어떻게 해서 일어납니까?

3. 성도가 이처럼 중대한 죄에 빠지고 또 바로 나오지 못한 채 일정 기간 머물게 될 경우, 그가 겪어야 하는 영적 사태나 상황들은 어떠합니까?

4. 중대한 죄에 빠진 성도로 인하여 그리고 얼마 동안 그 죄에 계속 머물러 있는 성도로 인하여 신앙에 실족함을 겪은 다른 성도를 본 적이 있습니까? 여러분은 실족한 성도에게 어떤 말을 해주실 수 있습니까?

18장.

은혜와 구원의 확신

6월 18일

구원의 헛된 억측과 참된 확신

신앙고백서 18.1

신앙고백서 18.1

위선자들과 중생하지 못한 사람들이 하나님의 호의와 구원의 상태에 있다는 거짓된 소망과 육적인 억측으로 자신을 헛되게 속일 수 있다.[1] 이들의 이 소망은 소멸할 것이다.[2] 그러나 주 예수님을 참되게 믿고 진심으로 사랑하여 주님 앞에서 지극히 선한 양심으로 살고자 노력하는 사람들은 이 생애에서 자신들이 은혜의 상태에 있음을 확실하게 확신할 수 있고,[3] 하나님의 영광을 소망하는 가운데 기뻐할 수 있다. 이 소망은 이들을 결코 부끄럽게 하지 않을 것이다.[4]

1) 욥 8:13~14; 미 3:11; 신 29:19; 요 8:41.

2) 마 7:22~23.

신앙고백서 18.1

3) 요일 2:3; 3:14, 18~19, 21, 24; 5:13.

4) 롬 5:2, 5.

말씀 요절

욥 8:13-14 "하나님을 잊어버리는 자의 길은 다 이와 같고 저속한 자의 희망은 무너지리니 그가 믿는 것이 끊어지고 그가 의지하는 것이 거미줄 같은즉"

요 8:41 "너희는 너희 아비가 행한 일들을 하는도다 대답하되 우리가 음란한 데서 나지 아니하였고 아버지는 한 분뿐이시니 곧 하나님이시로다"

마 7:22-23 "그 날에 많은 사람이 나더러 이르되 주여 주여 우리가 주의 이름으로 선지자 노릇 하며 주의 이름으로 귀신을 쫓아 내며 주의 이름으로 많은 권능을 행하지 아니하였나이까 하리니 그 때에 내가 그들에게 밝히 말하되 내가 너희를 도무지 알지 못하니 불법을 행하는 자들아 내게서 떠나가라 하리라"

요일 2:3 "우리가 그의 계명을 지키면 이로써 우리가 그를 아는 줄로 알 것이요"

요일 5:13 "내가 하나님의 아들의 이름을 믿는 너희에게 이것을 쓰는 것은 너희로 하여금 너희에게 영생이 있음을 알게 하려 함이라"

롬 5:2, 5 "또한 그로 말미암아 우리가 믿음으로 서 있는 이 은혜에 들어감을 얻었으며 하나님의 영광을 바라고 즐거워하느니라 … 소망이 우리를 부끄럽게 하지 아니함은 우리에게 주신 성령으로 말미암아 하나님의 사랑이 우리 마음에 부은 바 됨이니"

교리 해설

오늘 읽는 신앙고백서 18.1은 구원의 헛된 억측과 참된 확신을 비교하여 구별할 수 있도록 도움을 줍니다. 겉보기에는 신앙이 있는 자로 보이는 위선자들과 중생하지 못한 사람들이 거짓된 소망과 육적 억측으로 자신들이 하나님의 호의와 구원의 상태에 있다고 스스로 속일 수가 있습니다. 어떻게 이러한 일이 있을 수가 있을까요? 스스로 속이는 구실들은 거짓된 소망과 육적 억측입니다. 육적 억측이란 하나님이 자신들의 위선과 거짓된 신앙 행위나 악행에 대하여 심한 징계로 다스리지 않을 것이며 오히려 관대하게 눈 감아 줄 것이라고 생각하는 것을 말합니다. 이들은 자신들이 세례 교인이고 교회의 직분자이며 여러 가지 은사를 통해 교회 직무를 맡고 있다는 외적인 조건들, 그리고 복음에 대한 일시적인 감정이나 선행의 자극과 같은 내적 경험들을 근거로 구원을 받았다는 거짓된 소망을 갖습니다. 이를테면 "그 날에 많은 사람이 나더러 이르되 주여 주여 우리가 주의 이름으로 선지자 노릇 하며 주의 이름으로 귀신을 쫓아 내며 주의 이름으로 많은 권능을 행하지 아니하였나이까 하리니 그 때에 내가 그들에게 밝히 말하되 내가 너희를 도무지 알지 못하니 불법을 행하는 자들아 내게서 떠나가라 하리라"(마 7:22-23)라는 예수님의 말씀은 중생하지 못한 자들의 사례를, 또한 자기를 의롭다고 믿고 다른 사람을 멸시하는 바리새인들이나 서기관 같은 이들이 위선자들의 사례를 보여줍니다(마 23:27-28). 아브라함을 자신들의 아버지라 자랑하지만 실제로 아브라함이 행한 일을 하지 않는 사람들도(요 8:39-44) 외적 조건을 내세워 자신의 구원을 헛되이 소망하는 자라 할 것입니다. 그러나 이러한 자들의 소망은 소멸할 것입니다.

이와 달리 이 생애에서 자신들이 은혜의 상태에 있음을 확실하게 확신할 수 있는 사람들이 있습니다. 이 사람들은 예수님을 참되게 믿는 사람입니다. 의롭다 하시는 하나님의 값없는 은혜가 오직 예수님의 공로에 근거할 뿐임을 확신하고 그리스도만을 참되게 믿는 사람입니다. 이러한 사람은 자신의 행위나 감정이나 느낌, 또는 업적에 근거하여 자신의 구원을 억측하지 않습니다. 또한 예수님을 진심으로 사랑하는 사람입니다. 곧 하나님의 값없는 은혜로 그리스도를 믿어 의롭다 하심을 받은 사랑에 진실로 감사하여 선행을 행하며 성령의 열매를 맺는 사람입니다. 그리고 주님 앞에서 지극히 선한 양심으로 살고자 노력하는 사람입니다. 이를테면 바울을 말할 수 있습니다. 그는 "나는 하나님과 사람 앞에서 항상 양심에 거리낌이 없기를 힘쓰노라"(행 24:16)라고 고백합니다. 또 구약의 요셉이 보디발의 아내의 유혹을 받았을 때 그는 "내가 어찌 이 큰 악을 행하여 하나님께 죄를 지으리이까"(창 39:9)라고 말하며 물리칩니다. 그 외에 욥, 사무엘, 다니엘, 느헤미야 등 성경에서 보는 경건한 인물들을 꼽을 수 있습니다.

이러한 사람들은 자신들이 은혜의 상태에 있음을 확실하게 확신할 수 있습니다. 왜냐하면 예수님을 참되게 믿는 것, 진심으로 사랑하는 것, 주님 앞에서 선한 양심으로 살고자 노력하는 것은 모두 은혜의 상태에 있음을 보이는 증거이며 열매이기 때문입니다. 이러한 자들은 하나님의 영광을 소망하는 기쁨 가운데 확신을 가질 수 있습니다. 오늘의 신앙고백서는 이 소망이 이들을 결코 부끄럽게 하지 않을 것이라고 확신 있게 진술합니다. 근거는 바로 이들이 은혜 상태에 있다는 것이 확실하기 때문입니다. 이들에게서 보는 증거와 열매는 사람의 억측에 따른 것이 아니라 확실하게 하나님께서 행하신 일의 결과입니다.

적용 질문

1. 여러분은 가까이에서 위선자나 중생하지 못한 자임에도 구원을 확신하는 경우를 본 적이 있습니까? 이들은 자신의 구원을 확신하는 근거로 무엇을 제시합니까?

2. 어떤 사람이 거짓된 소망과 육적인 억측으로 자신의 구원을 확신하면서 하나님께서 자신에 대하여 너그러운 호의를 베풀어 주신다고 말한다면, 그는 참으로 중생하여 구원을 받은 자이겠습니까?

3. 여러분 생각에 장래 결코 부끄럽지 않을 구원의 확신을 갖는 일이 가능하겠습니까? 가능하다면 무엇을 근거로 가능합니까?

4. 여러분은 자신의 구원을 확신합니까? 그 까닭을 설명하실 수 있습니까?

6월

19일

구원의 확신의 성격과 근거

신앙고백서 18.2

신앙고백서 18.2

이 확실성은 거짓된 소망에 근거를 둔 한낱 억측과 개연성에 따른 신념이 아니라,[1] 믿음에 속한 틀림없는 확신이다. 이 확신은 구원의 약속들에 대한 하나님의 진리,[2] 이 약속들로 말미암은 은혜의 내적 증거,[3] 그리고 우리가 하나님의 자녀라는 것을 우리의 영과 더불어 증거하시는 양자의 영, 곧 성령 하나님의 증언에[4] 근거한다. 이 성령 하나님께서 우리의 기업에 대한 보증이시며, 그로 인하여 우리는 인침을 받아 구속의 날까지 이른다.[5]

1) 히 6:11, 19.

2) 히 6:17~18.

신앙고백서
18.2

3) 벧후 1:4~5, 10~11; 요일 2:3; 3:14; 고후 1:12.

4) 롬 8:15~16.

5) 엡 1:13~14; 4:30; 고후 1:21~22.

말씀 요절

히 6:11, 19 "우리가 간절히 원하는 것은 너희 각 사람이 동일한 부지런함을 나타내어 끝까지 소망의 풍성함에 이르러 … 우리가 이 소망을 가지고 있는 것은 영혼의 닻 같아서 튼튼하고 견고하여 휘장 안에 들어 가나니"

히 6:17-18 "하나님은 약속을 기업으로 받는 자들에게 그 뜻이 변하지 아니함을 충분히 나타내시려고 그 일을 맹세로 보증하셨나니 이는 하나님이 거짓말을 하실 수 없는 이 두 가지 변하지 못할 사실로 말미암아 앞에 있는 소망을 얻으려고 피난처를 찾은 우리에게 큰 안위를 받게 하려 하심이라"

벧후 1:10-11 "그러므로 형제들아 더욱 힘써 너희 부르심과 택하심을 굳게 하라 너희가 이것을 행한즉 언제든지 실족하지 아니하리라 이같이 하면 우리 주 곧 구주 예수 그리스도의 영원한 나라에 들어감을 넉넉히 너희에게 주시리라"

롬 8:15-16 "너희는 다시 무서워하는 종의 영을 받지 아니하고 양자의 영을 받았으므로 우리가 아빠 아버지라고 부르짖느니라 성령이 친히 우리의 영과 더불어 우리가 하나님의 자녀인 것을 증언하시나니"

엡 1:13-14 "그 안에서 너희도 진리의 말씀 곧 너희의 구원의 복음을 듣고 그 안에서 또한 믿어 약속의 성령으로 인치심을 받았으니 이는 우리 기업의 보증이 되사 그 얻으신 것을 속량하시고 그의 영광을 찬송하게 하려 하심이라"

교리 해설

어제 읽은 신앙고백서 18.1에서는 이생에서 자신들이 은혜의 상태에 있음을 확실하게 확신할 수 있고 하나님의 영광을 소망하는 가운데 기뻐하는 일에 결코 부끄러움을 당하지 않을 사람들이 있다는 진술을 학습했습니다. 이러한 확신을 가질 수 있는 사람은 위선자나 중생하지 못한 사람들이 아니라 "예수님을 참되게 믿고 진심으로 사랑하여 주님 앞에서 지극히 선한 양심으로 살고자 노력하는 사람"들입니다.

오늘 읽는 신앙고백서 18.2는 "이 확실성은 거짓된 소망에 근거를 둔 한낱 억측과 개연성에 따른 신념이 아니라 믿음에 속한 틀림없는 확신"임을 가르칩니다. 여기서 "이 확실성"이 가리키는 것은 참 신자가 자신이 은혜의 상태에 있다는 구원의 확신에 대한 확실성을 말합니다. 이 확실성은 한낱 억측이 아닙니다. 곧 사람이 생각해낸 사변이 아닙니다. 또한 이 확실성은 개연성에 따른 신념이 아닙니다. 곧 개연성이 높지 않겠느냐는 주관적 판단도 아닙니다. 사변적인 생각이나 개연성에 대한 주관적 판단은 모두 거짓된 소망이며, 사람이 바라는 마음이나 생각으로 꾸민 소망을 말합니다. 이 소망은 진리가 아니라 거짓될 수 있는 것에 불과합니다.

이러한 것과는 달리 오늘의 신앙고백서는 신자가 갖는 은혜와 구원의 확실성이 믿음에 속한 틀림없는 확신이라고 교훈합니다. 그런데 믿음이라는 것이 앞서 말한 사람이 생각해낸 사변과 같은 억측이나 또는 개연성이 높다는 판단과 다를 것 없는 주관적인 인식이라는 반론이 제기될 수 있지 않을까요? 이 확실성이 믿음에 속한 틀림없는 확신이라는 것이 한낱 억측과 개연성에 따른 신념에 근거하고 있는 거짓된 소망과 다르며, 틀림없이 확실한 소망에 근거한다는 것을 무엇으로 설명할 수 있겠습니까? 이 물음에 대하여 오늘의 신앙고백서는 믿음의 확신이 무엇에 근거한 것인지를 제시합니다. 첫째로 구원의 약속들에 대한 하나님의 진리의 말씀입니다. 하나님의 진리의 말씀은 모든 믿음에 있어서 가장 근본적인 근거입니다. 하나님께서 약속하신 바를 믿지 아니하는 자는 하나님을 거짓말하는 자로 만드는 것이 되기 때문입니다. "하나님의 아들을 믿는 자는 자기 안에 증거가 있고 하나님을 믿지 아니하는 자는 하나님을 거짓말하는 자로 만드나니 이는 하나님께서 그 아들에 대하여 증언하신 증거를 믿지 아니하였음이라"(요일 5:10). 진리의 말씀으로 영생의 소망을 약속하신 하나님은 거짓이 없으신 분이십니다. "영생의 소망을 위함이라 이 영생은 거짓이 없으신 하나님이 영원 전부터 약속하신 것인데"(딛 1:2).

믿음에 속한 확신의 근거로 두 번째로 제시하는 것은 "구원의 약속들로 말미암은 은혜의 내적 증거"입니다. 이것은 신자가 스스로 자신을 살필 때 확인하게 되는 증거를 말합니다. 이를테면 "우리가 세상에서 특별히 너희에 대하여 하나님의 거룩함과 진실함으로 행하되 육체의 지혜로 하지 아니하고 하나님의 은혜로 행함은 우리 양심이 증언하는 바니 이것이 우리의 자랑이라"(고후 1:12)라는 말씀에서 보듯이 신자는 스스로 자신이 믿고 있는지 그렇지 않은지, 하나님의 말씀 앞에서 회개를 하는 것이 참인지 거짓인지, 거룩하게 하시는 은혜를 받아 거룩함을 이루며 선행을 행하고자 하는지 그렇지 않은지를 자신의 양심으로 확인할 수 있습니다. 이러한 일에 대하여 신자의 양심이 과연 이것은 참이라 증언하는 내적 증거가 믿음의 확신에 대한 두 번째 근거입니다. 결국 이것은 첫 번째 근거인 하나님의 말씀이 자신 안에서 작용하고 있는 바에 대한 신앙 인식의 증언입니다. 이 증언은 하나님의 말씀에 근거합니다. 따라서 두 번째 근거는 첫 번째 근거에서 비롯됩니다.

세 번째로 제시하는 근거는 "우리가 하나님의 자녀라는 것을 우리의 영과 더불어 증거하시는 양자의 영, 곧 성령 하나님의 증언"입니다. 이것은 하나님의 약속을 마음에서 받아들이고 있는 내적 증거를 가능하게 하는 성령 하나님의 사역입니다. 성령 하나님께서는 첫 번째 근거인 말씀의 약속이 과연 참인지를, 또한 두 번째 근거로서 우리 마음에서 참으로 작용하고 있는 믿음과 회개와 소망과 같은 영적 활동이 과연 참인지를 증언합니다. "너희는 다시 무서워하는 종의 영을 받지 아니하고 양자의 영을 받았으므로 우리가 아빠 아버지라고 부르짖느니라 성령이 친히 우리의 영과 더불어 우리가 하나님의 자녀인 것을 증언하시나니"(롬 8:15-16)라는 말씀이 이 사실을 말해줍니다. 성령 하나님은 "우리의 기업에 대한 보증"이시며, 성령 하나님으로 인하여 신자가 받는 인침은 구속의 날까지 계속됩니다.

요컨대 구원과 은혜의 상태에 있다는 믿음의 확신은 헛된 소망이나 막연한 추측이나 감정상의 바람이 아닙니다. 하나님의 약속에 대한 믿음은 사람이 스스로 만들어낸 심리가 아닙니다. 하나님의 약속은 거짓을 말할 수가 없는 하나님의 진리의 말씀에 담겨 있으므로 확실합니다. 그리고 이 약속을 믿는 은혜가 신자의 믿음의 활동을 통해서 실제로 존재하고 있다는 것을 양심을 통해서 알 수 있기 때문에 확실합니다. 그리고 신자의 내면에서 활동하는 내적 증거가 하나님의 말씀을 가지고 일하시는 성령 하나님께서 행하시는 증언이기 때문에 확실합니다. 이러한 까닭에 신자는 구원과 은혜의 상태에 있다는 믿음을 확신할 수 있습니다.

적용 질문

1. 여러분은 신자가 구원과 은혜의 상태에 있다는 것을 절대적으로 확실하게 알 수 있다고 생각하십니까? 사람이 죽어서 하나님 앞에 갈 때에야 알 수 있는 것이라고 말하는 주장은 정당합니까?

2. 오늘 학습한 신앙고백서에 따르면 신자가 자신이 구원과 은혜의 상태에 있다는 것을 확신할 수 있습니다. 무엇을 근거로 확신할 수 있다고 합니까?

3. 오늘 신앙고백서가 제시하는 세 가지 근거가 서로 어떻게 연결되고 있는지를 말씀해 보시기 바랍니다. 오늘의 학습이 여러분의 믿음의 확신을 설명하는 데 어떠한 도움을 줍니까?

4. 구원과 은혜의 확신은 결국 믿음이란 무엇인가에 대한 올바른 이해와 연결됩니다. 믿음이 헛된 억측이나 개연성에 따른 신념과 어떻게 다릅니까? 믿음이 바라는 바가 거짓된 소망에 근거하는 것이 아닌 까닭은 무엇입니까?

6월
20일

구원의 확신의 오류 없는 가능성

대요리문답 80

대요리문답 80:

문80. 참된 신자들은 자신이 은혜의 상태에 있음과 그 은혜 안에서 끝까지 견디어서 구원에 이르게 될 것을 오류 없이 확신할 수 있습니까?

답. 그리스도를 참으로 믿고 그분 앞에서 모든 선한 양심으로 행하고자 노력하는 사람들은[1] 어떤 예외적인 계시가 없어도, 하나님의 약속들의 진실함에 근거한 믿음에 의해서, 그리고 생명의 약속을 담은 그 은혜들을 자기 안에서 분별할 수 있게 하시면서[2] 이들이 하나님의 자녀인 것을 이들의 영과 함께 증언하시는 성령님에 의해서,[3] 자기가 은혜의 상태에 있음과 그 은혜 안에서 끝까지 견디어서 구원에 이르게 될 것을 오류 없이 확신할 수 있습니다.[4]

대요리문답 80:

1) 요일 2:3.
2) 고전 2:12; 요일 3:14, 18~19, 21, 24; 4:13~16; 히 6:11~12.
3) 롬 8:16.
4) 요일 5:13.

말씀 요절

요일 2:3 "우리가 그의 계명을 지키면 이로써 우리가 그를 아는 줄로 알 것이요"

고전 2:12 "우리가 세상의 영을 받지 아니하고 오직 하나님으로부터 온 영을 받았으니 이는 우리로 하여금 하나님께서 우리에게 은혜로 주신 것들을 알게 하려 하심이라"

히 6:11-12 "우리가 간절히 원하는 것은 너희 각 사람이 동일한 부지런함을 나타내어 끝까지 소망의 풍성함에 이르러 게으르지 아니하고 믿음과 오래 참음으로 말미암아 약속들을 기업으로 받는 자들을 본받는 자 되게 하려는 것이니라"

롬 8:16 "성령이 친히 우리의 영과 더불어 우리가 하나님의 자녀인 것을 증언하시나니"

요일 5:13 "내가 하나님의 아들의 이름을 믿는 너희에게 이것을 쓰는 것은 너희로 하여금 너희에게 영생이 있음을 알게 하려 함이라"

교리 해설

은혜와 구원의 상태에 있는 것이 확실하다는 신자의 확신은 세 가지 사실에 근거합니다. 하나는 신자가 믿는 약속의 진리, 곧 거짓을 말하지 않으시는 하나님께서 말씀하신 약속이라는 확실성입니다. 다른 하나는 이 약속을 믿는 믿음의 활동에 대한 내적 증거입니다. 하나님께서 약속하고 계신 은혜가 신자의 마음에서 실제로 활동하고 있다는 것을 확인하는 양심의 증거입니다. 마지막 하나는 하나님의 약속의 말씀으로 양심의 내적 증거를 일으키는 성령 하나님의 증언입니다. 신자의 믿음은 결코 사람의 생각이나 감정과 같은 것에 근거하지 않습니다.

오늘 읽는 대요리문답 80항은 어제 살핀 신앙고백서 18.2와 약간 다른 관점에서 교훈을 줍니다. 신앙고백서는 은혜와 구원의 상태에 있다는 것이 확실하다는 확신을 가질 수 있는 근거에 대해 답을 줍니다. 이 확신이 순전히 주관적이며 사변에 근거한 것이 아니라는 점을 밝혀주었습니다. 오늘 읽는 대요리문답 80항은 믿음의 확신을 위한 올바른 근거를 제시하고 그 근거 위에 확실히 올바르게 서 있는지를 분별함으로써 신자는 자신이 은혜와 구원의 상태에 있음을 오류 없이 확신할 수 있다고 설명합니다. 80항은 참된 신자가 자신이 은혜의 상태에 있으며 마침내 구원에 이를 것을 오류 없이 확신할 수 있는지를 묻습니다. 이에 대하여 80항은 "그리스도를 참으로 믿고 그분 앞에서 모든 선한 양심으로 행하고자 노력하는 사람들은 … 자기가 은혜의 상태에 있음과 그 은혜 안에서 끝까지 견디어서 구원에 이르게 될 것을 오류 없이 확신할 수 있습니다"라고 답합니다.

이 대답의 진술문은 먼저 참된 신자를 풀어서 두 가지로 설명합니다. “그리스도를 참으로 믿고”라는 표현에서 보듯이 하나는 “믿음”입니다. 다른 하나는 “그분 앞에서 모든 선한 양심으로 행하고자 노력하는”이라는 표현이 전하는 “행함”입니다. 요컨대 행함이라는 열매를 맺는 믿음을 가진 자들은 자신의 구원에 대한 확신을 가질 수 있다는 것이 오늘 학습의 주장입니다.

그러면 어떻게 할 때 참된 신자들이 자신의 구원을 “오류 없이” 확신할 수 있을까요? 대요리문답은 잘못된 주장을 먼저 부정한 후에, 올바른 길을 알려줍니다. 대요리문답은 구원의 확신을 갖는 일에 “어떤 예외적인 계시”가 있어야 한다는 것을 부정합니다. 이를테면 선지자나 사도들이 받았던 꿈, 환상, 신비 체험, 또는 하나님께서 직접 들려주신 음성 등과 같은 것입니다. 선지자나 사도들이라도 구원의 확신을 갖는 일에 있어 이러한 것은 요구되지 않습니다. 천주교회는 특별계시가 주어지지 않는다면 구원의 확신은 불가능하다고 주장합니다. 그러나 대요리문답은 이를 거부하면서 하나님께서 구원을 오류 없이 확신할 수 있도록 주신 일반적인 수단들이 있는데 이것으로 확신을 분별하는 데에 충분함을 분명히 합니다. 그렇다 하더라도 어떤 예외적인 계시가 있다면 구원의 확신을 갖는 데에 도움이 될 수는 있을까요? 대요리문답 80항은 이 점에서 도움이 될 수도 있음을 부인하지는 않습니다. 아울러 여기서 주의할 것은 1월 2일에 신앙고백서 1.1을 통해 학습한 바와 같이 성경이 기록되고 정경이 완성된 후에는 이러한 예외적인 계시라고 할 만한 것을 주시는 이전 방식들은 이제 중지되었다는 사실입니다. 따라서 이것을 통해 구원의 확신을 갖는 일도 이제는 중지되었음을 알아야 합니다. 다시 그렇다면 특별한 개인적 체험은 어떠할까요? 이를테면 하나님의 임재 체험과 같은 특별한 느낌, 성령 하나님의 위로, 강렬한 회심의 기쁨, 넘치는 평안의 위로 등과 같은 것입니다. 이러한 체험은 구원의 확신을 갖는 일에 도움이 될 수 있습니다. 그러나 그것은 보조적인 역할을 할 뿐임을 유의하여야 합니다. 이러한 특별한 개인적 체험이 있다고 하더라도 보통의 수단을 통해 분별하는 것이 필요합니다.

그러면 참된 신자가 자신이 은혜의 상태에 있음을 무엇으로 확신할 때 오류가 없겠습니까? 첫째로 "하나님의 약속들의 진실함에 근거한 믿음"입니다. 확신의 근거는 하나님의 진실한 말씀입니다. 신자가 그 말씀을 통해 그리스도와 그분으로 말미암아 이루어지는 은혜 언약에 대한 올바른 믿음의 지식을 가지고 있는지를 확인하는 일이 첫 번째로 구원의 확신을 분별하기 위한 일입니다. "또 증거는 이것이니 하나님이 우리에게 영생을 주신 것과 이 생명이 그의 아들 안에 있는 그것이니라 아들이 있는 자에게는 생명이 있고 하나님의 아들이 없는 자에게는 생명이 없느니라 내가 하나님의 아들의 이름을 믿는 너희에게 이것을 쓰는 것은 너희로 하여금 너희에게 영생이 있음을 알게 하려 함이라"(요일 5:11-13)라는 말씀에 근거하여 자신이 이러한 믿음의 지식 위에 있는지를 확실하게 분별해야 합니다.

둘째로 "생명의 약속을 담은 그 은혜들을 자기 안에서 분별"하는 일입니다. 성령 하나님께서 이 은혜들을 분별하도록 도우십니다. 이 은혜들은 다름 아니라 성령 하나님께서 신자 안에 일으키시고 강화하는 믿음, 회개, 순종, 사랑, 그리고 견인으로 나타나는 영적 활동과 특징입니다. 이러한 은혜들은 결코 구원의 근거가 아닙니다. 구원의 근거는 오직 그리스도 예수뿐입니다. 이러한 은혜들은 신자 자신 안에서 일하시는 성령 하나님의 증거이며 열매입니다. 이러한 것들을 스스로 살펴봄으로써 구원의 확실성을 오류 없이 확신할 수 있습니다. 성경은 이것을 가르치기를 "너희는 믿음 안에 있는가 너희 자신을 시험하고 너희 자신을 확증하라 예수 그리스도께서 너희 안에 계신 줄을 너희가 스스로 알지 못하느냐 그렇지 않으면 너희는 버림 받은 자니라"(고후 13:5)라고 하셨습니다.

셋째로, 신자가 "하나님의 자녀인 것을 이들의 영과 함께 증언하시는 성령님"입니다. 신자는 자신이 은혜와 구원의 상태에 있다는 확신의 확실성을 성령 하나님의 증언으로 분별합니다. 성령 하나님께서 신자의 심령에 내주하시어 증언하시는 바는 의롭다 하시는 은혜를 받는 믿음이 진실하다는 것, 그리고 의롭다 하심을 받은 자가 양자 삼으심의 은혜를 받아 하나님의 자녀의 신분이 확실하다는 것, 그리하여 영생의 기업을 받음이 확실하다는 것입니다. 이러한 확신이 자신의 심령 안에서 분별되면 이것은 성령 하나님의 내적 증언이 우리의 영과 함께 이루어지고 있는 것입니다.

이상에서 살펴본 세 가지 근거 사실들이 신자 자신의 마음 안에서 확실하게 작용하고 있을 때면 이 근거 사실에 기초한 구원의 확신이 과연 확실하다고 할 것이며, 그것은 오류 없이 그러하다고 할 것입니다.

적용 질문

1. 구원의 확신이 확실하다는 것을 알기 위하여 어떤 예외적인 특별한 계시, 곧 환상, 이적, 신비 체험, 하나님의 음성 듣는 일 등이 필요하다는 주장에 대해 어떻게 답하시겠습니까?

2. 여러분의 특별한 개인 체험, 곧 하나님의 임재 체험과 같은 특별한 느낌, 성령 하나님의 위로, 강렬한 회심의 기쁨, 넘치는 평안의 위로가 있다면 그것은 구원의 확신을 확실한 것으로 판단하는 데에 어떤 역할을 합니까?

3. 신자가 갖는 구원의 확신이 과연 확실한지를 분별하기 위하여 오늘 학습한 대요리문답이 제시하는 세 가지를 말씀하실 수 있겠습니까?

4. 여러분이 지금까지 구원의 확신이 확실한지 여부를 판단해온 방식은 오늘 학습한 것과 차이가 있습니까? 구원의 확신에 대한 막연한 두려움을 가질 이유가 없음을 확신하십니까?

6월 21일

구원의 확신에 이르는 방식과 경험

신앙고백서 18.3

신앙고백서 18.3

이 틀림없는 확신은 믿음의 본질에 속한 것이 아니므로 참된 신자일지라도 확신에 참여하기까지 오랫동안 기다리기도 하고, 또한 많은 어려움과 싸우기도 한다.[1] 그러나 그는 하나님께서 자신에게 값없이 주시는 것들을 성령 하나님에 의해 알 수 있게 되므로 특별한 계시 없이 보통의 방편들을 바르게 사용함으로써 확신에 이를 수 있다.[2] 그러므로 더욱 힘써 자신의 부르심과 택하심을 굳게 하는 것이 모든 신자의 의무이다.[3] 이렇게 함으로 그의 마음은 성령 하나님으로 인한 평강과 기쁨 안에서, 하나님 아버지께 드리는 사랑과 감사 안에서, 그리고 힘 있고 쾌활하게 순종의 의무를 행하는 가운데 넓어진다.[4] 이것들은

신앙고백서 18.3

이러한 확신의 고유한 열매이다. 그러므로 이 확신 때문에 신자가 나태함에 빠지는 일은 있을 수 없다.[5)]

1) 요일 5:13; 사 50:10; 막 9:24; 시 88:1~18; 77:1~11.

2) 고전 2:12; 요일 4:13; 히 6:11~12; 엡 3:17~19.

3) 벧후 1:10.

4) 롬 5:1~2, 5; 14:17; 15:13; 엡 1:3~4; 시 4:6~7; 119:32.

5) 요일 2:1~2; 롬 6:1~2; 딛 2:11~12, 14; 고후 7:1; 롬 8:1, 12; 요일 3:2~3; 시 130:4; 요일 1:6~7.

말씀 요절

요일 5:13 "내가 하나님의 아들의 이름을 믿는 너희에게 이것을 쓰는 것은 너희로 하여금 너희에게 영생이 있음을 알게 하려 함이라"

고전 2:12 "우리가 세상의 영을 받지 아니하고 오직 하나님으로부터 온 영을 받았으니 이는 우리로 하여금 하나님께서 우리에게 은혜로 주신 것들을 알게 하려 하심이라"

벧후 1:10 "그러므로 형제들아 더욱 힘써 너희 부르심과 택하심을 굳게 하라 너희가 이것을 행한즉 언제든지 실족하지 아니하리라"

롬 5:1-2, 5 "그러므로 우리가 믿음으로 의롭다 하심을 받았으니 우리

주 예수 그리스도로 말미암아 하나님과 화평을 누리자 또한 그로 말미암아 우리가 믿음으로 서 있는 이 은혜에 들어감을 얻었으며 하나님의 영광을 바라고 즐거워하느니라 … 소망이 우리를 부끄럽게 하지 아니함은 우리에게 주신 성령으로 말미암아 하나님의 사랑이 우리 마음에 부은 바 됨이니"

딛 2:12-14 "우리를 양육하시되 경건하지 않은 것과 이 세상 정욕을 다 버리고 신중함과 의로움과 경건함으로 이 세상에 살고 복스러운 소망과 우리의 크신 하나님 구주 예수 그리스도의 영광이 나타나심을 기다리게 하셨으니 그가 우리를 대신하여 자신을 주심은 모든 불법에서 우리를 속량하시고 우리를 깨끗하게 하사 선한 일을 열심히 하는 자기 백성이 되게 하려 하심이라"

교리 해설

그리스도를 참으로 믿고 그분 앞에서 모든 선한 양심으로 행하고자 노력하는 사람들은 자신들이 은혜의 상태에 있다는 사실과 또한 끝까지 은혜 안에서 견디어 마지막 영생을 얻는 데에 이르게 될 것을 오류 없이 확신할 수 있습니다. 이것이 어제 학습한 내용입니다. 그런데 실제 신앙생활 가운데 이러한 확신에 이르지 못하여 어려움을 겪는 신자들을 봅니다. 이러한 신자들은 구원과 은혜 안에 있지 않기 때문일까요? 이 질문에 대하여 오늘 읽는 신앙고백서 18.3은 정리된 진술을 제시합니다.

먼저 오류 없는 확신은 믿음의 본질에 속한 것이 아니라는 점에 주목할 필요가 있습니다. 확신이 믿음의 본질에 속한 것이 아니라는 말은 확신이 없는 신자의 믿음도 참된 믿음일 수 있음을 의미합니다. 참된 믿음은 확신을 반드시 동반하고 확신이 곧 믿음이라는 식의 주장은 율법폐기론자의 믿음의 이해에서 볼 수 있는 잘못된 것입니다. 율법폐기론자는 복음을 믿으면 즉각적으로 구원이 주어진다고 생각하며, 이 구원의 확실성을 위하여 자신을 스스로 돌아보는 일을 불필요하게 여깁니다. 이들은 복음을 믿으면 주어지는 구원을 의심 없이 믿어야 한다고 주장하는 것에 지나치게 치중하면서, 구원받는 믿음 자체에 대한 신학적 고려가 부족합니다. 참된 믿음과 구원의 확신은 서로 연결되어 있지만 결코 동일한 것이 아닙니다. 그렇기 때문에 참된 신자일지라도 오랜 시간이 지나서야 또는 많은 어려움을 겪고 나서야 확신에 참여할 수 있게 되기도 합니다. "너희 중에 여호와를 경외하며 그의 종의 목소리를 청종하는 자가 누구냐 흑암 중에 행하여 빛이 없는 자라도 여호와의 이름을 의뢰하며 자기 하나님께 의지할지어다"(사 50:10)라는 말씀은 여호와를 경외하며 그의 종의 목소리를 청종하는 참된 신자가 흑암 중에 행하여 빛이 없는 상태, 곧 하나님의 임재의 빛을 누리지 못하고 확신 없이 어둠을 걷는 상태에 있을 수 있음을 보여줍니다. 그럼에도 "여호와의 이름을 의뢰하며 자기 하나님께 의지할지어다"라는 권면은 확신이 사라진 자에게도 여전히 있는 믿음 자체를 전제하고 하는 말씀입니다.

참된 신자 가운데 이러한 상황에 있는 경우 어떻게 하여 구원의 확신의 즐거움을 누릴 수 있게 될까요? 성령 하나님께서 우리에게 알게 해주시는 것을 아는 일로부터 시작합니다. "우리가 세상의 영을 받지 아니하고 오직 하나님으로부터 온 영을 받았으니 이는 우리로 하여금 하나님께서 우리에게 은혜로 주신 것들을 알게 하려 하심이라"(고전 2:12). 성령 하나님에 의해 신자는 하나님께서 값없이 주시는 것들을 알 수 있습니다. 이것은 참된 신자에게 주어지는 영적인 복들입니다. 특별히 신자가 그리스도 안에서 누리는 모든 것으로, 의롭다 하심, 양자로 삼으심, 거룩하게 하심, 그리스도와의 연합, 성령 하나님의 내주하심,

성령 하나님께서 주시는 여러 은혜, 곧 믿음, 회개, 소망, 사랑, 하나님의 형상을 닮고자 하는 열망, 그리고 영원한 기업의 상속의 복들입니다. 이러한 것들이 신자 자신 안에서 실제적으로 활동하고 있음을 살펴보는 일이 요구됩니다. 과연 신자 자신 안에서 이러한 은혜들이 작용하고 있다면 그는 그것으로 인하여 구원의 확신을 누릴 수 있습니다.

이어서 신앙고백서는 구체적인 실천 사항을 알려줍니다. 바로 "보통의 방편들을 바르게 사용"하는 것입니다. 하나님의 말씀을 경청해 듣고 읽고 묵상하며, 성례에 참여하여 믿음을 강화하고, 기도로 도우심을 구할 것이며, 예배에 나오는 일에 힘쓰는 것입니다. 그리고 이 일을 행할 때 낙심하지 말고 도리어 "더욱 힘써 부르심과 택하심"을 굳게 하는 것입니다. 이것은 "그러므로 형제들아 더욱 힘써 너희 부르심과 택하심을 굳게 하라 너희가 이것을 행한즉 언제든지 실족하지 아니하리라"(벧후 1:10)라는 말씀에 근거한 권면입니다. 부르심과 택하심은 하나님께서 행하시는 일인데 확신에 어려움을 겪는 신자가 어떻게 부르심과 택하심을 굳게 할 수 있는 것일까요? 이 질문은 "굳게 하라"는 말이 뜻하는 바가 부르시고 택하시는 하나님의 일을 신자가 확실하게 확고하게 하라는 것으로 생각해서 나오는 것입니다. 여기서 "굳게 하라"는 권면은 첫째로 하나님께서 신자 자신을 향하여 부르시고 택하셨다는 신앙 인식을 확고히 하라는 것입니다. 둘째로 이러한 인식을 가지고 과연 부르심과 택하심의 은혜를 통해서 나타나는 열매들, 곧 믿음, 덕, 지식, 절제, 인내, 경건, 형제 우애, 사랑이 자신에게서 어떻게 나타나고 있는지를 살피고 이것들을 더욱 굳게 하라는 것입니다. 이렇게 할 때 신자의 마음은 성령 하나님으로 인한 평강과 기쁨으로 채워지며, 그로 인하여 하나님 아버지께 사랑과 감사를 드리고, 마침내 힘 있고 쾌활하게 순종의 의무를 행하는 여러 열매가 나타나게 됩니다. 이것이 바로 구원의 확신이 맺는 열매입니다. 이렇게 확신을 확인하는 신자는 결코 나태함에 빠지는 일이 없게 됩니다. 만일 자신이 구원받았음을 확신한다면 그 사람은 나태하게 살아갈 것이라고 말하는 이가 있습니다. 그러나 참된 확신은 방종이 아니라 거룩한 경건을 낳습니다.

적용 질문

1. 구원의 확신을 갖지 못한 채 어려움을 겪고 있는 신자는 참된 신자가 아니라고 판단해야 할까요? 무엇으로 참된 신자인지를 알 수 있습니까? 참된 신자라도 구원의 확신을 갖는 데 어려움을 겪을 수 있고 또 오랜 시간이 걸리기도 한다면 구원의 확신을 구원받는 믿음의 본질이라 할 수 있겠습니까?

2. 구원의 확신으로 인하여 어려움을 겪는 참된 신자는 어떻게 함으로써 확신에 이를 수가 있겠습니까?

3. 모든 신자는 자신을 향한 하나님의 부르심과 택하심을 어떻게 더욱 힘써 굳게 할 수 있습니까? 부르심과 택하심은 하나님의 일인데, 신자가 이것을 굳게 하라는 말은 무슨 뜻입니까?

4. 이미 영광의 구원을 받았음을 확실하게 오류 없이 확신하는 사람이 거룩함을 이루는 경건생활에서 나태해질 것이라는 염려가 들지는 않으십니까? 그렇지 않다고 생각한다면 그 까닭은 무엇입니까?

6월 22일

구원의 확신의 위기 경험

대요리문답 81

대요리문답 81:

문81. 모든 참된 신자들은 자신이 지금 은혜의 상태에 있음과 장차 구원받을 것을 어느 때나 확신할 수 있습니까?

답. 은혜와 구원의 확신이 믿음의 본질에 속한 것이 아니므로[1] 참된 신자들도 확신을 얻기까지 오래 기다릴 수도 있으며,[2] 이러한 확신을 누린 후에도 다양한 심적 혼란과 죄와 유혹, 버림받은 듯한 낙망으로 인하여 확신이 약화되거나 일시적으로 중단될 수도 있습니다.[3] 그러나 이들이 성령 하나님의 함께하심과 도우심이 없는 상태에 절대로 내버려지지 않으므로 극도의 절망에 빠질 수는 없습니다.[4]

대요리문답 81:

1) 엡 1:13.

2) 사 50:10; 시 88편.

3) 시 77:1~12; 아 5:2~3, 6; 시 51:8, 12; 31:22; 22:1.

4) 요일 3:9; 욥 13:15; 시 73:15, 23; 사 54:7~10.

말씀 요절

엡 1:13 "그 안에서 너희도 진리의 말씀 곧 너희의 구원의 복음을 듣고 그 안에서 또한 믿어 약속의 성령으로 인치심을 받았으니"

사 50:10 "너희 중에 여호와를 경외하며 그의 종의 목소리를 청종하는 자가 누구냐 흑암 중에 행하여 빛이 없는 자라도 여호와의 이름을 의뢰하며 자기 하나님께 의지할지어다"

시 51:8, 12 "내게 즐겁고 기쁜 소리를 들려 주시사 주께서 꺾으신 뼈들도 즐거워하게 하소서 … 주의 구원의 즐거움을 내게 회복시켜 주시고 자원하는 심령을 주사 나를 붙드소서"

시 31:22 "내가 놀라서 말하기를 주의 목전에서 끊어졌다 하였사오나 내가 주께 부르짖을 때에 주께서 나의 간구하는 소리를 들으셨나이다"

요일 3:9 "하나님께로부터 난 자마다 죄를 짓지 아니하나니 이는 하나님의 씨가 그의 속에 거함이요 그도 범죄하지 못하는 것은 하나님께로부터 났음이라"

시 73:15, 23 "내가 만일 스스로 이르기를 내가 그들처럼 말하리라 하였더라면 나는 주의 아들들의 세대에 대하여 악행을 행하였으리이다 … 내가 항상 주와 함께 하니 주께서 내 오른손을 붙드셨나이다"

교리 해설

구원의 확신은 구원에 이르는 믿음의 본질에 속하지 않습니다. 따라서 참된 구원의 믿음을 가진 신자가 확신이 없는 일이 있을 수 있습니다. 그리스도와 그분의 의를 믿는 믿음으로 의롭다 하심의 복을 받습니다. 그러한 신자는 구원의 확신을 누릴 것으로 기대될 수 있지만, 반드시 그렇지는 않습니다. 오늘 읽는 대요리문답 81항은 "어느 때나 확신할 수 있습니까?"라고 묻습니다. 어제 읽은 신앙고백서 18.3에서도 확인되고 있는 바와 같이, 구원의 확신은 믿음의 본질에 속한 것이 아닙니다. 어제도 언급한 바와 같이 확신을 믿음과 동일시하거나 믿음이 확신을 반드시 내포한다고 주장하는 것은 율법폐기론자의 잘못된 견해입니다. 구원의 확신이 믿음의 본질이 아니라는 진술은 참된 신자들은 "어느 때나 확신할 수 있습니까?"라는 질문에 대한 답이 "그렇지 않을 수 있다"로 주어질 수 있음을 이해할 수 있게 합니다.

오늘 살피는 대요리문답 81항은 참된 신자가 확신을 얻기까지 오랜 시간이 걸릴 수 있음을 말하면서, 심지어 이러한 확신을 누린 후에도 "다양한 심적 혼란과 죄와 유혹, 버림받은 듯한 낙망으로 인하여 확신이 약화되거나 일시적으로 중단될 수도" 있다고 진술합니다. 구원의 확신은 모든 사람이 믿을 때 바로 갖는 것도 아니며 또한 이미 확신한 신자가 다시 확신을 잃을 수도 있고 또 확신이 약화될 수도 있습니다. 확신은 고정불변하는 것이 아니라 강하게 또는 약하게 변화를 겪을 수 있습니다. 여기에는 여러 가지 이유가 있습니다. 대요리문답 81항이 제시하는 이유들은 심적 혼란, 죄와 유혹, 버림받은 듯한 낙망 등입니다. 이 가운데 "심적 혼란"이라는 것은 마음의 상태가 안정적인 질서로 유지되지 못하여, 우울증, 공황장애, 불안, 침체, 의기소침 또 신체적 질병으로 인한 걱정, 근심과 괴로움을 포함합니다. 이를테면 다윗은 하나님의 징계를 받아 몸이 심히 아프고 그로 인하며 마음이 불안하였습니다. 이러한 상태의 사람이 하나님과 관계가 화목하여 즐거움으로 내내 지낼 수는 없을 것이며, 이전에 그러한 사람이라면 그 상심의 크기는 실로 클 것입니다. 다윗은 자신의 상태를 이렇게 표현합니다. "여호와여 주의 노하심으로 나를 책망하지 마시고 주의 분노하심으로 나를 징계하지 마소서 주의 화살이 나를 찌르고 주의 손이 나를 심히 누르시나이다 주의 진노로 말미암아 내 살에 성한 곳이 없사오며 나의 죄로 말미암아 내 뼈에 평안함이 없나이다 … 내가 아프고 심히 구부러졌으며 종일토록 슬픔 중에 다니나이다 … 내가 피곤하고 심히 상하였으매 마음이 불안하여 신음하나이다 … 여호와여 나를 버리지 마소서 나의 하나님이여 나를 멀리하지 마소서"(시 38:1-3, 6, 8, 21). 시편 38편에는 범죄에 대한 죄책으로 인하여 감정적으로 또 영적으로 소용돌이 가운데 있음을 표현합니다. 그 결과 다윗은 하나님의 임재 앞에서 누렸던 평안을 상실한 자로 서 있습니다.

이러한 일로 인하여 구원의 확신이 약화되거나 일시적으로 중단될 수 있지만, 참된 신자들은 극도의 절망에 빠질 수는 없습니다. 그 이유는 성령 하나님께서 함께하시며 도우시는 일을 결코 그치거나 중단하지 않으시기 때문입니다. 이를테면 시편 42편에서 "내 영혼아 네가 어찌하여 낙심하며 어찌하여 내 속에서 불안해 하는가 너는 하나님께 소망을 두라 그가 나타나 도우심으로 말미암아 내가 여전히 찬송하리로다 내 하나님이여 내 영혼이 내 속에서 낙심이 되므로 내가 요단 땅과 헤르몬과 미살 산에서 주를 기억하나이다"(시 42:5-6)라는 말씀 속에 있는 모습은 낙심과 절망 가운데서 하나님을 찾아 나가는 영적 방향을 잘 보여 줍니다. 참된 신자는 성령 하나님의 도움으로 극도의 절망 속에 빠지지 않습니다.

적용 질문

1. 여러분은 낙심하여 자신의 구원의 사실을 의심하고 혼란에 처해 있는 신자를 보면 무엇이라 말씀하시겠습니까?

2. 참된 신자가 구원의 확신을 얻는 일에 시간이 걸리기도 하고 어려움도 겪습니다. 그런데 이렇게 하여 얻은 구원의 확신을 다시 잃게 될 수도 있으며, 또 확신이 약화되기도 하는 사례를 주변에서 찾아볼 수 있습니까?

3. 참된 신자라도 구원의 확신에 참여하는 일에 어려움을 겪게 하는 원인들은 무엇이겠습니까?

4. 여러분은 확신을 약화시키는 원인들을 경험한 적이 있습니까? 그것은 무엇입니까? 지금은 어떠하십니까? 그리고 이 어려움을 어떻게 극복하셨습니까?

6월
23일

구원의 확신의 위기 경험과 성령 하나님의 도우심

신앙고백서 18.4

신앙고백서 18.4

참된 신자일지라도 구원의 확신이 여러 면으로 흔들리고, 줄어들며, 한때 중단될 수도 있다. 이는 확신의 보존을 등한시함으로, 양심에 상처를 입히며 성령 하나님을 근심케 하는 특별한 죄에 빠짐으로, 갑작스럽거나 강렬한 시험을 당함으로, 하나님께서 그분 자신의 얼굴빛을 거두심으로 하나님을 두려워하는 자라도 빛도 없이 어둠 속을 걷는 고통을 겪게 하심으로 나타난다.[1] 그럼에도 하나님의 씨와 믿음의 생명, 그리스도와 형제들에 대한 사랑, 마음의 진실함과 양심의 의무감 등이 완전히 없어지지는 않는다. 이것들로부터 성령 하나님의 역사로 인하여 이 확신이 적절한 때에 다시 살아날 수 있으며,[2] 그리고 이것들에 의해

신앙고백서 18.4

참된 신자는 그동안에도 완전한 절망에 빠지지 않도록 도움을 받는다.[3]

1) 아 5:2~3, 6; 시 51:8, 12, 14; 엡 4:30~31; 시 77:1~10; 마 26:69~72; 시 31:22; 88:1~18; 사 50:10.
2) 요일 3:9; 눅 22:32; 욥 13:15; 시 73:15; 51:8, 12; 사 50:10.
3) 미 7:7~9; 렘 32:40; 사 54:7~10; 시 22:1; 88:1~18.

말씀 요절

엡 4:30-31 "하나님의 성령을 근심하게 하지 말라 그 안에서 너희가 구원의 날까지 인치심을 받았느니라 너희는 모든 악독과 노함과 분냄과 떠드는 것과 비방하는 것을 모든 악의와 함께 버리고"

시 31:22 "내가 놀라서 말하기를 주의 목전에서 끊어졌다 하였사오나 내가 주께 부르짖을 때에 주께서 나의 간구하는 소리를 들으셨나이다"

요일 3:9 "하나님께로부터 난 자마다 죄를 짓지 아니하나니 이는 하나님의 씨가 그의 속에 거함이요 그도 범죄하지 못하는 것은 하나님께로부터 났음이라"

눅 22:32 "그러나 내가 너를 위하여 네 믿음이 떨어지지 않기를 기도하였노니 너는 돌이킨 후에 네 형제를 굳게 하라"

미 7:7-9 "오직 나는 여호와를 우러러보며 나를 구원하시는 하나님을 바라보나니 나의 하나님이 나에게 귀를 기울이시리로다 나의 대적이여 나로 말미암아 기뻐하지 말지어다 나는 엎드러질지라도 일어날 것이요 어두운 데에 앉을지라도 여호와께서 나의 빛이 되실 것임이로다 내가 여호와께 범죄하였으니 그의 진노를 당하려니와 마침내 주께서 나를 위하여 논쟁하시고 심판하시며 주께서 나를 인도하사 광명에 이르게 하시리니 내가 그의 공의를 보리로다"

사 54:7-8 "내가 잠시 너를 버렸으나 큰 긍휼로 너를 모을 것이요 내가 넘치는 진노로 내 얼굴을 네게서 잠시 가렸으나 영원한 자비로 너를 긍휼히 여기리라 네 구속자 여호와께서 말씀하셨느니라"

교리 해설

참된 신자가 왜 이미 가지고 있던 구원의 확신이 흔들리거나 줄어들거나 한때 중단되는 일을 겪을 수도 있는 것일까요? 하나님께서 구원의 확신을 위하여 베푸시는 은혜를 거두셨기 때문일까요? 오늘 읽는 신앙고백서 18.4는 이와 관련해서 참된 신자의 연약함과 하나님의 징계를 진술합니다. 6월 17일에 읽은 신앙고백서 17.3은 "성도는 사탄과 세상의 유혹으로 말미암아, 이들 안에 남아 있는 부패의 득세로 인해, 또한 자신들을 보존하는 방편들을 등한시함으로써 중대한 죄에 빠질 수 있으며, 얼마 동안 그 죄에 계속 머물 수 있다"라고 진술합니다. 참된 신자라도 이러한 연약성으로 인하여 자신들을 보존하는 방편들을 등한시할 경우 중대한 죄에 빠질 수 있으며, 그렇게 될 경우 참된 신자는 자신의 양심에 상처를 입힐 뿐 아니라 자신 안에 내주하시는 성령 하나님을 근심하게 하는 특정한 죄에 빠지기도 합니다. 또 갑작스러운 강렬한 시험을 당하기도 합니다. 예를 들어 다윗이 범한 간음과 살인의 죄가 그러합니다. 하나님께서는 이렇게 될 경우 징계하십니다. 하나님께서는 그를 향한 얼굴빛을 거두십니다. 그리고 하나님을 두려워하며 경외하는 자라도 그로 하여금 빛도 없이 깊은 영적 어둠 속을 걸어야 하는 고통을 겪게 하십니다. 요컨대 참된 신자가 구원의 확신의 위기를 경험하는 것은 한편으로 본인 스스로가 범하는 죄로 인한 것이며, 다른 한편으로 이 죄로 인하여 하나님께서 얼굴을 가리시고 징계하심으로 인한 것입니다.

결국은 참된 신자일지라도 구원의 확신이 흔들리거나 중단되기조차 하는 일을 겪는 것은 대체로 신자 자신에게 책임이 있습니다. 스스로 확신의 보존을 등한시함으로 여러 흠과 죄의 일들이 다방면으로 일어납니다. 신자 자신이 영적으로 나태하고 자신에게 있는 죄의 세력에 무너짐으로 이러한 어려움을 겪게 됩니다. 하지만 하나님께서 신자를 겸손히 낮추시기 위하여, 자기 자신이 아니라 하나님을 의존하도록 하기 위하여, 또 믿음으로 행하고 보는 것으로 행하지 않도록 하기 위하여 일부러 하나님의 얼굴을 가리실 때도 있습니다. 실제로 이스라엘 백성으로 하여금 광야 길을 걷게 하신 것이 그러할 것입니다. "네 하나님 여호와께서 이 사십 년 동안에 네게 광야 길을 걷게 하신 것을 기억하라 이는 너를 낮추시며 너를 시험하사 네 마음이 어떠한지 그 명령을 지키는지 지키지 않는지 알려 하심이라"(신 8:2). 시험을 이길 경우에는 구원의 확신이 더 강화될 것이며, 반대로 시험에 실패할 경우에는 구원의 확신이 약화될 것입니다.

최종적으로 하나님께서는 선택하신 자를 구원하시며 이들로 하여금 구원의 확신을 회복할 수 있도록 성령 하나님을 보내시어 도우십니다. 어떤 경우에든지 참된 신자에게는 하나님의 빛이 없이 어두움 속을 걸어가는 그때에도 하나님의 씨와 믿음의 생명, 그리스도와 형제들에 대한 사랑, 마음의 진실함과 양심의 의무감 등이 여전히 남아 있습니다. 이를 토대로 적절한 때가 되면 다시 회복이 이루어집니다. 참된 신자는 그러한 동안에도 완전한 절망에 빠지지 않도록 도움을 받습니다. "내가 잠시 너를 버렸으나 큰 긍휼로 너를 모을 것이요 내가 넘치는 진노로 내 얼굴을 네게서 잠시 가렸으나 영원한 자비로 너를 긍휼히 여기리라 네 구속자 여호와께서 말씀하셨느니라"(사 54:7-8).

적용 질문

1. 참된 신자일지라도 구원의 확신이 흔들리고 줄어들며 중단될 수 있다는 것이 납득이 됩니까? 참된 믿음으로 구원을 받은 성도라면 당연히 흔들리지 않는 굳건한 확신이 있어야 하는 것이 아닐까요?

2. 오늘 읽은 신앙고백서는 참된 신자가 흔들리는 까닭을 어떻게 설명합니까? 신자와 관련한 이유들을 제시해 보시기 바랍니다.

3. 참된 신자라도 죄에 빠져서 한동안 머물기도 합니다. 이러한 자를 향해 하나님께서 어떠한 징계를 내리십니까?

4. 참된 신자가 완전한 절망에 빠지지 않고 확신이 다시 살아날 수 있는 까닭은 무엇입니까?

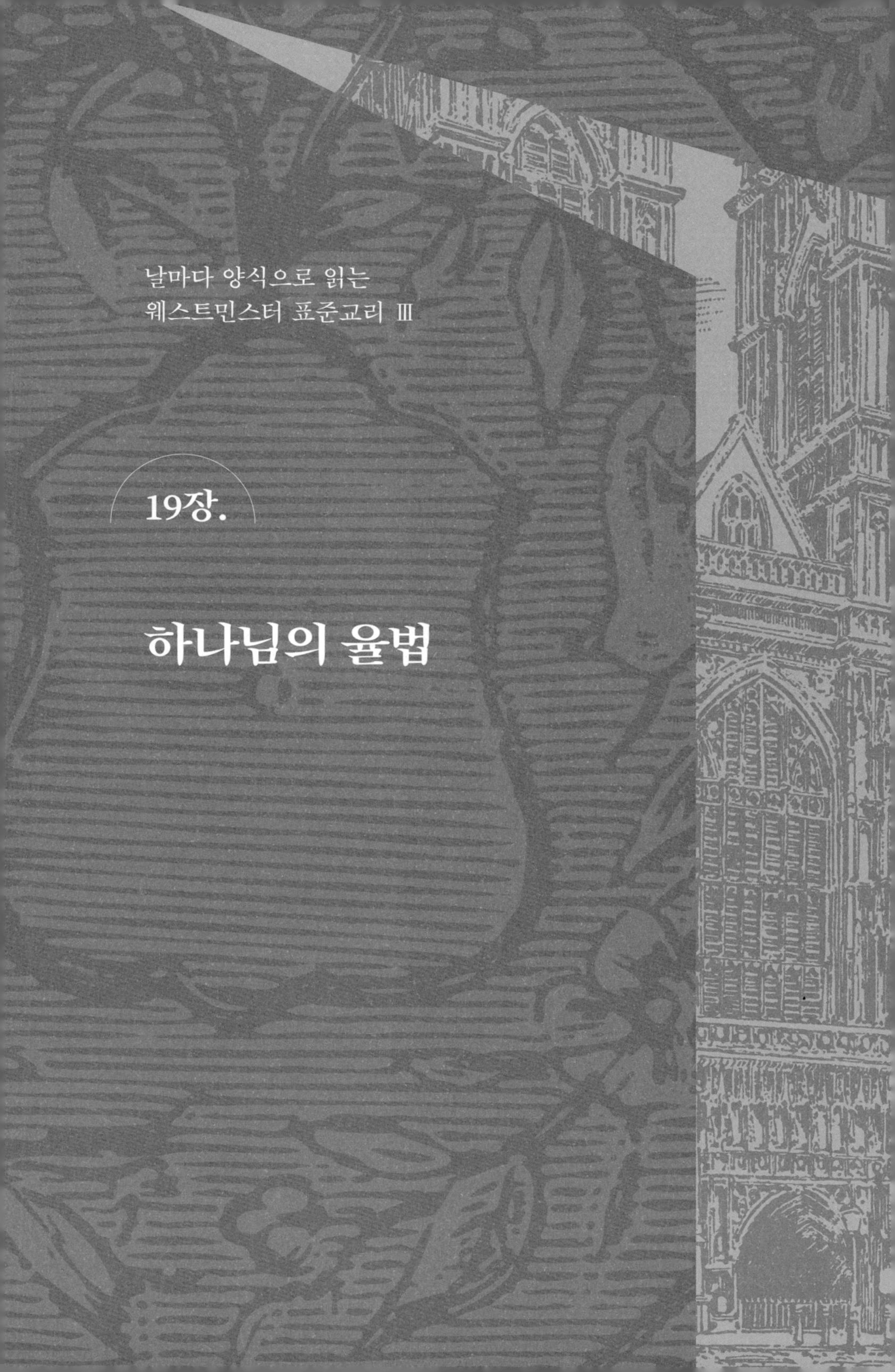

날마다 양식으로 읽는
웨스트민스터 표준교리 Ⅲ

19장.

하나님의 율법

6월 24일

하나님께서 사람에게 요구하시는 의무

소요리문답 39

대요리문답 91

소요리문답 39:

문39. 하나님께서 사람에게 요구하시는 의무는 무엇입니까?

답. 하나님께서 사람에게 요구하시는 의무는 그분의 계시된 뜻에 순종하는 것입니다.[1)]

1) 미 6:8; 삼상 15:22.

대요리문답 91:

문91. 하나님께서 사람에게 요구하시는 의무는 무엇입니까?

답. 하나님께서 사람에게 요구하시는 의무는 그분

대요리문답 91: 의 계시된 뜻에 순종하는 것입니다.[1)]

1) 롬 12:1~2; 미 6:8; 삼상 15:22.

말씀 요절

미 6:8 "사람아 주께서 선한 것이 무엇임을 네게 보이셨나니 여호와께서 네게 구하시는 것은 오직 정의를 행하며 인자를 사랑하며 겸손하게 네 하나님과 함께 행하는 것이 아니냐"

삼상 15:22 "사무엘이 이르되 여호와께서 번제와 다른 제사를 그의 목소리를 청종하는 것을 좋아하심 같이 좋아하시겠나이까 순종이 제사보다 낫고 듣는 것이 숫양의 기름보다 나으니"

교리 해설

사람은 스스로 존재하는 자가 아닙니다. 사람은 피조물일 뿐입니다. 그래서 이생에서 삶을 시작하다가 어느 때가 되면 죽고 사라집니다. 물론 몸과 영혼이 분리되는 죽음이지만, 논의의 초점은 사람이 스스로 자신의 존재를 결정하는 능력을 가지고 있지 못하다는 사실입니다. 이것은 이생에서 살아가는 동안에 사람이 자신의 삶을 임의로 살아도 되는 자가 아니라는 것을 함의합니다. 스스로 존재하는 자가 아닌 존재는 자신에게 존재를 부여한 분의 목적과 뜻에 따라 살아야 할 존재 의무를 부여

받습니다. 사람은 창조주이신 하나님을 사랑하며 섬겨야 할 도덕적 의무를 받은 자입니다. 창조주이신 하나님께서는 피조물인 사람을 만드시고 사람에게 가장 선하고 유익한 것을 주시는 분이십니다. 사람은 창조주이시며 최고의 선이신 하나님의 뜻에 순종하며 사는 것이 가장 복된 삶이 됩니다. 이것을 반대하는 사람은 하나님을 부인하는 무신론자이거나 사람을 하나님보다 높이는 인본주의자입니다. 인본주의자는 하나님이 사람을 위하여 존재하는 것으로 여기면서 사람이 목적이고 하나님은 수단이라고 여깁니다.

사람이 사람을 위해 일하면 그것이 곧 하나님을 섬기는 일이라고 말하는 것은 옳은 듯하지만 실제로는 그렇지 않은 경우가 많습니다. 사람을 위한 일을 상위 목적으로 삼고 하나님을 섬기는 일을 하위 목적으로 삼거나 수단으로 삼을 때는 전적으로 잘못된 말이 됩니다. 하나님을 섬기는 일을 최고의 목적으로 삼고 하나님의 뜻에 순종하기 위하여 사람을 섬길 때 그것은 옳은 일이 됩니다.

오늘 읽는 소요리문답 39항과 대요리문답 91항은 하나님께 사람에게 요구하시는 의무를 설명하면서 "그분의 계시된 뜻"에 순종하는 것이라고 진술합니다. 하나님을 사랑하고 섬기는 일의 결정을 사람이 임의로 할 수 있는 것이 아님을 교훈합니다. 아무리 하나님께 순종하고자 하는 동기가 선하다고 할지라도 하나님의 뜻에 어긋나면 그것은 하나님을 섬기는 의무를 다하는 것이 아닙니다. 오늘 읽은 두 문답은 모두 우리가 순종해야 하는 하나님의 뜻은 "계시된" 뜻이라고 밝힙니다. 하나님께서는 피조물인 사람이 마땅히 순종해야 할 의무가 어떠한 것인지를 밝혀두셨습니다. 하나님의 의지와 뜻 가운데는 사람이 알고 지키도록 계시하신 것이 있는 반면에, 하나님께서 일어났거나 일어날 과거와 현재 그리고 미래의 모든 일에 대하여 그분 자신의 경륜에 따라서 정하신 것이 있습니다. 전자는 계시된 뜻이라고 하며 후자는 비밀한 뜻이라고 합니다. 비밀한 뜻은 사람에게 알려 행하도록 하시는 의무와 관련이 없습니다. 그것은 하나님께서 그분 자신의 영광을 위하여 계획하시고 실행하는 일에 관한 것입니다. 사람은 하나님의 계시된 뜻에 순종할 것인가 아닌가를 자신의 자유선택으로 결정할 권한과 권리를 가지고 있지 않습니다. 사람이 계시된 뜻에 대하여 동의하는가에 따라 사람에게 계시된 뜻에 순종하는 의무가 발생하는 것이 아닙니다. 사람이 동의하든지 반대하든지, 좋아하든지 싫어하든지, 하나님께서 계시하신 명령과 규범을 지켜야 하는 것이 사람의 의무입니다.

끝으로 이 의무를 지키는 것이 소요리문답과 대요리문답의 각 1항에서 물었던 질문, 사람에게 주어진 첫째가며 가장 높은 목적을 이루는 것임을 유념하는 것이 유익합니다. 곧 하나님을 영화롭게 하고 영원토록 즐거워하는 길은 하나님의 계시된 뜻을 순종하는 것입니다. 이것이 피조물이 가져야 하는 첫째가는 의무입니다. 요컨대 각 요리문답의 1항은 사람의 존재 목적을 말하며, 소요리문답 39항과 대요리문답 91항은 사람이 자신에게 주어진 존재 목적을 어떻게 이룰 수 있는지에 관해 다룹니다. 하나님을 영화롭게 하고 즐거워하는 목적을 이루는 방법은 하나님께서 사람에게 주신 의무를 순종하는 것이라고 정리할 수 있습니다.

적용 질문

1. 여러분은 피조물인 사람이 창조주 하나님의 뜻에 따라 살아야 할 의무를 지닌다는 말에 동의하십니까?

2. 사람이 다른 사람을 섬기고 사랑하며 사는 것보다 더 큰 의무가 있

다고 생각하십니까?

3. 사람은 하나님의 명령에 동의하여 따를 것인가 그렇지 않을 것인가를 선택할 권리를 가지고 있다고 생각하십니까? 만일 무조건 따라야 한다면 그것이 정당하게 여겨집니까?

4. 사람에게 첫째가는 목적은 하나님을 영화롭게 하고 영원토록 즐거워하는 것입니다. 오늘 학습한 바와 같이 하나님의 계시된 뜻에 순종하는 것이 하나님께서 사람에게 요구하시는 의무입니다. 인간의 목적과 인간의 의무가 서로 어떻게 연결됩니까? 오늘 학습한 내용에 비추어 여러분은 여러분의 인생과 신앙생활에 대해 어떻게 평가하십니까? 목적을 잘 이루고 있는 생활입니까? 의무를 잘 수행하고 있는 생활입니까?

6월

25일

하나님께서 제일 처음 계시하신 순종의 규범

소요리문답 40

대요리문답 92

소요리문답 40:

문40. 하나님께서 사람에게 순종의 규범으로 제일 처음 계시하신 것은 무엇입니까?

답. 하나님께서 사람에게 순종하도록 제일 처음 계시하셨던 규범은 도덕법입니다.[1)]

1) 롬 2:14~15; 10:5.

대요리문답 92:

문92. 하나님께서 사람에게 순종의 규범으로 제일 처음 계시하신 것은 무엇입니까?

답. 무죄 상태에 있던 아담에게 그리고 아담 안에

대요리문답 92:

있는 모든 인류에게 계시하신 순종의 규범은 선과 악을 알게 하는 나무의 실과를 먹지 말라고 하신 특별한 명령과 도덕법이었습니다.[1]

1) 창 1:26~27; 롬 2:14~15; 10:5; 창 2:17.

말씀 요절

롬 2:14-15 "(율법 없는 이방인이 본성으로 율법의 일을 행할 때에는 이 사람은 율법이 없어도 자기가 자기에게 율법이 되나니 이런 이들은 그 양심이 증거가 되어 그 생각들이 서로 혹은 고발하며 혹은 변명하여 그 마음에 새긴 율법의 행위를 나타내느니라)"

롬 10:5 "모세가 기록하되 율법으로 말미암는 의를 행하는 사람은 그 의로 살리라 하였거니와"

창 1:26-27 "하나님이 이르시되 우리의 형상을 따라 우리의 모양대로 우리가 사람을 만들고 그들로 바다의 물고기와 하늘의 새와 가축과 온 땅과 땅에 기는 모든 것을 다스리게 하자 하시고 하나님이 자기 형상 곧 하나님의 형상대로 사람을 창조하시되 남자와 여자를 창조하시고"

창 2:17 "선악을 알게 하는 나무의 열매는 먹지 말라 네가 먹는 날에는 반드시 죽으리라 하시니라"

교리 해설

하나님께서 사람에게 요구하시는 의무는 하나님께서 계시하신 뜻에 순종하는 것입니다. 오늘 읽는 소요리문답 40항은 그 계시하신 뜻이 무엇인지를 알려줍니다. 그것은 "도덕법"입니다. 도덕법이 "하나님께서 사람에게 순종하도록 제일 처음 계시하셨던 규범"이라고 진술합니다. 이것은 이를테면 "율법 없는 이방인이 본성으로 율법의 일을 행할 때에는 이 사람은 율법이 없어도 자기가 자기에게 율법이 되나니 이런 이들은 그 양심이 증거가 되어 그 생각들이 서로 혹은 고발하며 혹은 변명하여 그 마음에 새긴 율법의 행위를 나타내느니라"(롬 2:14-15)라는 말씀에서 교훈하는 바와 같습니다. 모세의 율법에는 도덕법 이외에 절기와 제사에 관한 의식법, 또 시민생활과 관련한 시민법이 포함되어 있습니다. 하지만 의식법과 시민법은 모든 세대의 모든 민족에게 해당하는 법들은 아닙니다. 이러한 법들은 일정 기간 사용되었다가 폐지 또는 폐기됩니다. 반면에 도덕법은 하나님께서 사람에게 순종하도록 제일 처음 계시한 규범이며 또한 복음의 신약 시대에서도 여전히 유효합니다. 도덕법은 성경의 진리 말씀에서 가장 분명하게 나타나 있습니다. 그렇지만 성경을 믿지 않고 모르는 사람들에게도 나타나 있으니, 곧 성경에 비하여 다소 희미하나 본성의 빛에 따른 양심을 통해 어느 정도 알려집니다.

대요리문답 92항은 소요리문답 40항에서 말한 도덕법에 더하여 한 가지 사항을 더하여 주고 있습니다. 그것은 "선과 악을 알게 하는 나무의 실과를 먹지 말라고 하신 특별한 명령"입니다. 이 명령은 특별한 것입니다. 모든 사람이 본성으로 알 수 있는 도덕법과는 다르다는 점에서 이 명령은 특별합니다. 곧 아담과 하와에게 특별히 주신 명령입니다. 결국 하나님께서 사람에게 순종의 규범으로 제일 처음 계시하신 것은 모든 인류에게 보편적으로 작용하는 도덕법입니다. 그리고 도덕법과 별개로 아담과 그의 후손에게 말씀하신 특별한 명령이 있습니다. 이것도 도덕법과 마찬가지로 순종의 규범입니다.

요컨대 사람이 하나님께 순종해야 하는 규범은 도덕법만이 아니며, 특별하게 주신 명령이 있다면 그것도 순종의 규범입니다. 도덕법은 하나님의 거룩하신 본성과 공의에서 비롯됩니다. 반면에 선과 악을 알게 하는 나무의 실과를 먹지 말라는 특별한 명령은 도덕법과 달리 하나님의 거룩하신 본성에서가 아니라 창조주로서 명령하실 수 있는 주권적 권한에서 내려진 것입니다. 특별한 명령은 하나님께서 특별한 목적을 위하여 또는 언약의 관계를 세우기 위하여 자신의 의지로 제정하시는 것입니다. 선과 악을 알게 하는 나무의 실과를 먹지 말라는 특별한 명령은 내일 살펴보는 행위 언약과 연결됩니다.

간략히 말해서, 하나님께서 무죄 상태에 있던 사람에게 순종의 규범으로 제일 처음 계시하신 것은 사람의 양심에 새기어 두신 도덕법(the moral law)이며, 또한 선악과를 먹지 말라 하신 특별한 명령인 제정법(the positive law)입니다. 이것들은 둘 다 순종의 규범입니다.

적용 질문

1. 하나님께서 타락하기 이전의 무흠한 상태에서 아담과 아담 안에 있는 후손들에게 명하신 순종의 규범은 무엇입니까?

2. 도덕법과 제정법은 어떻게 구별됩니까? 이 가운데 사람이 순종해야 할 규범은 어느 것입니까? 아니면 둘 다 순종의 규범입니까?

3. 사람은 하나님이 명하신 도덕법을 어디에서 알 수 있습니까?

4. 이 세상에서 사람들이 하나님께서 사람의 양심에 새기신 도덕법을 잘 지키고 있습니까? 여러분은 신자의 경우는 어떠하다고 판단하십니까?

6월 / 26일

행위 언약과 율법

신앙고백서 19.1

신앙고백서 19.1

하나님께서는 아담에게 행위 언약으로 율법을 주셨다. 이것으로 하나님께서 아담과 그의 모든 후손에게 인격적으로, 완전히, 정확하게, 그리고 영속적으로 순종해야 할 의무를 부과하셨다. 그리고 율법을 성취하는 경우에는 생명을 주기로 약속하셨으며, 깨뜨리는 경우에는 죽음을 당할 것이라고 경고하셨다. 그리고 하나님께서 그에게 이것을 지킬 수 있는 능력과 힘을 부여하셨다.[1)]

1) 창 1:26~27; 2:17; 롬 2:14~15; 10:5; 5:12, 19; 갈 3:10, 12; 전 7:29; 욥 28:28.

말씀 요절

창 2:17 "선악을 알게 하는 나무의 열매는 먹지 말라 네가 먹는 날에는 반드시 죽으리라 하시니라"

롬 2:14-15 "(율법 없는 이방인이 본성으로 율법의 일을 행할 때에는 이 사람은 율법이 없어도 자기가 자기에게 율법이 되나니 이런 이들은 그 양심이 증거가 되어 그 생각들이 서로 혹은 고발하며 혹은 변명하여 그 마음에 새긴 율법의 행위를 나타내느니라)"

롬 10:5 "모세가 기록하되 율법으로 말미암는 의를 행하는 사람은 그 의로 살리라 하였거니와"

롬 5:12, 19 "그러므로 한 사람으로 말미암아 죄가 세상에 들어오고 죄로 말미암아 사망이 들어왔나니 이와 같이 모든 사람이 죄를 지었으므로 사망이 모든 사람에게 이르렀느니라 … 한 사람이 순종하지 아니함으로 많은 사람이 죄인 된 것 같이 한 사람이 순종하심으로 많은 사람이 의인이 되리라"

갈 3:10 "무릇 율법 행위에 속한 자들은 저주 아래에 있나니 기록된 바 누구든지 율법 책에 기록된 대로 모든 일을 항상 행하지 아니하는 자는 저주 아래에 있는 자라 하였음이라"

전 7:29 "내가 깨달은 것은 오직 이것이라 곧 하나님은 사람을 정직하게 지으셨으나 사람이 많은 꾀들을 낸 것이니라"

욥 28:28 "또 사람에게 말씀하셨도다 보라 주를 경외함이 지혜요 악을 떠남이 명철이니라"

교리 해설

하나님께서 사람에게 순종의 규범으로 양심에 새기신 도덕법을 주시고, 이에 더하여 선과 악을 알게 하는 나무의 실과를 먹지 말라는 특별한 명령으로 제정하신 법, 곧 제정법을 주셨습니다. 오늘 읽는 신앙고백서 19.1은 순종의 규범인 도덕법과 제정법의 의미를 하나님께서 사람과 맺으신 언약과 연결하여 설명합니다. 3월 9일과 10일에 읽은 신앙고백서 7.2와 7.3에서 각각 사람과 맺으신 첫 번째 언약으로 행위 언약을, 두 번째 언약으로 은혜 언약을 살폈습니다. 행위 언약에 대하여 신앙고백서는 이렇게 진술합니다. "사람이 맺으신 첫 번째 언약은 행위 언약이었다. 이 언약 안에서 완전하며 인격적인 순종을 조건으로 하여, 아담에게 그리고 아담 안에 있는 그의 후손들에게 생명이 약속되었다"(7.2). 행위 언약은 생명을 약속합니다. 이 생명은 아담이 창조 후에 바로 에덴에서 누렸던 생명과는 비교가 안 되는 하늘의 생명입니다. 곧 죽을 가능성이 없는 생명입니다. 이 생명은 지금 그리스도 안에 있는 신자에게 주어지는 영원한 생명입니다. 아담에게는 이 영원한 생명이 행위 언약을 통해 약속되었습니다. 그러나 행위 언약의 조건을 지키지 못하고 율법을 깨뜨리는 경우에는 죽음을 경고하셨습니다. 이 죽음은 영원한 죽음입니다. 하나님께 범죄한 자로서 받아야 하는 영원한 정죄에 따른 죽음입니다.

아담이 행위 언약에서 약속된 생명을 얻는 길은 하나님께서 행위 언약으로 주신 율법을 "인격적으로, 완전히, 정확하게, 그리고 영속적으로" 순종하는 것입니다. 여기서 율법이란 하나님께서 주신 순종의 규범을 말합니다. 순종의 규범은 지난 24일에 읽은 대요리문답 91항에서 밝히고 있듯이 "선과 악을 알게 하는 나무의 실과를 먹지 말라고 하신 특별한 명령과 도덕법"입니다. 특별한 명령과 도덕법이 하나님의 행위 언약의 성취 조건을 구성할 때, 이 둘은 모두 "율법"이라는 표현 아래 수용되고 있습니다. 이 율법에 순종할 때 "인격적으로", 곧 개인 인격인 본인 자신이 직접, 그리고 "완전히" 곧 율법을 선택적으로 순종하는 것이 아니라 전체적으로, 그리고 "정확하게," 곧 율법의 뜻에 완전히 일치하도록, 그리고 "영속적으로," 곧 단지 한 번이나 일시적이 아니라 계속해야 합니다.

아담은 행위 언약을 지켜낼 능력을 가지고 있었을까요? 2월 8일에 신앙고백서 4.2에서 읽은 바와 같이 하나님께서는 아담에게 이 조건을 성취할 능력을 주셨습니다. 아담이 실행할 수 없는 불가능한 조건을 받고 있는 것이 아닙니다. 신앙고백서는 이렇게 진술합니다. "다른 모든 피조물을 만드신 후에, 하나님께서 이성적이며 불멸하는 영혼을 가진 사람, 곧 남자와 여자를 창조하셨다. 그리고 이들에게 자신의 형상을 따라 지식과 의와 참된 거룩함을 부여하셨고, 이들의 마음에 하나님의 법을 기록하셨으며, 이것을 성취할 능력을 부여하셨다." 아담은 하나님의 형상으로 지음을 받았습니다. 아담은 제한되지만 오류가 없는 올바른 영적 지식을, 죄책을 지어야 하는 어떤 죄도 없는 의로움을, 그리고 죄를 범하도록 이끄는 죄의 욕구가 없고 하나님을 사랑하는 거룩함을 부여받았습니다. 그러한 아담은 행위 언약의 조건을 만족하기에 필요한 능력을 갖추고 있었습니다. 그러하기에 행위 언약은 아담에게 생명을 주시기 위한 복된 언약이었습니다. 아담의 불순종으로 실패로 끝난 이후, 행위 언약은 "정죄"라는 결과를 수반했지만 있지만, 실제로 무죄 상태에 있던 아담에게는 복된 언약이었습니다.

적용 질문

1. 하나님께서 순종의 규범으로 주신 행위 언약의 율법은 무엇입니까?

2. 하나님께서는 행위 언약의 조건으로 이 율법을 어떻게 지키도록 요구하십니까?

3. 행위 언약의 조건인 율법을 순종하였을 때와 불순종하였을 때 각각 어떠한 결과를 맞이하게 됩니까?

4. 여러분은 무흠 상태의 아담과 맺으신 행위 언약에 대해 어떠한 인상을 갖고 계십니까? 그것이 복되게 여겨지십니까? 행위 언약이 아담에게는 무겁고 힘겨운 것이었을까요?

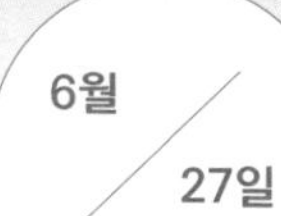

도덕법

대요리문답 93

대요리문답 93:

문93. 도덕법은 무엇입니까?

답. 도덕법은 인류에게 선포된 하나님의 뜻입니다. 도덕법은 영혼과 몸, 곧 전인의 구조와 성향에 있어서,[1] 또한 하나님과 사람에게 마땅히 해야만 하는 거룩함과 의로움의 모든 의무를 이행함에 있어서,[2] 모든 사람이 개인적으로, 완전히, 그리고 지속적으로 따르고 순종하도록 지시하고 의무를 부과합니다. 그리고 이 법을 지키면 생명을 주기로 약속하고, 깨뜨리면 죽는다고 경고합니다.[3]

1) 신 5:1~3, 31, 33; 눅 10:26~27; 갈 3:10; 살전 5:23.

2) 눅 1:75; 행 24:16.

대요리문답 93:

3) 롬 10:5; 갈 3:10, 12.

말씀 요절

신 5:1-3 "모세가 온 이스라엘을 불러 그들에게 이르되 이스라엘아 오늘 내가 너희의 귀에 말하는 규례와 법도를 듣고 그것을 배우며 지켜 행하라 우리 하나님 여호와께서 호렙 산에서 우리와 언약을 세우셨나니 이 언약은 여호와께서 우리 조상들과 세우신 것이 아니요 오늘 여기 살아 있는 우리 곧 우리와 세우신 것이라"

눅 10:26-27 "예수께서 이르시되 율법에 무엇이라 기록되었으며 네가 어떻게 읽느냐 대답하여 이르되 네 마음을 다하며 목숨을 다하며 힘을 다하며 뜻을 다하여 주 너의 하나님을 사랑하고 또한 네 이웃을 네 자신 같이 사랑하라 하였나이다"

눅 1:75 "종신토록 주의 앞에서 성결과 의로 두려움이 없이 섬기게 하리라 하셨도다"

행 24:14-16 "그러나 이것을 당신께 고백하리이다 나는 그들이 이단이라 하는 도를 따라 조상의 하나님을 섬기고 율법과 선지자들의 글에 기록된 것을 다 믿으며 그들이 기다리는 바 하나님께 향한 소망을 나도 가졌으니 곧 의인과 악인의 부활이 있으리라 함이니이다 이것으로 말미암아 나도 하나님과 사람에 대하여 항상 양심에 거리낌이 없기를 힘쓰나이다"

롬 10:5 "모세가 기록하되 율법으로 말미암는 의를 행하는 사람은 그 의로 살리라 하였거니와"

갈 3:10, 12 "무릇 율법 행위에 속한 자들은 저주 아래에 있나니 기록된 바 누구든지 율법 책에 기록된 대로 모든 일을 항상 행하지 아니하는 자는 저주 아래에 있는 자라 하였음이라 … 율법은 믿음에서 난 것이 아니니 율법을 행하는 자는 그 가운데서 살리라 하였느니라"

교리 해설

어제 읽은 신앙고백서 19.1과 오늘 읽는 대요리문답 93항은 내용이 거의 동일합니다. 두 문서는 모두 행위 언약을 따라 법을 개인적 또는 인격적으로, 완전히, 정확하게 그리고 지속적으로 따르고 순종을 하면 생명을 주기로 약속하고, 깨뜨리면 죽는다고 경고하셨음을 진술합니다. 이것이 의미하는 바에 대해서는 어제 살핀 내용을 참조하시면 되겠습니다.

오늘 살펴볼 내용은 신앙고백서가 행위 언약으로 "율법"을 주셨다고 하였는데 대요리문답은 행위 언약을 설명하면서 "도덕법"을 설명하고 있다는 차이점입니다. 대요리문답은 행위 언약을 "도덕법"으로 국한하고 있는 듯이 보입니다. 그런데 행위 언약은 하나님께서 사람에게 순종의 규범으로 마음에 새기신 도덕법만이 아니라 선과 악을 알게 하는 나무의 실과를 먹지 말라는 특별한 명령으로 제정하신 법, 곧 제정법도 포함합니다. 그렇기 때문에 신앙고백서는 행위 언약과 관련하여 지켜야 할 법을 말할 때 도덕법과 제정법을 포괄하는 순종의 규범을 모두 가리키는 표현으로 "율법"이라고 진술합니다. 이것은 6월 24일에 읽은 대요리문답 92항에서 밝힌 바와 그대로 일치합니다. 대요리문답도 92항에서 "순종의 규범은 선과 악을 알게 하는 나무의 실과를 먹지 말라고 하신 특별한 명령과 도덕법이었습니다"라고 진술하고 있습니다. 그렇다면 대요리문답 93항은 행위 언약을 설명하면서 92항의 "특별한 명령과 도덕법" 가운데 의도적으로 "도덕법"만으로 특별히 국한한다는 것을 알 수 있습니다. 그것은 대요리문답이 94항부터 타락 후에도 행위 언약이 온 인류에게 미치는 효과를 말할 때 도덕법에 초점을 두어야 할 필요 때문입니다. 모든 인류가 행위 언약 아래 죄의 저주를 받고 있다는 사실을 도덕법의 용도와 관련하여 설명하는 교육적 의도를 반영하는 요리문답의 특징을 반영하고 있다고 할 것입니다. 따라서 대요리문답 93항이 행위 언약과 관련하여 도덕법만을 언급하는 이유가 행위 언약의 조건인 순종의 규범에서 선과 악을 알게 하는 나무의 실과를 먹지 말라는 제정법을 배제하려는 신학적 의도 때문이 아닌 것을 유념해야 합니다.

오늘 대요리문답 93항을 읽으면서 추가로 언급할 것은 모든 사람이 "개인적으로, 완전히, 그리고 지속적으로" 도덕법에 따른 의무를 이행할 때, "영혼과 몸, 곧 전인의 구조와 성향"으로 해야 한다는 진술입니다. 이것은 하나님의 법의 순종은 외적인 형식이나 행동으로 하는 것이 아님을 반영합니다. 하나님의 율법은 행위의 외적 태도나 방식을 당연히 통제합니다. 그러나 그것만이 아니라 율법의 순종은 하나님을 사랑하는 내적인 동기와 정서를 담아 그분의 뜻을 따르고자 하는 의지를 가지고 그분의 뜻을 기뻐함으로 지켜져야 합니다. 이것은 하나님께서 그분의 백성에게 항상 가르치신 교훈입니다. "모세가 온 이스라엘을 불러 그들에게 이르되 이스라엘아 오늘 내가 너희의 귀에 말하는 규례와 법도를 듣고 그것을 배우며 지켜 행하라 우리 하나님 여호와께서 호렙 산에서 우리와 언약을 세우셨나니 이 언약은 여호와께서 우리 조상들과 세우신 것이 아니요 오늘 여기 살아 있는 우리 곧 우리와 세우신 것이라"(신 5:1-3). 예수님께서는 율법 중에서 가장 큰 계명이 무엇이냐를 묻는 질문에 담긴 어리석음을 보셨습니다. 율법사의 질문은 계명 준수를 외적인 측면으로 보고 있음을 반영하고 있기 때문입니다. 모든 계명을 참으로 지킨다는 것은 내적인 면을 염두에 두고 있다면, 계명 가운데 크고 작은 것을 구분하여 선택적으로 지키면서 스스로 의롭다 할 수는 없는 법입니다. 예수님께서는 "네 마음을 다하고 목숨을 다하고 뜻을 다하여 주 너의 하나님을 사랑하라 하셨으니 이것이 크고 첫째 되는 계명이요 둘째도 그와 같으니 네 이웃을 네 자신 같이 사랑하라 하셨으니 이 두 계명이 온 율법과 선지자의 강령이니라"(마 22:37-40)라는 말씀으로 교훈하셨습니다. 요컨대 하나님의 법은 대요리문답 93항에서 진술한 바 그대로 "영혼과 몸, 곧 전인의 구조와 성향에 있어서 … 개인적으로, 완전히, 그리고 지속적으로 따르고 순종"하여야 하는 것입니다.

적용 질문

1. 행위 언약의 조건은 무엇입니까? 행위 언약을 설명하는 맥락에서 신앙고백서 19.1은 "율법"으로 표현하고 있습니다. 이것은 무엇을 의미합니까?

2. 행위 언약을 설명하는 맥락에서 행위 언약의 조건을 대요리문답 93항은 "도덕법"으로 표현합니다. 왜 신앙고백서 19.1과 표현에 있어서 다르게 하고 있습니까?

3. 여러분은 하나님의 법을 외적으로만 순종하고 내적으로는 그렇지 않을 수 있다고 생각하십니까? 그러한 경우를 성경에서 찾아볼 수 있습

니까?

4. 여러분 생각에, 사람이 참으로 행위 언약으로서 하나님의 법을 지켜 순종할 수 있겠습니까? 많은 종교나 윤리는 이 질문에 대해서 어떠한 답을 줍니까? 여러분은 어떻게 판단하십니까?

6월
28일

의의 완전한 규칙인 십계명

신앙고백서 19.2

신앙고백서
19.2

이 율법은 아담의 타락 이후에도 여전히 의의 완전한 규칙이었다. 의의 완전한 규칙인 이 율법은 시내산에서 십계명으로 하나님에 의해 전달되었고, 두 돌판에 기록되었다.[1] 첫 네 계명은 하나님을 향한 우리의 의무를, 나머지 여섯 계명은 사람을 향한 우리의 의무를 담고 있다.[2]

1) 약 1:25; 2:8, 10~12; 롬 13:8~9; 신 5:32; 10:4; 출 34:1.

2) 마 22:37~40.

말씀 요절

약 1:25 "자유롭게 하는 온전한 율법을 들여다보고 있는 자는 듣고 잊어버리는 자가 아니요 실천하는 자니 이 사람은 그 행하는 일에 복을 받으리라"

약 2:8, 10-12 "너희가 만일 성경에 기록된 대로 네 이웃 사랑하기를 네 몸과 같이 하라 하신 최고의 법을 지키면 잘하는 것이거니와 … 누구든지 온 율법을 지키다가 그 하나를 범하면 모두 범한 자가 되나니 간음하지 말라 하신 이가 또한 살인하지 말라 하셨은즉 네가 비록 간음하지 아니하여도 살인하면 율법을 범한 자가 되느니라 너희는 자유의 율법대로 심판 받을 자처럼 말도 하고 행하기도 하라"

롬 13:8-9 "피차 사랑의 빚 외에는 아무에게든지 아무 빚도 지지 말라 남을 사랑하는 자는 율법을 다 이루었느니라 간음하지 말라, 살인하지 말라, 도둑질하지 말라, 탐내지 말라 한 것과 그 외에 다른 계명이 있을지라도 네 이웃을 네 자신과 같이 사랑하라 하신 그 말씀 가운데 다 들었느니라"

신 5:32 "그런즉 너희 하나님 여호와께서 너희에게 명령하신 대로 너희는 삼가 행하여 좌로나 우로나 치우치지 말고"

신 10:4 "여호와께서 그 총회 날에 산 위 불 가운데에서 너희에게 이르신 십계명을 처음과 같이 그 판에 쓰시고 그것을 내게 주시기로"

출 34:1 "여호와께서 모세에게 이르시되 너는 돌판 둘을 처음 것과 같이 다듬어 만들라 네가 깨뜨린 처음 판에 있던 말을 내가 그 판에 쓰리니"

마 22:37-40 "예수께서 이르시되 네 마음을 다하고 목숨을 다하고 뜻을 다하여 주 너의 하나님을 사랑하라 하셨으니 이것이 크고 첫째 되는 계명이요 둘째도 그와 같으니 네 이웃을 네 자신 같이 사랑하라 하셨으니 이 두 계명이 온 율법과 선지자의 강령이니라"

교리 해설

하나님께서 행위 언약과 관련하여 무죄 상태의 아담에게 주신 순종의 규범은 마음에 새긴 도덕법과 선과 악을 알게 하는 나무의 실과를 금지하신 제정법입니다. 아담은 제정법을 불순종하였고, 그리고 하나님을 사랑해야 하는 도덕법을 또한 불순종하였습니다. 타락한 이후에는 아담에게 주어진 제정법은 더 이상 아담의 후손에게 적용되지 않습니다. 금지의 대상인 선과 악을 알게 하는 나무가 없기 때문입니다. 그러나 제정법의 불순종으로 인한 정죄와 저주는 도덕법의 불순종과 마찬가지로 후손에게도 그대로 효력이 미칩니다.

오늘 읽는 신앙고백서 19.2는 "이 율법은 아담의 타락 이후에도 여전히 의의 완전한 규칙이었다"로 시작합니다. 이때 "이 율법"이 가리키는 바는 19.1과 연결하면 첫 문장 "하나님께서 아담에게 행위 언약으로 율법을 주셨다"에서 말하는 율법일 것입니다. 어제 대요리문답 93항을 살피면서 언급한 바와 같이 신앙고백서 19.1의 율법은 도덕법만이 아니라 제정법을 포함하여 행위 언약의 조건을 가리킵니다. 그런데 19.2는 행위 언약인 율법을 그대로 받으면서도 내용적으로는 19.2를 읽으면서 확인되는 바처럼 "이 율법은 시내산에서 십계명으로 하나님에 의해 전달되었고"라는 진술에서 보듯이 도덕법을 가리킵니다. 요컨대 행위 언약의 조건으로서 율법의 역할을 19.1과 19.2 사이에 동일하게 연결하면서도 그 내용은 타락 이후에 주어지는 의의 규칙과 관련하여 이제는 더 이상 적용될 수 없는 제정법을 제외한 도덕법에 한정하고 있는 것입니다.

신앙고백서는 모세가 시내산에서 받은 십계명이 아담의 타락 이후에도 여전히 의의 완전한 규칙이라고 말합니다. 이것은 하나님께서 이스라엘 백성에게 이 계명을 순종하여 생명을 얻는다는 행위 언약을 갱신하여 주시는 것이 아님을 잘 유념해야 합니다. 아담에게는 마음에 새긴 도덕법을 행위 언약으로 삼은 반면에, 이스라엘 백성에게는 돌판에 새긴 십계명의 도덕법을 행위 언약으로 삼았다는 주장은 큰 오류입니다. 아담의 타락 이후에 모든 인류는 타락하여 있어서 행위 언약에 의해 생명을 받을 수가 없습니다. 사람의 타락과 언약의 관계에 대하여 3월 11일에 신앙고백서 7.3을 읽은 바가 있습니다. 이를테면 7.3에서 "사람이 타락하여 스스로는 이 언약[=행위 언약]에 의해 생명에 이를 수가 없게 되었으므로, 주님께서 통상적으로 은혜 언약이라고 불리는 두 번째 언약을 맺기를 기뻐하셨다"라는 진술을 읽을 수 있습니다. 그리고 7.4에서는 "이 은혜 언약은 성경에 종종 유언이라는 이름으로 진술되어 있다", 그리고 7.5에서는 "이 언약은 율법 시대와 복음 시대에 다르게 시행되었다"라고 진술하고 있습니다. 그러하기에 생명을 주시기 위한 언약으로 율법 시대의 언약과 복음 시대의 언약은 서로 다른 두 개의 언약이 아니라 하나의 언약임을 다음과 같이 밝힙니다. "따라서 실체가 다른 두 은혜 언약이 있지 않으며, 다양한 경륜 아래 동일한 하나의 언약이 있을 뿐이다"(7.6). 요컨대 모세의 십계명은 은혜 언약 안에 있는 자에게는 하나님께서 모든 사람에게 지키도록 명하시는 도덕법이지만 이것을 지킴으로 생명을 얻도록 하는 행위 언약의 율법은 아닙니다. 그 내용은 둘로 구분됩니다. 첫 네 계명은 하나님을 향한 의무를 명하며, 나머지 여섯 계명은 사람을 향한 의무를 명합니다.

적용 질문

1. 아담이 타락한 이후에도 하나님께서 모든 사람이 지켜야 할 순종의 규범으로 주신 도덕법은 여전히 유효합니다. 하나님께서 율법 시대에 도덕법으로 주신 것은 무엇입니까?

2. 신앙고백서는 십계명이 모든 사람이 지켜야 할 의의 완전한 규칙이라고 설명합니다. 신앙고백서 19.1에서 진술하고 있는 행위 언약으로 주신 "율법"은 무엇을 말합니까? 또 19.2에서 말하는 "율법"은 무엇을 말합니까? 19.1과 19.2은 서로 다른 내용을 말합니까? 여러분의 판단은 어떠합니까?

3. 십계명은 아담의 타락 이후에도 사람이 지켜야 할 의의 완전한 규칙입니다. 십계명을 지키어 생명을 얻을 사람이 있겠습니까? 십계명은 행위 언약의 갱신이라고 볼 수 있겠습니까?

4. 율법 시대와 복음 시대의 언약은 서로 동일합니까? 아니면 다릅니까? 언약이 동일하다고 할 때 율법 시대와 복음 시대의 차이는 무엇입니까? 율법 시대와 복음 시대의 차이는 행위 언약과 은혜 언약의 차이로 이해해도 됩니까? 여러분은 어떠한 언약의 배경 안에서 십계명을 이해하고 순종하셨습니까?

6월 29일

의식법

신앙고백서 19.3

신앙고백서 19.3

흔히 도덕법이라 일컫는 이 율법에 더하여, 하나님께서는 성년에 이르지 못한 교회인 이스라엘 백성에게 의식법을 주시기를 기뻐하셨다. 의식법은 몇 가지 상징적인 규례를 담고 있다. 한 부분은 예배에 관한 것으로 그리스도와 그분의 은혜, 사역, 고난과 은택들을 예표하고,[1] 다른 한 부분은 도덕적 의무에 대한 다양한 교훈을 제시한다.[2] 지금 신약 아래에서는 이러한 의식법이 모두 폐기되었다.[3]

1) 히 9장; 10:1; 갈 4:1~3; 골 2:17.

2) 고전 5:7; 고후 6:17; 유 1:23.

3) 골 2:14, 16~17; 단 9:27; 엡 2:15~16.

말씀 요절

히 10:1 "율법은 장차 올 좋은 일의 그림자일 뿐이요 참 형상이 아니므로 해마다 늘 드리는 같은 제사로는 나아오는 자들을 언제나 온전하게 할 수 없느니라"

갈 4:1-3 "내가 또 말하노니 유업을 이을 자가 모든 것의 주인이나 어렸을 동안에는 종과 다름이 없어서 그 아버지가 정한 때까지 후견인과 청지기 아래에 있나니 이와 같이 우리도 어렸을 때에 이 세상의 초등학문 아래에 있어서 종 노릇 하였더니"

고전 5:7 "너희는 누룩 없는 자인데 새 덩어리가 되기 위하여 묵은 누룩을 내버리라 우리의 유월절 양 곧 그리스도께서 희생되셨느니라"

고후 6:17-18 "그러므로 너희는 그들 중에서 나와서 따로 있고 부정한 것을 만지지 말라 내가 너희를 영접하여 너희에게 아버지가 되고 너희는 내게 자녀가 되리라 전능하신 주의 말씀이니라 하셨느니라"

골 2:14, 16-17 "우리를 거스르고 불리하게 하는 법조문으로 쓴 증서를 지우시고 제하여 버리사 십자가에 못 박으시고 … 그러므로 먹고 마시는 것과 절기나 초하루나 안식일을 이유로 누구든지 너희를 비판하지 못하게 하라 이것들은 장래 일의 그림자이나 몸은 그리스도의 것이니라"

엡 2:15-16 "법조문으로 된 계명의 율법을 폐하셨으니 이는 이 둘로 자기 안에서 한 새 사람을 지어 화평하게 하시고 또 십자가로 이 둘을 한

몸으로 하나님과 화목하게 하려 하심이라 원수 된 것을 십자가로 소멸하시고"

교리 해설

하나님께서는 율법 시대의 교회인 이스라엘에게 도덕법에 더하여 의식법을 율법으로 주셨습니다. 오늘 읽는 신앙고백서 19.3은 "성년에 이르지 못한 교회"라는 표현을 통해 의식법을 이스라엘에게 주신 이유를 시사합니다. 성년에 이르지 못하였다는 것은 그리스도께서 이루시는 구원 역사 가운데 아직은 어린 시절 단계와 같다는 비유를 담고 있습니다. 내용적으로는 아직 그리스도께서 성육신하기 이전이며 구속 사역의 빛을 나타내기 이전임을 뜻합니다. 율법 시대와 복음 시대가 동일하게 은혜 언약 아래 있지만, 방식에 있어서는 차이가 있습니다. 이 차이를 보여주는 것이 의식법입니다.

오늘의 신앙고백서는 의식법은 "상징적인 규례"를 담고 있음을 말하며, 그 규례가 두 가지 사항을 전달한다고 말합니다. 하나는 예배 의식과 관련한 것입니다. 이것으로는 "그리스도와 그분의 은혜, 사역, 고난과 은택들을 예표"합니다. 이를테면, 의식법에 따른 유월절 어린 양은 어린 양이신 그리스도를 예표합니다. 희생제물은 고난을 받아 십자가에서 죽으시는 그리스도의 속죄 사역을 예표합니다. 제사장의 사역들은 자신을 제물로 드리는 참 제사장이신 그리스도를 예표합니다. 3월 17일에 읽은 신앙고백서 7.5는 이와 관련해서 이렇게 진술합니다. "이 언약은 율법 시대와 복음 시대에 다르게 시행되었다. 율법 아래에서 이것은 약속들, 약속과 예언들, 희생제사들, 할례, 유월절 어린 양, 그리고 유대 백성에게 전달된 여러 모형과 규례로 시행되었으며, 이 모든 것은 오실 그리스도를 예표하는 것이었다. 이것들은 선택된 자들에게 약속된 메시아를 믿는 믿음을 가르치고 양육하는 일에 성령 하나님의 일하심으로 말미암아 그 시대에는 충분하고 유효했다. 이 메시아로 말미암아 이들은 완전한 죄 사함과 영원한 구원을 받았다. 이것은 구약이라고 일컬어진다." 의식법에 따르는 모든 모형과 규례는 오실 그리스도를 예표합니다. 이렇게 그림자인 것으로 실체이신 그리스도를 바라보는 시대를 가리켜서 앞서 말한 바대로 "성년에 이르지 못한" 교회라고 진술한 것입니다. 그러나 그리스도를 바라보는 모형만으로도 약속된 메시아를 믿을 수 있었고, 또 그로 말미암아 "완전한 죄 사함과 영원한 구원"을 받았습니다. 이러한 맥락에서 율법 시대나 복음 시대나 모두 동일한 은혜 언약 아래 있는 것입니다.

그런데 오늘의 신앙고백서는 의식법과 관련하여 보통 말하지 않는 다른 사항을 제시합니다. 이것이 상징적인 규례인 의식법이 전달하는 두 번째 사항입니다. 그것은 도덕적 교훈입니다. 신앙고백서는 "다른 한 부분은 도덕적 의무에 대한 다양한 교훈을 제시"한다고 진술합니다. 이것은 의식법에 따른 상징적인 규례를 행할 때 요구되는 바가 도덕적 교훈과 연결되기 때문입니다. 동물의 희생제사는 죄의 무서움과 더러움과 심판을 보여줍니다. 그리고 죄에 대해 진노하시는 하나님의 공의와 거룩함을 보여줍니다. 그리고 반대로 희생제사를 통하여 죄 사함의 은혜를 베푸시는 하나님의 자비로움을 보여줍니다. 절기나 제사나 음식법 등은 정결의 의무를 보여줍니다. 이러한 교훈은 모두 죄를 일깨우는 것으로 도덕법의 중요한 용도에 해당합니다. 이를테면 "나는 여호와 너희의 하나님이라 내가 거룩하니 너희도 몸을 구별하여 거룩하게 하고 땅에 기는 길짐승으로 말미암아 스스로 더럽히지 말라"(레 11:44)라는 말씀이 이것을 가리킵니다.

이러한 의식법은 그리스도를 가리키는 모형이며 그림자이므로, 그리스도께서 오신 이후에는 모두 폐기되었습니다. 신약 시대에서는 더 이상 의식법을 따라 예배하지 않습니다. 이에 대하여 성경은 다음과 같이 교훈합니다. "그러므로 먹고 마시는 것과 절기나 초하루나 안식일을 이유로 누구든지 너희를 비판하지 못하게 하라 이것들은 장래 일의 그림자이나 몸은 그리스도의 것이니라"(골 2:16-17), 또 "새 언약이라 말씀하셨으매 첫 것은 낡아지게 하신 것이니 낡아지고 쇠하는 것은 없어져 가는 것이니라"(히 8:13).

신약 시대에 신자는 영과 진리로 예배합니다(요 4:24). 어떤 의식이나 절기 등에 마음을 빼앗겨 그러한 것을 통해서 거룩성을 느끼고 경건함을 추구하려 하는 것은 옳지 않습니다. 실체이신 그리스도를 드러내는 말씀에 더욱더 확신을 가지고 나가야 합니다.

적용 질문

1. 구약성경을 읽으면 의식법에 속한 많은 규례들이 이어져 나오는 부분을 만납니다. 흔히들 성경 읽기는 창세기, 출애굽기를 넘어서 레위기에 이르면 더 이상 나가지 못하고 멈추게 된다고 말합니다. 여러분도 그러한 경험이 있으십니까?

2. 신약 교회의 신자는 구약성경에 기록된 의식법에 관한 많은 것들을 통해서 어떠한 은혜를 받을 수 있습니까?

3. 여러분은 구약 성도들도 신약 성도와 마찬가지로 메시아이신 예수님을 믿어 구원을 받았다고 생각하십니까? 그리스도께서는 아직 오시기

이전인데 이러한 설명이 어떻게 가능하겠습니까?

4. 의식법이 이제 신약 시대에는 폐기되었다는 오늘의 가르침이 여러분의 신앙생활에 어떠한 영향을 줍니까? 여러분의 신앙 가운데 혹시 의식법에 따른 무엇인가가 여전히 행해지고 있지는 않습니까?

6월
30일

사법적 율법

신앙고백서 19.4

신앙고백서
19.4

하나님께서는 정치적 집단이기도 한 이스라엘에 또한 여러 가지 사법적 율법을 주셨다. 이 율법은 이들의 국가와 함께 소멸되었다. 지금 이 율법은 일반적인 공정성을 요구하는 것 외에 다른 의무를 더 이상 부과하지 않는다.[1)]

1) 출 21장; 22:1~29; 창 49:10; 벧전 2:13~14; 마 5:17, 38~39; 고전 9:8~10.

말씀 요절

출 21:1 "네가 백성 앞에 세울 법규는 이러하니라"

출 22:21-23 "너는 이방 나그네를 압제하지 말며 그들을 학대하지 말라 너희도 애굽 땅에서 나그네였음이라 너는 과부나 고아를 해롭게 하지 말라 네가 만일 그들을 해롭게 하므로 그들이 내게 부르짖으면 내가 반드시 그 부르짖음을 들으리라"

창 49:10 "규가 유다를 떠나지 아니하며 통치자의 지팡이가 그 발 사이에서 떠나지 아니하기를 실로가 오시기까지 이르리니 그에게 모든 백성이 복종하리로다"

벧전 2:13-14 "인간의 모든 제도를 주를 위하여 순종하되 혹은 위에 있는 왕이나 혹은 그가 악행하는 자를 징벌하고 선행하는 자를 포상하기 위하여 보낸 총독에게 하라"

마 5:17, 38-39 "내가 율법이나 선지자를 폐하러 온 줄로 생각하지 말라 폐하러 온 것이 아니요 완전하게 하려 함이라 … 또 눈은 눈으로, 이는 이로 갚으라 하였다는 것을 너희가 들었으나 나는 너희에게 이르노니 악한 자를 대적하지 말라 누구든지 네 오른편 뺨을 치거든 왼편도 돌려 대며"

고전 9:8-10 "내가 사람의 예대로 이것을 말하느냐 율법도 이것을 말하지 아니하느냐 모세의 율법에 곡식을 밟아 떠는 소에게 망을 씌우지 말라 기록하였으니 하나님께서 어찌 소들을 위하여 염려하심이냐 오로지 우리를 위하여 말씀하심이 아니냐 과연 우리를 위하여 기록된 것이니 밭 가는 자는 소망을 가지고 갈며 곡식 떠는 자는 함께 얻을 소망을 가지고 떠는 것이라"

교리 해설

하나님께서 모세에게 주신 율법에는 십계명으로 대표되는 도덕법이 있고, 또 그리스도와 그분의 은혜를 예표하고 도덕적 의무에 대한 교훈을 제시하는 의식법이 있습니다. 그리고 오늘 읽는 신앙고백서 19.4는 하나님께서 이스라엘에게 사법적 율법, 또는 시민법을 주신 것에 대해 교훈합니다. 이것은 이스라엘이 하나의 "정치적 집단" 곧 "국가"이기 때문입니다. 이스라엘의 국가 기능을 위하여 필요한 사법 체계를 알려주신 것인데, 형벌에 관한 형사 재판, 재산과 관련한 민사 재판 등의 내용을 망라합니다. 예를 들어 형사법에 관한 구절은 출애굽기 21장에서 "사람을 쳐죽인 자는 반드시 죽일 것이나"(12절), "자기 아버지나 어머니를 치는 자는 반드시 죽일지니라"(15절), "사람을 납치한 자가 그 사람을 팔았든지 자기 수하에 두었든지 그를 반드시 죽일지니라"(16절), "자기의 아버지나 어머니를 저주하는 자는 반드시 죽일지니라"(17절), "그러나 다른 해가 있으면 갚되 생명은 생명으로, 눈은 눈으로, 이는 이로, 손은 손으로, 발은 발로, 덴 것은 덴 것으로, 상하게 한 것은 상함으로, 때린 것은 때림으로 갚을지니라"(23-25절)와 같은 법령들을 보게 됩니다. 살인, 부모 구타, 납치, 인신매매, 저주, 상해 등의 죄를 다스립니다. 이 외에도 강간(신 22:25-27)에 대한 형벌도 볼 수 있습니다.

민사와 관련한 대표적인 예는 출애굽기 22장에 잘 나타납니다. "사람이 소나 양을 도둑질하여 잡거나 팔면 그는 소 한 마리에 소 다섯 마리로 갚고 양 한 마리에 양 네 마리로 갚을지니라 도둑이 뚫고 들어오는 것을 보고 그를 쳐죽이면 피 흘린 죄가 없으나 해 돋은 후에는 피 흘린 죄가 있으리라 도둑은 반드시 배상할 것이나 배상할 것이 없으면 그 몸을 팔아 그 도둑질한 것을 배상할 것이요 도둑질한 것이 살아 그의 손에 있으면 소나 나귀나 양을 막론하고 갑절을 배상할지니라 사람이 밭에서나 포도원에서 짐승을 먹이다가 자기의 짐승을 놓아 남의 밭에서 먹게 하면 자기 밭의 가장 좋은 것과 자기 포도원의 가장 좋은 것으로 배상할지니라"(출 22:1-5). 구약 성경은 절도, 손해 배상, 빚, 계약 관계 등 재산과 관련해 일어날 수 있는 사안들에 대한 처리 방안을 제시하고 있습니다. 이러한 사법적 율법 또는 시민법은 신약 시대에 있는 성도에게는 아무런 상관이 없습니다. 신앙고백서가 진술하고 있는 바대로, 이미 구약 시대의 교회이기도 했던 이스라엘이라는 국가는 소멸되었기 때문입니다.

이러한 율법이 오늘 신약 시대의 성도에게도 적용되는 바는 그 법에 담겨 있는 "일반적 공정성 또는 공의"입니다. 이것은 구약 시대의 시민법이 지금은 더 이상 유효하게 적용될 수 없지만, 그 법 안에서 작용하는 보편적이며 도덕적인 정의는 지금도 여전히 유효하므로 그것을 배우는 것은 필요하며 중요하기도 합니다. 이를테면 구약 성경에서 "네가 새 집을 지을 때에 지붕에 난간을 만들어 사람이 떨어지지 않게 하라 그 피가 네 집에 돌아갈까 하노라"(신 22:8)라는 말씀을 만나면, 이것으로부터 소유주가 안전에 대한 책임을 져야 하는 것이 옳다는 교훈을 받는 것입니다. 또 "사람의 모든 악에 관하여 또한 모든 죄에 관하여는 한 증인으로만 정할 것이 아니요 두 증인의 입으로나 또는 세 증인의 입으로 그 사건을 확정할 것이며"(신 19:15)라는 말씀에서 어떤 사람에 대하여 죄를 판단할 때 적법한 절차에 의하여 적절한 증거나 증인을 필요로 해야 한다는 원칙을 배우는 것입니다. 임의로 재판해서는 안 된다는 원리의 적용입니다. 그리고 "사람이 소나 양을 도둑질하여 잡거나 팔면 그는 소 한 마리에 소 다섯 마리로 갚고 양 한 마리에 양 네 마리로 갚을지니라"(출 22:1)라는 말씀에서는 잘못된 행위를 할 경우, 피해자에게 공정한 보상을 충분히 해야 하는 것이라는 교훈을 배우는 것입니다. 성경에서 이와 유사한 명령이나 법을 읽을 때 오늘날 "이 율법은 일반적인 공정성을 요구하는 것 외에 다른 의무를 더 이상 부과하지 않는다"라는 신앙고백서의 진술을 잘 이해하는 일은 적절하며 필요합니다. 뜻밖에도 하나님의 말씀은 하나도 남김없이 지켜 행한다는 생각에 이러한 시민법이나 사법적 율법을 오늘날에도 그대로 적용해야 한다고 주장하는 자가 있기도 합니다. 이것은 성경의 교훈에 대한 왜곡입니다.

적용 질문

1. 여러분은 구약성경을 읽다가 출애굽기, 레위기, 민수기, 신명기 등에서 사법적 재판이나 시민법에 관한 명령을 많이 보았을 것입니다. 이러한 구절들을 어떻게 해석하셨습니까?

2. 구약에 나오는 이러한 사법적 또는 시민법적 명령을 엄격히 지키는 것이 하나님의 말씀을 바르게 지키는 일이라는 주장을 들어 보신 적이 있습니까? 이러한 주장은 이슬람 원리주의자들의 태도와 비교할 때 어떠하겠습니까?

3. 구약의 사법적 또는 시민법적 명령이 형사에 관한 것이든 민사에 관한 것이든 오늘날 성도에게 주는 유익한 교훈이 있다면 그것은 무엇이

겠습니까?

4. 여러분은 이러한 구절들을 읽으면서 여러분의 시민 생활에 적용을 받은 적이 있습니까?

날마다 양식으로 읽는
웨스트민스터 표준교리 Ⅲ

웨스트민스터 신앙표준문서 일 년 통독 일정표

참고서적:

Smith, *Morton H. Harmony of the Westminster Confession and Catechisms: 350th Anniversary of the Westminster Assembly* 1643-1993. Greenville, SC: Southern Presbyterian Press, 1990. 4th Reprint, 1999.

1월

	1장. 사람에게 주어진 목적 **1월 1일: 사람에게 주어진 첫째가며 가장 높은 목적은 무엇입니까?** 소요리문답 1; 대요리문답 1	2장. 성경 **1월 2일: 하나님의 계시와 성경의 필요성** 대요리문답 2; 신앙고백서 1.1
1월 3일: 신앙과 순종의 유일한 규범 소요리문답 2; 대요리문답 3	**1월 4일: 하나님의 말씀인 정경** 신앙고백서 1.2	**1월 5일: 하나님의 말씀이 아닌 외경** 신앙고백서 1.3
1월 6일: 성경 계시의 권위 신앙고백서 1.4	**1월 7일: 계시의 진정성: 외적 증거** 대요리문답 4; 신앙고백서 1.5	**1월 8일: 성경 계시의 진정성: 내적 증거** 대요리문답 4; 신앙고백서 1.5
1월 9일: 성경의 핵심 교훈 소요리문답 3; 대요리문답 5	**1월 10일: 성경 계시의 충분성** 신앙고백서 1.6	**1월 11일: 성경 계시의 명료성** 신앙고백서 1.7
1월 12일: 성경 계시의 영감, 내용의 보전과 번역 신앙고백서 1.8	**1월 13일: 성경 계시의 해석의 규칙** 신앙고백서 1.9	**1월 14일: 성경 교리 결정의 최종적 권위** 신앙고백서 1.10
3장. 삼위일체 하나님 **1월 15일: 성경의 요약** 대요리문답 6	**1월 16일: 살아계시고 참되신 한 분 하나님** 소요리문답 5; 대요리문답 8	**1월 17일: 하나님의 본질** 소요리문답 4; 대요리문답 7
1월 18일: 비공유적 속성: 자존성, 무한성, 불변성, 광대성, 영원성, 불가해성 신앙고백서 2.1.a	**1월 19일: 공유적 속성: 전능성, 전지성, 거룩성, 인격성, 사랑, 은혜, 긍휼, 오래 참으심, 선, 진실함, 공의로우심** 신앙고백서 2.1.b	**1월 20일: 하나님의 충분성, 영광, 존재의 근원, 주권, 전지성, 거룩성, 예배 받으심의 합당성** 신앙고백서 2.2
1월 21일: 위격의 복수성과 동등성 소요리문답 6; 대요리문답 9; 신앙고백서 2.3.a	**1월 22일: 세 위격의 특성** 대요리문답 10; 신앙고백서 2.3.b	**1월 23일: 세 위격의 동등성에 대한 성경의 표현** 대요리문답 11
4장. 하나님의 영원한 작정 **1월 24일: 작정의 정의와 대상** 소요리문답 7; 대요리문답 12	**1월 25일: 죄, 자유의지와 우발성에 관련한 작정의 방식** 신앙고백서 3.1	**1월 26일: 작정과 예지의 상관성** 신앙고백서 3.2
1월 27일: 작정의 두 사실, 생명 또는 죽음 신앙고백서 3.3	**1월 28일: 천사와 사람을 향한 특별한 작정** 대요리문답 13	**1월 29일: 작정의 불변성** 신앙고백서 3.4
1월 30일: 선택 작정의 이유와 목적 신앙고백서 3.5	**1월 31일: 선택 작정의 실행 방편들과 이의 실행에 따른 결과들** 신앙고백서 3.6	

2월

	2월 1일: 간과 작정의 이유와 목적 신앙고백서 3.7	**2월 2일: 예정 교리의 신비와 목회적 신중성** 신앙고백서 3.8
2월 3일: 작정의 실행 방식 소요리문답 8; 대요리문답 14	**5장. 창조** **2월 4일: 창조 사역의 정의** 소요리문답 9; 대요리문답 15	**2월 5일: 창조의 목적** 신앙고백서 4.1
2월 6일: 천사의 창조 대요리문답 16	**2월 7일: 사람의 창조 - 남자와 여자** 소요리문답 10; 대요리문답 17	**2월 8일: 사람의 창조 - 하나님의 형상** 신앙고백서 4.2
6장. 섭리 **2월 9일: 섭리 - 간단한 의미** 소요리문답 11; 대요리문답 18	**2월 10일: 섭리 - 자세한 의미** 신앙고백서 5.1	**2월 11일: 제 1 원인과 제 2 원인** 신앙고백서 5.2
2월 12일: 통상 섭리와 비상 섭리 신앙고백서 5.3	**2월 13일: 천사를 향한 섭리** 대요리문답 19	**2월 14일: 악의 허용과 죄악성의 기원** 신앙고백서 5.4
2월 15일: '신자의 죄'의 허용과 그 목적 신앙고백서 5.5	**2월 16일: '악인의 죄'의 허용과 그 목적** 신앙고백서 5.6	**2월 17일: 일반 섭리와 교회를 위한 특별 섭리** 신앙고백서 5.7
2월 18일: 죄의 정의 소요리문답 14; 대요리문답 24	**2월 19일: 사람의 첫 범죄** 소요리문답 13, 15; 대요리문답 21	**2월 20일: 첫 범죄의 허용과 그 목적** 신앙고백서 6.1
2월 21일: 타락이 초래한 상태 소요리문답 17; 대요리문답 23	**2월 22일: 타락으로 인한 죄의 결과** 신앙고백서 6.2	**2월 23일: 아담의 타락과 그의 후손** 소요리문답 16; 대요리문답 22
2월 24일: : 아담과 하와의 타락이 이들 후손에 미친 결과 신앙고백서 6.3	**2월 25일: 첫 범죄로 인한 죄악성과 자범죄의 기원** 소요리문답 18	**2월 26일: 원죄와 자범죄** 신앙고백서 6.4
2월 27일: 원초적 부패와 무능력, 그리고 자범죄 대요리문답 25	**2월 28/29일: 중생자와 원죄** 신앙고백서 6.5	

3월

	3월 1일: 원죄의 전달 대요리문답 26	**3월 2일: 타락으로 초래된 비참한 상태** 소요리문답 19; 대요리문답 27
3월 3일: 죄의 본질과 결과 신앙고백서 6.6	**3월 4일: 이 세상에서 받는 죄의 형벌** 대요리문답 28	**3월 5일: 오는 세상에서 받을 죄의 형벌** 대요리문답 29
7장. 사람과 맺으신 하나님의 언약 **3월 6일: 창조된 상태의 사람에 대한 특별 섭리** 소요리문답 12	**3월 7일: 창조된 상태의 사람에 대한 섭리와 생명언약** 대요리문답 20	**3월 8일: 사람과 맺으시는 하나님의 언약의 성격** 신앙고백서 7.1
3월 9일: 사람과 맺으신 첫 번째 언약 - 행위언약 신앙고백서 7.2	**3월 10일: 사람과 맺으신 두 번째 언약 - 은혜언약** 소요리문답 20; 대요리문답 30	**3월 11일: 은혜언약의 의미** 신앙고백서 7.3
3월 12일: 은혜언약의 대상 대요리문답 31	**3월 13일: 은혜언약에 나타난 하나님의 은혜** 대요리문답 32	**3월 14일: 언약과 유언** 신앙고백서 7.4
3월 15일: 은혜언약의 시행 방식 대요리문답 33	**3월 16일: 은혜언약과 구약** 대요리문답 34	**3월 17일: 구약 아래에서 은혜언약의 시행 방식** 신앙고백서 7.5
3월 18일: 은혜언약과 신약 대요리문답 35	**3월 19일: 신약 아래에서 은혜언약의 시행 방식** 신앙고백서 7.6	8장. 중보자 그리스도 **3월 20일: 중보자 그리스도의 선택, 신분, 직무와 그분의 백성** 신앙고백서 8.1
3월 21일: 구속주 그리스도의 단일 위격과 두 본성 소요리문답 21	**3월 22일: 은혜언약의 중보자의 단일 위격과 두 본성** 대요리문답 36	**3월 23일: 하나님의 아들 그리스도의 성육신** 소요리문답 22; 대요리문답 37
3월 24일: 참 하나님이시며 참 사람이신 하나님의 아들, 그리스도 신앙고백서 8.2	**3월 25일: 중보자가 하나님이셔야 하는 이유** 대요리문답 38	**3월 26일: 중보자가 사람이셔야 하는 이유** 대요리문답 39
3월 27일: 단일 위격과 두 본성의 필요성 대요리문답 40	**3월 28일: 중보자의 이름, 예수** 대요리문답 41	**3월 29일: 구주 그리스도의 직무** 소요리문답 23
3월 30일: 중보자의 직함, 그리스도 대요리문답 42	**3월 31일: 중보자의 기름 부으심과 직분에로 부르심** 신앙고백서 8.3	

4월

	4월 1일: 그리스도의 선지자 직분 소요리문답 24; 대요리문답 43	**4월 2일: 그리스도의 제사장 직분** 소요리문답 25; 대요리문답 44
4월 3일: 그리스도의 속죄 사역 신앙고백서 8.5	**4월 4일: 그리스도의 왕 직분** 소요리문답 26; 대요리문답 45	**4월 5일: 그리스도의 위격적 연합과 속성의 교류** 신앙고백서 8.7
4월 6일: 그리스도의 낮아지신 지위 소요리문답 27; 대요리문답 46	**4월 7일: 그리스도의 낮아지심의 사역 - 의와 고난의 순종** 신앙고백서 8.4.a	**4월 8일: 그리스도의 낮아지심 - 잉태와 출생** 대요리문답 47
4월 9일: 그리스도의 낮아지심 - 생활 대요리문답 48	**4월 10일: 그리스도의 낮아지심 - 죽으심** 대요리문답 49	**4월 11일: 그리스도의 낮아지심 - 죽으신 이후** 대요리문답 50
4월 12일: 그리스도의 높아지신 지위 소요리문답 28; 대요리문답 51	**4월 13일: 그리스도의 높아지심의 사역** 신앙고백서 8.4.b	**4월 14일: 그리스도의 높아지심 - 부활** 대요리문답 52
4월 15일: 그리스도의 높아지심 - 승천 대요리문답 53	**4월 16일: 그리스도의 높아지심 - 하나님 우편에 앉으심** 대요리문답 54	**4월 17일: 그리스도의 높아지심 - 신자를 위해 중재하심** 대요리문답 55
4월 18일: 그리스도의 높아지심 - 재림과 심판 대요리문답 56	**4월 19일: 그리스도의 속죄 사역의 선취** 신앙고백서 8.6	**4월 20일: 그리스도의 구속 사역의 적용** 신앙고백서 8.8
9장. 자유의지 **4월 21일: 자유의지의 본질** 신앙고백서 9.1	**4월 22일: 순전한 상태의 사람의 자유로운 선택과 능력** 신앙고백서 9.2	**4월 23일: 타락 이후, 사람의 영적 선의 무능력** 신앙고백서 9.3
4월 24일: 타락 이후, 계명의 완전한 실행이 불가능한 사람의 무능력 소요리문답 82; 대요리문답 149	**4월 25일: 은혜의 상태에 있는 사람의 자유로운 선택과 능력** 신앙고백서 9.4	**4월 26일: 영광의 상태에 있는 사람의 자유로운 선택과 능력** 신앙고백서 9.5
10장. 효과 있는 부르심 **4월 27일: 그리스도의 중보사역으로 인한 유익** 대요리문답 57	**4월 28일: 그리스도의 중보사역의 유익에 참여와 성령 하나님** 소요리문답 29; 대요리문답 58	**4월 29일: 그리스도의 구속사역에 참여와 성령 하나님** 소요리문답 30; 대요리문답 59
4월 30일: 선택받은 자들과 그리스도의 연합 대요리문답 66		

5월

	5월 1일: 효과 있는 부르심 소요리문답 31; 대요리문답 67	5월 2일: 효과 있는 부르심의 대상과 부르심의 효과 신앙고백서 10.1
5월 3일: 선택받은 자들만을 위한 효과 있는 부르심 대요리문답 68	5월 4일: 사람의 수동성과 성령 하나님의 특별한 은혜 신앙고백서 10.2	5월 5일: 유아들과 외적 부르심을 받을 능력이 없는 자들의 구원의 여부 신앙고백서 10.3
5월 6일: 복음을 듣지 못해서 그리스도를 알지 못하는 사람의 구원의 불가함 대요리문답 60	5월 7일: 선택받지 않은 사람의 구원의 불가함 신앙고백서 10.4	5월 8일: 효과 있는 부르심을 받은 자들이 금생에서 누리는 은택 소요리문답 32
11장. 의롭다 하심(칭의) 5월 9일: 의롭다 하심의 의미 소요리문답 33; 대요리문답 70	5월 10일: 의롭다 하심의 근거와 방식 신앙고백서 11.1	5월 11일: 의롭다 하심을 받는 수단 - 믿음 대요리문답 72
5월 12일: 의롭다 함을 받는 믿음과 이것에 동반되는 다른 은혜들 신앙고백서 11.2	5월 13일: 믿음이 의롭다 하는 방식 대요리문답 73	5월 14일: 하나님의 값없는 은혜의 행위인 의롭다 하심 대요리문답 71
5월 15일: 그리스도의 순종에 근거한 의롭다 하시는 은혜의 행위 신앙고백서 11.3	5월 16일: 정하신 때에 받는 의롭다 하심의 은혜 신앙고백서 11.4	5월 17일: 의롭다 하심을 받은 자들의 은혜의 상태와 계속되는 죄 신앙고백서 11.5
5월 18일: 구약 아래 있는 신자와 신약 아래 있는 신자의 의롭다 하심 신앙고백서 11.6	12장. 양자 삼으심 5월 19일: 양자 삼으심의 의미 소요리문답 34; 대요리문답 74	5월 20일: 양자 삼으심의 은혜로 인한 복 신앙고백서 12.1
13장. 거룩하게 하심(성화) 5월 21일: 거룩하게 하심(성화)의 의미 소요리문답 35; 대요리문답 75	5월 22일: 거룩하게 하심의 은혜와 방식 신앙고백서 13.1	5월 23일: 신자의 불완전한 성화 대요리문답 78; 신앙고백서 13.2
5월 24일: 중생한 소욕의 궁극적인 승리 신앙고백서 13.3	5월 25일: 의롭다 하심(칭의)과 거룩하게 하심(성화)의 차이 대요리문답 77	5월 26일: 의롭다 하심, 양자 삼으심, 거룩하게 하심으로 인한 금생의 은택들 소요리문답 36
14장. 구원하는 믿음 5월 27일: 진노와 저주를 받지 않도록 하기 위해 하나님께서 요구하시는 것 소요리문답 85; 대요리문답 153	5월 28일: 그리스도를 믿는 믿음의 의미 소요리문답 86	5월 29일: 성령 하나님의 사역에 의한 은혜의 수단과 구원하는 믿음 신앙고백서 14.1
5월 30일: 구원하는 믿음의 성질과 반응 신앙고백서 14.2	5월 31일: 구원하는 믿음의 정도 신앙고백서 14.3	

6월

	15장. 생명에 이르는 회개 **6월 1일: 생명에 이르는 회개의 의미** 소요리문답 87; 대요리문답 76; 신앙고백서 15.2	**6월 2일: 생명에 이르는 회개와 설교** 신앙고백서 15.1
6월 3일: 회개의 필요성 신앙고백서 15.3	**6월 4일: 회개에 주어지는 은혜** 신앙고백서 15.4	**6월 5일: 회개의 구체성** 신앙고백서 15.5
6월 6일: 회개의 실행 방식 신앙고백서 15.6	**16장. 선행** **6월 7일: 선행의 의미** 신앙고백서 16.1	**6월 8일: 선행 - 믿음의 증거, 그것의 가치** 신앙고백서 16.2
6월 9일: 선행의 능력 신앙고백서 16.3	**6월 10일: 선행 수준의 불완전성** 신앙고백서 16.4	**6월 11일: 선행과 공로** 신앙고백서 16.5
6월 12일: 선행과 상 주심 신앙고백서 16.6	**6월 13일: 중생하지 않은 자들의 행위** 신앙고백서 16.7	**17장. 성도의 견인(堅忍, perseverance)** **6월 14일: 참 신자와 은혜의 상태에서 떨어질 가능성** 대요리문답 79
6월 15일: 참 신자의 영원한 구원의 확실성 신앙고백서 17.1	**6월 16일: 성도의 견인의 근거** 신앙고백서 17.2	**6월 17일: 시험과 유혹으로 인한 은혜의 일시적 상실과 징계** 신앙고백서 17.3
18장. 은혜와 구원의 확신 **6월 18일: 구원의 헛된 억측과 참된 확신** 신앙고백서 18.1	**6월 19일: 구원의 확신의 성격과 근거** 신앙고백서 18.2	**6월 20일: 구원의 확신의 오류 없는 가능성** 대요리문답 80
6월 21일: 구원의 확신에 이르는 방식과 경험 신앙고백서 18.3	**6월 22일: 구원의 확신의 위기 경험** 대요리문답 81	**6월 23일: 구원의 확신의 위기 경험과 성령 하나님의 도우심** 신앙고백서 18.4
19장. 하나님의 율법 **6월 24일: 하나님께서 사람에게 요구하시는 의무** 소요리문답 39; 대요리문답 91	**6월 25일: 하나님께서 제일 처음 계시하신 순종의 규범** 소요리문답 40; 대요리문답 92	**6월 26일: 행위언약과 율법** 신앙고백서 19.1
6월 27일: 도덕법 대요리문답 93	**6월 28일: 의의 완전한 규칙인 십계명** 신앙고백서 19.2	**6월 29일: 의식법** 신앙고백서 19.3
6월 30일: 사법적 율법 신앙고백서 19.4		

7월

	7월 1일: 도덕법의 효력 신앙고백서 19.5	**7월 2일: 타락 후 도덕법 용도** 대요리문답 94
7월 3일: 모든 사람을 향한 도덕법 용도 대요리문답 95	**7월 4일: 중생하지 않은 사람들을 향한 도덕법 용도** 대요리문답 96	**7월 5일: 중생한 신자들을 향한 도덕법 용도** 대요리문답 97
7월 6일: 중생한 신자를 향한 율법의 용도의 자세한 기술 신앙고백서 19.6	**7월 7일: 율법의 용도와 복음의 은혜** 신앙고백서 19.7	**7월 8일: 도덕법의 요약인 십계명** 소요리문답 41; 대요리문답 98
7월 9일: 십계명의 바른 이해를 위한 규칙 대요리문답 99	**7월 10일: 십계명의 구성과 서문** 소요리문답 43, 44; 대요리문답 100, 101	**7월 11일: 십계명의 강령과 첫 네 계명의 요점** 소요리문답 42; 대요리문답 102
7월 12일: 제1계명 소요리문답 45; 대요리문답 103	**7월 13일: 제1계명이 요구하는 의무** 소요리문답 46; 대요리문답 104	**7월 14일: 제1계명이 금지하는 죄** 소요리문답 47; 대요리문답 105
7월 15일: 제1계명의 "나 외에"라는 말씀의 교훈 소요리문답 48; 대요리문답 106	**7월 16일: 제2계명** 소요리문답 49; 대요리문답 107	**7월 17일: 제2계명이 요구하는 의무** 소요리문답 50; 대요리문답 108
7월 18일: 제2계명이 금지하는 죄 소요리문답 51; 대요리문답 109	**7월 19일: 제2계명에 더하여진 이유** 소요리문답 52; 대요리문답 110	**7월 20일: 제3계명** 소요리문답 53; 대요리문답 111
7월 21일: 제3계명이 요구하는 의무 소요리문답 54; 대요리문답 112	**7월 22일: 제3계명이 금지하는 죄** 소요리문답 55; 대요리문답 113	**7월 23일: 제3계명에 더하여진 이유** 소요리문답 56; 대요리문답 114
7월 24일: 제4계명 소요리문답 57; 대요리문답 115	**7월 25일: 제4계명이 요구하는 의무** 소요리문답 58; 대요리문답 116	**7월 26일: 안식일을 거룩하게 지키는 방식** 소요리문답 60; 대요리문답 117
7월 27일: 안식일 준수의 책임 대요리문답 118	**7월 28일: 제4계명이 금지하는 죄** 소요리문답 61; 대요리문답 119	**7월 29일: 제4계명에 더하여진 이유** 소요리문답 62; 대요리문답 120
7월 30일: 제4계명의 "기억하라"는 말씀의 이유 대요리문답 121	**7월 31일: 십계명의 둘째 여섯 계명의 요약** 소요리문답 42; 대요리문답 122	

8월

	8월 1일: 제5계명 소요리문답 63; 대요리문답 123	**8월 2일: 제5계명의 "부모"가 가리키는 대상** 대요리문답 124
8월 3일: 윗사람과 부모 대요리문답 125	**8월 4일: 제5계명의 의무와 대상 범위** 소요리문답 64; 대요리문답 126	**8월 5일: 윗사람에 대한 존경** 대요리문답 127
8월 6일: 윗사람에 대한 죄 소요리문답 65; 대요리문답 128	**8월 7일: 윗사람에게 요구되는 의무** 대요리문답 129	**8월 8일: 윗사람의 죄** 대요리문답 130
8월 9일: 동등한 사람들 사이의 의무 대요리문답 131	**8월 10일: 동등한 사람들 사이의 죄** 대요리문답 132	**8월 11일: 제5계명에 더하여진 이유** 소요리문답 66; 대요리문답 133
8월 12일: 제6계명 소요리문답 67; 대요리문답 134	**8월 13일: 제6계명이 요구하는 의무** 소요리문답 68; 대요리문답 135	**8월 14일: 제6계명이 금지하는 죄** 소요리문답 69; 대요리문답 136
8월 15일: 제7계명 소요리문답 70; 대요리문답 137	**8월 16일: 제7계명이 요구하는 의무** 소요리문답 71; 대요리문답 138	**8월 17일: 제7계명이 금지하는 죄** 소요리문답 72; 대요리문답 139
8월 18일: 제8계명 소요리문답 73; 대요리문답 140	**8월 19일: 제8계명이 요구하는 의무** 소요리문답 74; 대요리문답 141	**8월 20일: 제8계명이 금지하는 죄** 소요리문답 75; 대요리문답 142
8월 21일: 제9계명 소요리문답 76; 대요리문답 143	**8월 22일: 제9계명이 요구하는 의무** 소요리문답 77; 대요리문답 144	**8월 23일: 제9계명이 금지하는 죄** 소요리문답 78; 대요리문답 145
8월 24일: 제10계명 소요리문답 79; 대요리문답 146	**8월 25일: 제10계명이 요구하는 의무** 소요리문답 80; 대요리문답 147	**8월 26일: 제10계명이 금지하는 죄** 소요리문답 81; 대요리문답 148
8월 27일: 계명의 완전한 준수의 불가능성 소요리문답 82; 대요리문답 149	**8월 28일: 계명을 어긴 범죄들 사이의 죄악 정도 차이** 소요리문답: 83; 대요리문답 150	**8월 29일: 죄를 더 흉악하게 만드는 상황** 대요리문답 151
8월 30일: 죄가 받아야 할 보응 소요리문답 84; 대요리문답 152	**20장. 그리스도인의 자유와 양심의 자유** **8월 31일: 죄가 받아야 할 보응** 신앙고백서 20.1	

9월

	9월 1일: 양심의 자유의 의미 신앙고백서 20.2	**9월 2일: 그리스도인의 자유의 목적과 왜곡** 신앙고백서 20.3
9월 3일: 하나님께서 세우신 합법적 권세와 그리스도인의 자유와 양심 신앙고백서 20.4	**21장. 경건한 예배와 안식일** **9월 4일: 예배의 의무와 합당한 방식** 신앙고백서 21.1	**9월 5일: 오직 하나님께만 드려야 할 예배** 신앙고백서 21.2
9월 6일: 기도의 의미 소요리문답 98; 대요리문답 178	**9월 7일: 하나님께만 드려야 하는 기도** 대요리문답 179	**9월 8일: 기도하는 태도와 방식** 대요리문답 185
9월 9일: 예배와 기도 신앙고백서 21.3	**9월 10일: 그리스도의 이름으로 기도하는 의미** 대요리문답 180	**9월 11일: 그리스도의 이름으로 기도하는 이유** 대요리문답 181
9월 12일: 기도와 성령 하나님의 도우심 대요리문답 182	**9월 13일: 기도해야 할 대상과 하지 말아야 할 대상** 대요리문답 183; 신앙고백서 21.4	**9월 14일: 기도해야 할 일들** 대요리문답 184; 신앙고백서 21.4
9월 15일: 기도의 의무에 대한 지침으로 주신 규범 소요리문답 99; 대요리문답 186	**9월 16일: '주님께서 가르치신 기도'의 올바른 사용** 대요리문답 187	**9월 17일: '주님께서 가르치신 기도'의 구성** 대요리문답 188
9월 18일: '주님께서 가르치신 기도'의 머리말 소요리문답 100; 대요리문답 189	**9월 19일: 첫째 간구에서 구하는 기도** 소요리문답 101; 대요리문답 190	**9월 20일: 둘째 간구에서 구하는 기도** 소요리문답 102; 대요리문답 191
9월 21일: 셋째 간구에서 구하는 기도 소요리문답 103; 대요리문답 192	**9월 22일: 넷째 간구에서 구하는 기도** 소요리문답 104; 대요리문답 193	**9월 23일: 다섯째 간구에서 구하는 기도** 소요리문답 105; 대요리문답 194
9월 24일: 여섯째 간구에서 구하는 기도 소요리문답 106; 대요리문답 195	**9월 25일: '주님께서 가르치신 기도'의 결론** 소요리문답 107; 대요리문답 196	**9월 26일: 기도 이외의 여러 예배 요소들** 신앙고백서 21.5
9월 27일: 예배의 장소와 자세 신앙고백서 21.6	**9월 28일: 예배의 날** 소요리문답 59; 신앙고백서 21.7	**9월 29일: 예배 준비와 안식일 준수** 소요리문답 60; 대요리문답 117; 신앙고백서 21.8
22장. 합법적 맹세와 서원 **9월 30일: 합법적 맹세의 의미** 신앙고백서 22.1		

10월

	10월 1일: 합법적 맹세의 근거 신앙고백서 22.2	**10월 2일: 맹세의 한계** 신앙고백서 22.3
10월 3일: 맹세로 인해 부과되는 의무 신앙고백서 22.4	**10월 4일: 서원** 신앙고백서 22.5	**10월 5일: 합당한 서원의 목적과 요건** 신앙고백서 22.6
10월 6일: 서원의 한계 신앙고백서 22.7	23장. 국가 통치자 **10월 7일: 국가 통치자를 세우신 목적과 권세** 신앙고백서 23.1	**10월 8일: 통치자의 직무와 그리스도인** 신앙고백서 23.2
10월 9일: 국가 통치자의 권세와 교회 신앙고백서 23.3	**10월 10일: 국가 통치자의 권세에 대한 국민의 의무** 신앙고백서 23.4	24장. 혼인과 이혼 **10월 11일: 혼인의 의미** 신앙고백서 24.1
10월 12일: 혼인의 목적 신앙고백서 24.2	**10월 13일: 합법한 혼인의 요건과 개혁교회 교인의 혼인의 제한** 신앙고백서 24.3	**10월 14일: 혼인해서는 안 되는 범위** 신앙고백서 24.4
10월 15일: 합법적 이혼과 재혼 신앙고백서 24.5	**10월 16일: 이혼의 합당한 근거와 절차** 신앙고백서 24.6	25장. 교회 **10월 17일: 보이지 않는 보편교회의 의미** 대요리문답 64; 신앙고백서 25.1
10월 18일: 보이지 않는 교회의 지체가 누리는 유익들 대요리문답 65	**10월 19일: 보이는 보편교회의 의미** 대요리문답 62; 신앙고백서 25.2	**10월 20일: 보이는 교회의 목적과 이를 위한 수단** 신앙고백서 25.3
10월 21일: 보이는 교회의 특권 대요리문답 63	**10월 22일: 보이는 교회와 구원** 대요리문답 61	**10월 23일: 보이는 교회의 가시성과 순수성의 정도** 신앙고백서 25.4
10월 24일: 보이는 교회의 혼합과 타락과 보존 신앙고백서 25.5	**10월 25일: 교회의 머리** 신앙고백서 25.6	26장. 성도의 교제 **10월 26일: 그리스도와의 연합과 성도의 교제** 대요리문답 69; 신앙고백서 26.1
10월 27일: 성도가 행하여야 할 교제의 의무 신앙고백서 26.2	**10월 28일: 성도의 교제에 대한 오해** 신앙고백서 26.3	**10월 29일: 그리스도와 함께하는 영광의 교제** 대요리문답 82
10월 30일: 현세에서 누리는 그리스도와 함께하는 영광의 교제 대요리문답 83	**10월 31일: 신자가 죽을 때 그리스도로부터 받는 은택** 소요리문답 37; 대요리문답 86	

11월

	27A장 . 말씀과 성례 **11월 1일: 진노와 저주를 피할 수 있도록 하나님께서 요구하시는 것** 소요리문답 85; 대요리문답 153	**11월 2일: 그리스도의 구속의 유익을 전달하는 외적 수단들** 소요리문답 88; 대요리문답 154
11월 3일: 구원을 효과 있게 하는 말씀 소요리문답 89; 대요리문답 155	**11월 4일: 모든 사람이 읽어야 하는 하나님의 말씀** 대요리문답 156	**11월 5일: 하나님의 말씀을 읽고 듣는 자세** 소요리문답 90; 대요리문답 157
11월 6일: 하나님의 말씀의 설교자 대요리문답 158	**11월 7일: 하나님의 말씀의 설교자에게 요구하는 의무** 대요리문답 159	**11월 8일: 하나님의 말씀을 듣는 자에게 요구하는 의무** 대요리문답 160
27B장. 말씀과 성례 **11월 9일: 성례의 의미** 소요리문답 92; 대요리문답 162	**11월 10일: 은혜언약의 거룩한 표지이며 인장인 성례** 신앙고백서 27.1	**11월 11일: 성례의 표지와 실체의 성례전적 연합** 대요리문답 163; 신앙고백서 27.2
11월 12일: 구원의 효과 있는 수단인 성례 소요리문답 91; 대요리문답 161	**11월 13일: 성례가 구원의 효과 있는 수단이 되는 근거** 신앙고백서 27.3	**11월 14일: 그리스도께서 제정하신 두 가지 성례** 소요리문답 93; 대요리문답 164
11월 15일: 그리스도께서 제정하신 두 성례의 합법적 시행자 신앙고백서 27.4	**11월 16일: 구약의 성례** 신앙고백서 27.5	28장. 세례 **11월 17일: 세례의 의미** 소요리문답 94; 대요리문답 165
11월 18일: 세례의 의미와 의의 신앙고백서 28.1	**11월 19일: 세례의 요소와 시행** 신앙고백서 28.2	**11월 20일: 세례의 방식** 신앙고백서 28.3
11월 21일: 세례를 베풀기에 합당한 자 소요리문답 95; 대요리문답 166; 신앙고백서 28.4	**11월 22일: 세례의 유익을 더욱 누리기 위해 해야할 일** 대요리문답 167	**11월 23일: 세례의 필요성** 신앙고백서 28.5
11월 24일: 세례의 효력 신앙고백서 28.6	**11월 25일: 세례의 횟수** 신앙고백서 28.7	29장. 주의 만찬(성찬) **11월 26일: 주의 만찬의 의미** 소요리문답 96; 대요리문답 168
11월 27일: 주의 만찬의 제정과 목적 신앙고백서 29.1	**11월 28일: 희생제사가 아닌 주의 만찬** 신앙고백서 29.2	**11월 29일: 주의 만찬의 시행** 대요리문답 169
11월 30일: 주의 만찬의 시행과 제한 신앙고백서 29.3		

12월

	12월 1일: 주의 만찬의 본질에 역행하는 행위들 신앙고백서 29.4	**12월 2일: 외적 요소와 그것이 의미하는 것의 성례전적 관계** 신앙고백서 29.5
12월 3일: 화체설의 오류 신앙고백서 29.6	**12월 4일: 주의 만찬에 합당한 참여자가 그리스도의 몸과 피를 먹는 방식** 대요리문답 170; 신앙고백서 29.7	**12월 5일: 주의 만찬에 합당하게 참여하지 않는 죄의 위험성** 신앙고백서 29.8
12월 6일: 주의 만찬에 합당하게 참여하기 위한 준비 소요리문답 97; 대요리문답 171	**12월 7일: 주의 만찬에 합당한 준비가 되어 있는지를 의심하는 자의 참여** 대요리문답 172	**12월 8일: 주의 만찬에 참여를 금해야 하는 경우** 대요리문답 173
12월 9일: 주의 만찬을 받는 사람에게 요구되는 일 대요리문답 174	**12월 10일: 주의 만찬을 받은 후에 행하여야 할 일** 대요리문답 175	**12월 11일: 세례와 주의 만찬이 일치하는 점** 대요리문답 176
12월 12일: 세례와 주의 만찬이 다른 점 대요리문답 177	30장. 교회 권징 **12월 13일: 교회 정치와 교회 직원** 신앙고백서 30.1	**12월 14일: 천국 열쇠의 권세** 신앙고백서 30.2
12월 15일: 교회 권징의 의도와 목표 신앙고백서 30.3	**12월 16일: 교회 권징의 유형** 신앙고백서 30.4	31장. 대회와 공의회 **12월 17일: 대회와 공의회의 필요성** 신앙고백서 31.1
12월 18일: 대회와 공의회의 합법적 소집 신앙고백서 31.2	**12월 19일: 대회와 공의회의 결정과 그것의 기준** 신앙고백서 31.3	**12월 20일: 대회와 공의회의 결정과 오류 가능성** 신앙고백서 31.4
12월 21일: 대회와 공의회의 관할권 신앙고백서 31.5	32장. 사람의 사후 상태와 죽은 자의 부활 **12월 22일: 죽음의 필연성** 대요리문답 84	**12월 23일: 그리스도 안에서 죄 사함을 받은 자의 죽음의 의미** 대요리문답 85
12월 24일: 죽음의 성질과 중간 상태 신앙고백서 32.1	**12월 25일: 부활과 그로 인한 영광스러운 변화** 대요리문답 87; 신앙고백서 32.2	**12월 26일: 의인의 영광스러운 부활과 악인의 수치스러운 부활** 신앙고백서 32.3
33장. 최후의 심판 **12월 27일: 부활 직후에 일어날 일** 대요리문답 88	**12월 28일: 최후의 심판** 신앙고백서 33.1	**12월 29일: 심판 날에 악인이 당할 형벌과 의인이 누릴 복** 소요리문답 38; 대요리문답 89, 90
12월 30일: 의인을 향한 긍휼의 영광과 악인을 향한 공의의 영광 신앙고백서 33.2	**12월 31일: 최후의 심판과 신앙 실천을 위한 하나님의 뜻** 신앙고백서 33.3